Hiroyuki Kato
加藤弘之 著

中国経済学入門

「曖昧な制度」はいかに機能しているか

名古屋大学出版会

中国経済学入門

目　　次

序　章　中国経済学への招待 …………………………………… 1
　　　　　──中国研究のさらなる進化を目指して──

　　1　「論」から「学」への進化　1
　　2　本書の目的　3
　　3　本書の特徴　5
　　4　本書の構成　7

第Ⅰ部　基礎篇

第1章　「曖昧な制度」とは何か …………………………………… 12
　　　　　──制度の内生的変化の視点──

　　1　制度をどう捉えるか　12
　　2　なぜ制度に注目するか　18
　　3　「曖昧な制度」をどう捉えるか　23

第2章　「曖昧な制度」はいかに形成されたか ……………………… 33
　　　　　──歴史，風土と社会主義の実験──

　　1　「曖昧な制度」を育んだ中国の歴史と風土　33
　　2　「曖昧な制度」と社会の結合原理　42
　　3　歴史の中に現れた「曖昧な制度」　45
　　4　社会主義の実験と「曖昧な制度」　52

第Ⅱ部　応用篇

第3章　進化する土地の集団所有 …………………………………… 58
　　　　　──請負制から土地株式合作社へ──

　　1　集団経済という「曖昧な制度」　59
　　2　土地における所有と経営の分離　63
　　3　土地株式合作社の出現　68

4　進化を続ける土地の集団所有　71

第4章　市場なき市場競争のメカニズム ………………………… 75
　　　　──成長至上主義からの脱却──

　　　1　郷村政府による企業経営　76
　　　2　企業経営から都市経営へ　79
　　　3　地方政府間競争の功罪　85
　　　4　新しい政府間競争の姿を求めて　91

第5章　混合所有企業のガバナンス ……………………………… 94
　　　　──ナショナル・チャンピオンを創り出す──

　　　1　「国進民退」は進んだか　95
　　　2　混合所有企業はなぜ効率的に経営できるか　98
　　　3　国有企業改革の現段階　108
　　　4　ナショナル・チャンピオンは生まれるか　112

第6章　中国式イノベーション …………………………………… 117
　　　　──「曖昧な制度」が促進する技術革新──

　　　1　躍進する新興産業　117
　　　2　中国式イノベーションの独特の「仕組み」　123
　　　3　中国式イノベーションが生まれた理由　129
　　　4　中国式イノベーションの行方　133

第7章　対外援助の中国的特質 …………………………………… 139
　　　　──グローバル・スタンダードへの挑戦──

　　　1　グローバル化の中の中国経済　139
　　　2　対外援助の実績とその評価　144
　　　3　中国の対外援助はグローバル・スタンダードへの挑戦か　148
　　　補論　「曖昧な制度」としての「対口支援」　152

第 III 部　課題篇

第 8 章　腐敗の政治経済学 …………………………………… 160
　　　　──「曖昧な制度」がもたらした成長と腐敗──

　1　深刻化する腐敗の実態　160
　2　腐敗は成長を阻害したか　165
　3　習近平政権の腐敗撲滅の取り組みをどう評価するか　171
　4　成長と腐敗の並存は続く　175

第 9 章　中国の格差問題を考える ……………………………… 177
　　　　──「曖昧な制度」は格差を拡大したか──

　1　格差の歴史的トレンドを読む　178
　2　中国における格差の実態　187
　3　格差を引き起こした要因を考える　189
　4　「曖昧な制度」と格差の行方　194

終　章　中国経済学の展望 ……………………………………… 199

　1　資本主義の多様性，再論　199
　2　「中国的なるもの」をめぐって　203
　3　中国経済学の到達点と展望　207

付　論　若き中国研究者へ ……………………………………… 213
　　　　──赤の女王の走りと異邦人のまなざし──

　1　自分自身の研究史を振り返る　213
　2　地域研究と異邦人のまなざし　218

参考文献　223　　　あとがき　233　　　図表一覧　236　　　索　引　237

序　章

中国経済学への招待
―― 中国研究のさらなる進化を目指して ――

　何か大事なことを決めようと思ったときにはね，まず最初はどうでもいいようなところから始めた方がいい。誰が見てもわかる，誰が考えてもわかる本当に馬鹿みたいなところから始めるんだ。そしてその馬鹿みたいなところにたっぷりと時間をかけるんだ。そのうちふっとわかるんだ。突然霧が晴れたみたいにわかるんだよ。そこがいったいどんな場所かということがね。
　　　　　――村上春樹『ねじまき鳥クロニクル（第 2 部）』新潮文庫，307-8 頁。

1　「論」から「学」への進化

　筆者が勤務する大学の経済学部が学生に配布するシラバスには，講義名に「論」がつくものもあれば，「学」がつくものもある。両者の違いを一言でいえば，フレームワークがしっかりと出来上がっており，体系的な講義ができる科目には「学」がつき，そこまで体系だった内容を持たない新しい学問領域か，あるいは「学」の一部の領域を取り上げた科目に，「論」がついているようである。たとえば，マクロ経済学，国際経済学，労働経済学などには「学」がつくが，経済システム論，金融経済論，産業組織論などには通常，「学」はつかない。開発経済学のように，いつの間にか論から学へと進化した科目もある。
　筆者は，「中国経済論」[1]の講義を長らく担当し，何冊か教科書も書いてきた

---
1) 厳密にいえば，講義名は学部が「中国経済論」で，大学院が「中国社会経済論」である。大学院の講義名に「社会」が加わっているのは神戸大学の特色であり，中国経済を

し，日本語はもとより，英語や中国語で書かれた類書も数多い（代表的なテキストとして，加藤・上原 2011，南・牧野 2012，丸川 2013c, Naughton 2007, 林 2012 などがある）。筆者が編者としてかかわった前記のテキストの章別構成を例に取れば，中国の自然・社会地理的条件の概説から始まり，近代以降の経済史を簡潔に整理した上で，農業，工業，地域経済，環境，対外貿易などの章に分けて叙述し，中国経済の全体像を描こうとしている。各章の執筆者は，中国経済の中でも得意とする専門分野のトピックを取り上げ，経済の基礎理論を援用しながら，中国経済の現状を簡潔に紹介している。中国経済についての知識がない学部学生にとって，テキストの構成としてはこれがベストかもしれない。しかし，各分野の現状をいかに丹念に紹介しても，中国経済の全体像が見通せるようになるかと問われれば，編者として心許ない限りである。

　開発経済学や比較経済システム論の手法をもとにして，その応用分野として中国経済を論じるというスタイルの本もある（たとえば中兼 2010, 中兼 2012）。とりわけ，中兼（2012）は，開発経済学の分析ツールを駆使して，中国経済がどこまで解明できるかを追究した優れた著作であり，筆者も学ぶべき点が多かった。本書で筆者が追究しようとしていることは，分析ツールは異なるとしても，この中兼和津次の試みと本質的な違いはないかもしれない。しかし，誤解を恐れずにいえば，中兼が導き出した次の結論に筆者は満足することができない。すなわち，「我々［中兼］の大まかな判断に従えば，中国経済の発展過程は基本的に従来の開発経済学の枠組みで叙述し，整理することが可能である。（中略）中国は特殊な国ではなく，全体として見れば，『普通の』国なのである」。中兼と同じく，筆者も中国が特殊な国だとは思わないが，経済システムに注目するならば，他の発展途上国はもとより，先進国の過去の経験とも異なる独自性を中国は持っていると筆者は考えるからである。

　このことは，本書のタイトルとも関係する。筆者が，本書のタイトルを「中国経済学」とした理由は，従来の中国経済論の枠を突破し，経済システムに焦点を当てて，中国の独自性を明らかにする研究入門書，あるいは一定の学術水

論じるときには経済だけでなく政治・社会も含めることが必要不可欠だという認識は，宮下忠雄，藤本昭両先生から引き継がれてきた伝統である。

準を保った啓蒙書として，「論」から「学」への橋渡しをするような本を書きたいと思ったからに他ならない。

　私の知る限り，少なくとも日本語で書かれたテキストとしては，いまだ「中国経済学」と題した本は存在しない。ただし，中国には 20 年前からそれが存在する。北京天則経済研究所編『中国経済学 1994』（上海人民出版社，1995 年）の前言において，張曙光は次のように高らかに宣言している。

> 中国の経済発展と社会経済生活はいままさに現代化に向かって大きな第一歩を歩み始め，中国の経済理論もまた，現代化の目標に向かって前進している。『中国経済学』文集を編集・出版することは，現代化過程の一つの結果であるし，さらに一歩現代化の階段を登ることでもある。

　天則経済研究所の『中国経済学』は，その後ほぼ一年に一度のペースで，編集責任者を変えながら，最先端の中国経済研究を現在に至るまで紹介しつづけている。ちなみに，手元にある『中国経済学 2012』（上海人民出版社，2014 年）では，柯榮住（香港中文大学），張斌（中国社会科学院），周業安（中国人民大学）の三人が責任編集者となり，公共政策を主要なトピックとした論文が取り上げられている。どの号もその年に発表された選りすぐりの論文からなり，読み応えがある。長年にわたる天則経済研究所の試みは高く評価しなくてはならないが，一点だけ筆者が不満に思うのは，このシリーズは，最先端の経済理論を使った中国経済の理論・実証分析の成果を紹介することに主眼が置かれ，結果として中国の独自性が指摘されることがあっても，それは副次的なものにすぎないことである。

2　本書の目的

　筆者は，中国の経済システムの独自性に強い関心を持って研究を進めてきた。改革開放以降，伝統経済から市場経済への移行と，社会主義から資本主義への移行という「二重の移行」を進め，しだいにその姿を明らかにしてきた中国の経済システムを，筆者は「中国型資本主義」と呼び，これまでにその特徴

をさまざまな角度から論じてきた（加藤1997，加藤・久保2009）。そして，その集大成として上梓した前著（加藤2013）では，中国型資本主義の本質的な特徴として，初めて「曖昧な制度」という概念を提示した。「曖昧な制度」は，本書第1章で詳述するように，その表現そのものが「曖昧」であると，中兼から厳しい指摘を受けた（中兼2014b）。しかし，中兼の批判を受けたことは，筆者にとって幸いであり，筆者の中では「曖昧な制度」についての思索が深まり，その存在についての確信がかえって強められた。本書は，前著で十分に展開できなかった論点を明確化し，より深まった理解をもとに「曖昧な制度」がいかに機能しているかを論じることを目的としている。この意味からいえば，本書は前著の続編であり，全面改訂版でもある。

　もし「曖昧な制度」という視点から，中国経済の運行メカニズムの全体像がうまく叙述できるとすれば，そうした視点で書かれた中国経済論の著作に，「中国経済学」というタイトルをつけることもあるいは許されるのではないだろうか。言うまでもなく，フレームワークがしっかりと出来上がり，体系的な講義ができる「学」の水準に本書が到達していないことを，筆者自身がよく承知している。しかし，本書が，中国経済事情を紹介した標準的テキストや特定分野の専門書とは，明らかに異なる手法と目的で書かれたことを，「学」という表現を使うことで読者に伝えたいと，筆者は考えたのである。タイトルに「入門」を付け加えた理由は，筆者の思考がいまだ荒削りな段階であり，より洗練された理論的な叙述は，後進に委ねる他ないと考えたからだが，本書には数式や理論モデルは一切出てこないし，経済学の専門用語も，できる限りわかりやすく解説したつもりなので，経済学以外の領域の研究者，社会人や学生の読者にも十分理解可能なものになったと自負している。

　本書を「中国経済入門」と間違えて購入した人にはたいへん申し訳ないが，本書を読んでも，中国経済の実情について体系的な知識を得ることは，あまり期待できない。しかし，GDP成長率や自動車の生産量，外貨準備高などの経済情報は，グーグルやヤフーで検索すれば最新のものがすぐに手に入る。また，中国経済の入門書は多数出版されているし，特定の分野について深く研究した専門書も少なくない。本書は「中国経済学入門」であり，中国経済の実態

や制度について，ある程度の知識を持つ読者が，それらの知識をどのように組み合わせて中国経済の全体像を描くか思い悩むとき，役に立つ本である。筆者が本書で展開した議論に賛成できない読者にとっても，本書は，何かしら中国経済について考えるヒントを提供しているはずだと，筆者は確信している。

3 本書の特徴

　本書の特徴の第一は，徹底して中国の独自性にこだわった点である。本書では，「曖昧な制度」をキーワードにして，中国の経済システムが持つ独自性を強調している。しかし，どこに独自性があるかという問いを突き詰めたとき，答えに窮することもある。戦後日本で高度成長が始まった昭和30年代と同じ熱気を，いまの中国に感じるという素朴な感想は，筆者も一度ならず感じた経験がある。また，先進国を上回る激しい市場競争の存在は，中国経済の特徴の一つだが，それは中国だけのものではなく，経済離陸の時期の資本主義国に共通するものだ。さらに，政府の強力な市場介入は旧社会主義国ではむしろ当たり前のことである。このように，中国型資本主義の個別の特徴を一つ一つ取り上げている限り，何が中国の独自性なのかを正確に答えることはむずかしい。

　これに対する筆者の答えは，中国の独自性を，それぞれ個別に分析するのではなく，相互依存の関係の中で「全体的」(holistic) に捉えることが重要だとするものである。たとえば，政府が強力に支援する国有企業が存在する一方で，民営企業もそれに負けず劣らず勢いよく成長している。国有企業と民営企業とが激しい競争を展開する中で，その産業全体が急成長を遂げたという現象を見て，中国経済は政府介入が強い「国家資本主義」(ブレマー 2011) だと評価することも，民営企業の活力にその本質がある「大衆資本主義」(丸川 2013b) だと捉えることも，どちらの評価も一面的である。どちらか一方だけに注目し，それが中国経済の本質だとしたのでは，中国経済の本当の姿を見誤ることになると筆者は考える。この事例に象徴されるように，一見すると相矛盾し，反発し合うように思われる諸要素が，「曖昧な制度」を媒介として，有機的に結びつき，全体としてうまく機能しているところに，中国の独自性があ

るのである。

　本書の特徴の第二は，既存理論や実証研究の成果を，これまでとは異なる視点で，並べ替えたり，組み合わせたりして，「曖昧な制度」とは何かを明らかにしようとしたことである。フィールドワークに基づいて地域や産業の実態に迫ることも，企業や家計のミクロデータを使った計量的な実証研究も，本書において本格的に行っているわけではない。ミステリー小説のアナロジーでいえば，本書は，自分の足で情報を集めたり，ときには犯人と格闘したりして活躍する探偵ではなく，与えられた情報を丹念に組み合わせて真犯人を突き止める，いわばアームチェア型の探偵を目指している。

　すでに述べたように，本書は，前著の続編であり，全面改訂版でもある。同じ視点から同じテーマを扱っているわけだから，叙述の一部に重複が生じるのは避けられないことである。しかし，本書と前著は，次の点で決定的ともいえる違いがあると筆者は考えている。前著では，中国型資本主義の持つ特徴として，①激しい市場競争の存在，②国有と民営が並存する混合体制の存在，③企業のように競争する地方政府と官僚，④利益集団が形成される中で生じた腐敗と成長の並存，という四つの側面を取り上げ，それらの特徴を説明することに主眼が置かれた。このため，「曖昧な制度」の説明としては余計な叙述が含まれていたし，反対に説明が不十分な箇所もあった。

　これに対して，本書では，「曖昧な制度」が機能している具体的な事例として，中国型資本主義の複数の特徴を取り上げている。前著と同じトピックを取り上げて論じる章（第4章，第8章）もあれば，前著のトピックの一部に焦点を当てた章（第3章，第5章，第7章）もあり，前著にはない新しいトピックを取り上げた章（第6章，第9章）もある。本書では，前著で展開された議論を踏まえつつ，できる限り重複を避け，「曖昧な制度」がどのように機能しているかを描くように努力した。言うまでもなく，データを最新のものに置き換えたり，前著以降に新たに得られた知見を付け加えたりすることにも，十分な注意を払ったつもりである。筆者の努力がどの程度報われたのかは読者の判断に委ねるしかないが，少なくとも，「曖昧な制度」を理解するという面では，本書は前著に比べて格段に読みやすくなったと考えている。

4 本書の構成

本書は，第Ⅰ部（第1章～第2章），第Ⅱ部（第3章～第7章），第Ⅲ部（第8章～第9章）の三部構成となっている。

第Ⅰ部は基礎篇であり，本書の最も重要なキーワードである「曖昧な制度」を，比較制度分析の視点から定義し，それが歴史的に形成されてきた過程を明らかにする。第1章では，「曖昧な制度」とは何かを議論する。制度とは決して未来永劫不変のものではなく，長い時間をかけて進化するものである。進化の過程は直線的に進むとは限らない。ときには，進化が止まって立ち後れた制度が延命することもあるし，進化とは逆方向の動きが起きることさえありえる。この章では，比較制度分析の主要な研究成果を整理し，制度とは何かについての筆者の考えを示した上で，「曖昧な制度」の持つ「曖昧さ」に考察を加え，「曖昧な制度」を定義する。

第2章では，中国独自の制度的特質である「曖昧な制度」が，どのような過程を経て形成されたかを論じる。長い歴史的伝統，広大で多様性に富む風土，そして人民共和国の最初の30年間に試みられた集権的な社会主義の実験という三つの要素の相互作用の中で，「曖昧な制度」が形成されてきた過程を明らかにする。

第Ⅱ部は本書の応用篇に当たる部分であり，「曖昧な制度」がどのように機能しているかを明らかにする。ここで取り上げるトピックは，体系的，網羅的というよりも，「曖昧な制度」がいかに中国経済の広範な領域に広がっているかを示す，いわば事例研究の集合として位置づけられる。筆者の思いつきでトピックが並んでいるような印象を受ける読者がいるかもしれないが，筆者としては，「曖昧な制度」が特徴的に現れている制度や領域を選んで取り上げたつもりである。

第3章では，人民公社が解体され，農家経営請負制が導入された後の農村に，どのような制度変化が生じたかを論じる。土地関連の法律・条例の整備と，請負耕作権の流動化の現状を整理した上で，土地の集団所有を前提とした一種の協同組合組織である，「土地株式合作社」の実態を取り上げる。そして，

土地の集団所有という「曖昧な制度」が，土地私有化が引き起こす恐れがある問題を巧妙に回避しながら，土地の有効利用を実現していることを示す。

　第4章では，「曖昧な制度」を機能させている主要なアクターの一つで，高度成長の担い手であった地方政府と官僚を取り上げる。地方政府は，企業を直接経営することから出発し，企業が民営化された後は，土地の独占的な供給を通じて管轄区域の都市経営を行った。地方政府間の成長競争にはプラス面もマイナス面もあるが，中央政府が十分に把握できていない地方債務が肥大化するなど，しだいに大きくなったマイナス面を改革し，成長至上主義からの脱却をはかりつつある，新しい地方政府の姿を分析する。

　第5章では，「曖昧な制度」を機能させているもう一つのアクターで，やはり高度成長の主役となった国有企業のうち，国有と民営の要素が並存する混合所有企業に焦点を当てる。競争か所有かという二者択一の議論を批判的に検討し，企業のガバナンスのあり方が企業の経済パフォーマンスに影響を与えたとする観点から，混合所有企業のガバナンスの特徴を検討し，国有企業改革の行方を論じる。

　第6章では，中国経済の持続的で安定的な成長にとって，カギを握ると考えられるイノベーションを取り上げ，「曖昧な制度」との関連に焦点を当てて議論する。中国では，産業組織論の常識的理解とは異なる現象が，携帯電話，太陽電池，電動自転車など新興産業を中心にして広く観察される。この章では，それらの新興産業の急成長を可能にした技術革新を「中国式イノベーション」と名付け，それが中国において生まれ，発展したメカニズムを明らかにし，イノベーションの今後の行方を議論する。

　第7章では，対外援助に見られる中国の特質に注目する。2004年頃から，中国は資源や市場確保を目的とした対外投資を活発化させているが，その動きと渾然一体となった対外援助は，被援助国から歓迎される面もある一方で，人道支援を中心とした国際援助社会から批判の的となっている面もある。投資と援助の境目が「曖昧な」中国の対外援助は，日本の援助経験と重なる面があり，独自の援助手法として評価が確立する可能性もある。また，この章の補論として，国内の貧困地域支援を行う「対口支援」の内容を紹介する。

第Ⅲ部は課題篇である。第8章は，「曖昧な制度」が引き起こした最大の問題の一つである腐敗問題を取り上げる。深刻化する腐敗の現状とその要因について考察した後，腐敗をなくすためには，どのような制度改革が必要かを論じる。そして，「曖昧な制度」を前提とする限り，成長と腐敗の並存が避けられないことを示す。

　第9章は，「曖昧な制度」が引き起こしたいま一つの問題点として，しばしば指摘される格差問題を取り上げる。改革開放後，所得格差は拡大する一方だが，その要因は市場経済化の進展にあるのか，それとも市場経済化の不徹底にあるのか。フランスの経済学者トマ・ピケティが，その著書『21世紀の資本』で展開した議論と実証結果を参照しながら，中国における格差拡大のメカニズムとその対応策について議論する。

　終章は，本書のまとめの章である。前章までの議論を踏まえて，中国型資本主義は，結局のところ，先進資本主義国と同じモデルに収斂していくのか，それとも，その独自性を保持し続けることになるのかを，「中国的なるもの」に焦点を当てて，「曖昧な制度」との関わりから論じる。筆者は，中国型資本主義が今後も独自性を保持するのが，中国の安定成長にとって望ましいとする立場だが，「曖昧な制度」が未来永劫いまのままで変化しない方がよいと主張しているわけではない。「曖昧な制度」も変化を余儀なくされるに違いないが，そのコア部分は何らかの形で継承されていく。「曖昧な制度」の機能メカニズムの研究を通じて，中国の経済システムの独自性を追求することを目的の一つとした中国経済学は，新しい経済学のパラダイムを構築する試みにも一定の貢献をすることができると筆者は考える。

　付論は，中国研究を志す若き研究者へ贈るメッセージとして，自分自身が歩んできた研究史を振り返り，中国研究が取り組んできた課題と手法がどのような変化を遂げてきたかを整理した。そして，中国研究の今後の行方を展望するとき，中国の独自性にこだわることで新たに見えてくるものを探究することが，地域研究としての中国研究が今後も生き残り，発展を続ける方途であるとする筆者の考えを述べる。

第 I 部

基 礎 篇

第1章

「曖昧な制度」とは何か
――制度の内生的変化の視点――

　第Ⅰ部では，本書のキーワードである「曖昧な制度」を定義し，それが歴史的に形成されてきた過程を分析する。まずこの章では，比較制度分析の主要な研究成果を整理し，制度をどう捉えるかについての筆者の考えを示した上で，なぜいま制度に注目するのか，中国の制度の持つ独自性とは何かを検討し，「曖昧な制度」の持つ「曖昧さ」に考察を加える。

　筆者の考える「曖昧な制度」を一言で表現するならば，「曖昧さが高い経済効果をもたらすように設計された中国独自の制度」と定義できる。形成途上にある制度の多くは，二層（二重円）構造からなる。コア部分は制度が認知され，定着した領域をさし，周辺部分は制度が進化する過程で一時的に生み出される過渡的な領域をさす。「曖昧な制度」は，二重構造からなる複数の制度の重複が作り出していることが多く，その場合，周辺部分の重複が意味する「曖昧さ」は制度の進化とともに消滅するかもしれないが，コア部分における重複が意味する「曖昧さ」は，中国の経済システムの特質として形を変えながら繰り返し再生産されていく。

1　制度をどう捉えるか

制度の持つ四つの特徴

　制度（institutions）は非常に包括的な概念であり，経済学の領域に限定した

としても，必ずしも共通理解があるわけではない。そこでまず，筆者が制度をどう捉えているかを明らかにしておく[1]。

　第一に，制度は単なる法律や規範に止まらない，より包括的な内容を含む概念である。新制度派経済学を代表する論者であるダグラス・ノースによれば，「制度とは，社会のゲームのルールである。あるいは，より公式にいえば，それは人々によって考案された制約であり，人々の相互作用を形作る。したがって，制度は，政治的，社会的，あるいは経済的，いずれであれ，人々の交換におけるインセンティブ構造を与える」（ノース 1994：3 頁）。

　制度を「交換におけるインセンティブ構造」をもたらすものと捉えるノースの観点は，制度を一種のゲームのルールと見なす，最もオーソドックスな考え方である。一方，比較歴史制度分析の提唱者であるアブナー・グライフは，より包括的に制度を捉える視点を以下のように提示している。

　　制度は，行動の規則性を共同で生み出す社会的諸要素のシステムである。この諸要素は人間によって作り出されるので，また，それは非物理的なものであるので，さらに行動する際にその影響を受ける各個人によっては外生的なものでもあるので，この諸要素は社会的である。一つの制度を構成するさまざまな諸要素は，とくにルール，予想，規範および組織は，社会的状況のなかで技術的に実行可能な多くの行動のなかから一つの行動を個人が採用する際に，個人を動機づけ，助け，導く。（グライフ 2009：27 頁）

　ここに示された制度は，法律や規範という意味でのゲームのルールを意味するだけでなく，人々が共通して抱く予想や期待，さらに，ゲームをプレーする組織も包含している。このように，制度が包括的な構成要素からなるとする認識は，制度を捉える出発点である。

　制度について注目すべき第二点は，ゲームのルールや組織としての制度にはフォーマルなものもあれば，インフォーマルなもの（慣習や規範，非合法組織

---

[1] 以下の整理は，筆者の制度にかかわる基本認識を読者に提示し，筆者と読者の認識ギャップを埋めることを目的としており，制度派経済学の包括的な説明としては不十分なものであることをあらかじめお断りしておく。

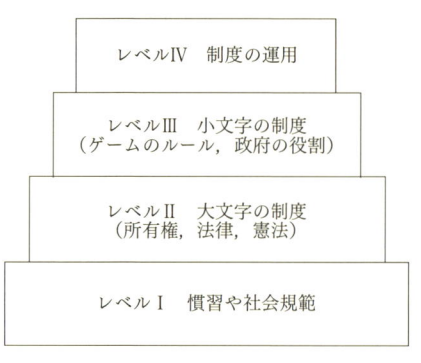

図 1-1 制度の重層構造
出所）Williamson（2000）を参考に作成。

など）も含まれることである。前出のノースの表現を借りれば，「現代の西側社会において，我々は生活と経済をフォーマルな法と所有権によって秩序づけられているものと考える。しかし，フォーマルなルールは，最も進んだ経済においてさえ，選択を形成する制約集合のわずかな部分を占めるにすぎない。少し考えてみれば，インフォーマルな制約が深く浸透していることが理解できる」（ノース 1994：48 頁）。フォーマルな制度化が進んだ先進国においてさえ，インフォーマルなルールが重要だとすれば，発展途上国では，インフォーマルなルールの重要性は，よりいっそう大きいといえる（原 1996）。

　制度について第三に指摘したい点は，制度が重層構造を持つことである。制度の経済学の包括的なサーベイを行ったオリバー・ウィリアムソンは，制度を四つのレベルに分類した（Williamson 2000）。図 1-1 はウィリアムソンの分類を図示したものである。

　最も基層にあるレベル I は，社会に埋め込まれた制度をさし，慣習や社会規範などを意味する。ウィリアムソンによれば，これは 100 年から 1000 年ものあいだ不変（それぐらいのタイムスパンでゆっくりと変わっていく）である。レベル II は，開発経済学者のアビジット・バナジーとエスター・デュフロの用語を使うと，「大文字の制度」に相当する（バナジー/デュフロ 2012）。これは 10 年から 100 年のあいだ不変（同上）であり，所有権，法律，憲法などがこれに含まれる。レベル III は，「小文字の制度」を意味し，1 年から 10 年のタイムスパンで変化する。これにはゲームをプレーする手法や政府の役割などが含まれる。レベル IV は，資源の分配と利用にかかわる新古典派経済学の世界であり，別の言葉で表現すれば制度の運用にかかわるレベルである。

　ここで一つだけ注意しておきたいことは，同じ概念が使われていても，その

内容が国ごとで異なる場合があることである。バナジーとデュフロは、「大文字の制度」は地元の「小文字の制度」を通じて実現するが、そのあり方は国によって様々であると指摘している。「スイスでは外国人がシャレー（chalet）を持つことはできません。（中略）スウェーデンでは、人々は他人の私有地を含めてどこでも歩いてかまいません」（同上書：317頁）。このように、私有制、民主主義など、同じ概念でも国ごとに異なる内容を持つのである。

制度に関して指摘しておく必要がある第四点は、制度は再生産を繰り返しながら、しだいに進化していくということである。前記の四つの異なるレベルで制度を捉えるとすれば、制度が形成され、変化していく過程が自ずと明らかになる。すなわち、慣習や社会規範の上に「大文字の制度」が形成され、さらに「大文字の制度」を基礎として「小文字の制度」が制定される。一般的にいえば、制度の進化とは、主として慣習や社会規範に従う状態から、大文字の制度がしだいに形成され、さらにその上に小文字の制度が出現していく、比較的長い過程を意味する。

制度は時間をかけて進化すると説明したが、その理由は、制度には一度形成されるとなかなか変化しにくい性質が内包されているからである。「制度＝ゲームの均衡」と考える制度観に基づき、青木昌彦は、ルールが内生的に創り出され、結果的にそれが自己拘束的となるメカニズムを次のように説明している（青木 2005）。

まず、ゲームのプレーヤーはそのゲーム全体がどのように行なわれているのかに関する予想を持ち、その予想に基づいて次の戦略を選択する。同様にして、各プレーヤーはそれぞれ戦略を選択していき、全体としてある均衡が生み出されるが、その均衡は絶えず要約されて、内生的に形成されたゲームのルールとしてプレーヤーに認識される。そして、それがルールだと絶えず確かめられることにより、各プレーヤーは自らが持つ予想を調整する、という循環関係にあると考えるのである（図1-2参照）。

制度をゲームの均衡と捉える青木の観点は、制度がゲームのプレーヤーによりつねに再認識され、再生産されるメカニズムをうまく説明している。それはまた、制度が一旦形成されるとなかなか変化しない理由を、内在的なロジック

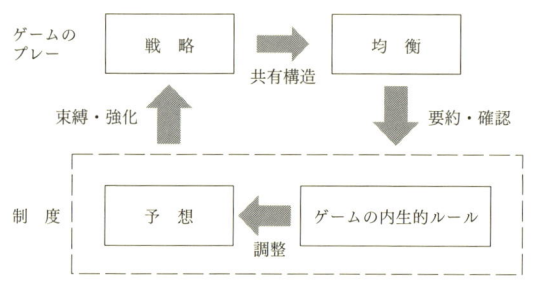

図 1-2　ゲームの均衡としての制度
出所）青木（2005）より引用。

から説明するものでもある。制度進化にかかわって，さらに付け加えておくべきことは，制度はつねに望ましい方向に進化するとは限らないことである。マサチューセッツ工科大学のダロン・アセモグルとハーバード大学のジェイムズ・ロビンソンが取り上げた豊富な歴史的事象が教えるところでは，誤った方向への制度変化（退化）がしばしば起きているし，劣った制度が長い期間にわたって生き延びた事例も数限りなく存在する（アセモグル/ロビンソン 2013）。

資本主義制度をどう捉えるか

　制度をどう捉えるかという議論の最後に，資本主義制度をどう捉えるかについて，筆者の考えを明らかにしておきたい。比較経済システムを専門とする溝端佐登史は，筆者の前著への書評論文の中で，筆者は私的所有と市場の二つの基準によって資本主義を定義しているが，それだけではなく，意思決定のあり方や，インセンティブ，公共選択の手続きも，資本主義という制度のコアとなる要素ではないかと指摘した（溝端 2014）。

　溝端が指摘したとおり，資本主義を最も包括的な概念で捉え，その他の要素を捨象するのが筆者の立場である。その理由は，その方がより資本主義の本質に迫ることができると考えるからである。筆者は，2001 年の WTO 加盟前後の時期に，中国は狭義の市場移行を完成し，広義の市場移行の時期に移ったと捉えている[2]。その基準は，①私的所有が支配的になっていること，②財・サービスのほとんどが市場を通じて手に入ること，の二点だけである。ちなみ

にこの基準は，ハンガリーの経済学者ヤーノシュ・コルナイが提起した市場移行の完了を示す三つの条件のうちの二つと同じである（Kornai 1992）。筆者が取り上げなかったコルナイの三番目の基準は，共産党の政治的支配がなくなることである。コルナイの基準を厳密に当てはめると，共産党一党独裁体制が継続している中国は，まだ狭義の市場移行が終わっていないということになる。

筆者がコルナイの三番目の基準を取らなかった第一の理由は，共産党自身が実質的な意味での変質を遂げたことにある。江沢民国家主席（当時）が2000年に提起した「三つの代表論」は，共産党が労働者・農民の代表であるだけではなく，資本家も含むすべての国民を代表する政党であることを宣言するものであった。実質的な変質を遂げつつある共産党の実態は，実証的にも確かめることができる。エリート層意識調査に基づき，小嶋華津子は，若い世代の党員ほど党を共産主義理念発揚の場ではなく，自己実現の機会と実利を得られる場として認識しており，イデオロギーとしての社会主義・共産主義が求心力を失いつつある現状を指摘している（小嶋 2012）。また，毛里和子は，共産党が高学歴のエリート集団になりつつあることを確認した上で，一つの政治組織としてすべての国民を代表することが可能かどうかを問い，党内派閥の発生と公認，党の分化，そして多党制への移行の可能性を示唆している（毛里 2012b）。

筆者がコルナイの三番目の基準を取らなかった第二の理由は，共産党の政治的支配がなおしばらく継続する可能性が大きいと考えるからである。共産党一党独裁が続く限り移行期にあると見なすなら，相当長い間，移行期は続くと見なければならない。その間，中国の経済システムが社会主義でも資本主義でもない，第三の経済システムにあると想定することは，あまり現実的ではないし，有効な分析視角にもならないと考えたからである。

本書では，多様な資本主義が存在していることを前提として，中国型資本主義もその一つの形態であると捉えている。中国型資本主義がどのような意味で

2）ここでいう広義の市場移行とは，狭義の市場移行によって資本主義の基本的条件を満たしたあと，時間をかけてより洗練された資本主義（たとえば先進資本主義国のシステム）へと移行していく過程を意味する。ただし，先進資本主義国のシステムに中国の経済システムが収斂するかどうかはわからない。

独自であるかを論じるためには，他の国・地域の資本主義との比較が必要不可欠であるとする指摘に対しては，終章において，資本主義の類型化という視点からあらためて議論するつもりであると答えるに止めておく。次章以下の分析において，あらかじめ中国型資本主義がどの類型に区分できるかを論じる必要があるとは思わないからである。

　資本主義制度の形成にかかわる重要な論点として，いま一つ指摘しておきたいことは，1978年の改革開放により，社会主義から資本主義への市場移行を進めた中国は，通常，想定されているような意味での制度の進化の過程が逆行しているケースに相当する。市場移行とは，社会主義時代に形成された制度を資本主義のシステムに合致したものに変えていく過程に他ならないが，漸進的に市場化を進めた中国では，社会主義時代の制度が残存している上に，無理矢理に資本主義の制度を接ぎ木したり，両者が並存したりする特徴が見られる。こうした制度の重複や並存は，筆者が「曖昧な制度」として中国のシステムを考える際の，一つの重要な要素となっている。

2　なぜ制度に注目するか

ワルラス的パラダイムを超えて

　以上からも察せられるように，筆者は，改革開放後の中国の持続的な経済成長を分析するとき，制度が果たした重要な役割に注目しているが，そのことは，なにも中国だけに限られるものではない。近年，経済発展における制度の重要性が，経済学者の中でしだいに共有されつつある。そのきっかけとなったのは，20世紀末に起きた共産主義の崩壊であった。サンタ・フェ研究所のサミュエル・ボウルズは，次のように回顧する。

> ソビエト連邦と東ヨーロッパにおける共産主義の崩壊のあと，多くの経済学者は，国家所有が廃止された以上，資本主義的な諸制度が十分に機能する形で自然発生的に出現するだろうと自信をもって予言した。しかし，ロシアにおいて（中略）生まれた制度は，生産性を向上させるインセンティ

ブも投資に向けさせるインセンティブもないものだった。（中略）［このことは］「良い制度は無償である」という通常の見方がいかに間違いであるかを如実に示している。　　　　　　　　　　　　（ボウルズ 2013a：14 頁）

　制度の重要性を指摘するボウルズが目指す最終目標は，既存の経済理論の大前提となっているワルラス的パラダイムの超克である。ワルラス的パラダイムは以下の三つの仮定からなる。①個人が自分志向的で外生的に決められている選好を持ち，行為の諸結果について長い視野を持って評価し，その評価に基づいて行為を選択すると仮定する。②社会的相互関係は契約に基づく交換という形態以外はとらないと仮定する。③多くの場面において規模に関する収穫逓増は無視できると仮定する。

　ボウルズは，ワルラス的パラダイムに代わる次の三つの仮定を新しいパラダイムの中心に置いた。①契約によらない社会的相互作用。契約に基づく個人間での相互作用だけではなく，契約によらない社会的相互作用も普遍的である。②適応的かつ他者考慮的な行動。自己利害は重要だが，他者を考慮するという動機も同様に重要である。③一般化された収穫逓増。経済的相互作用および他の社会的相互作用は，「累積的因果関係」（ミュルダール 1959）によって導かれる。

　ボウルズは，その著作において，最先端のミクロ経済学とゲーム理論を駆使して，前記三つの仮定に基づく，新たな経済学の基礎理論の構築を目指し，その中で制度の形成についても理解しようとしている。ただ，ボウルズの先駆的試みは高く評価されるべきだが，筆者の理解した限りでいえば，旧いパラダイムの破壊には成功したものの，新しいパラダイムを構築するまでには至っていないように思われる。さらなる理論と実証研究の進展を望みたい。

経済制度と政治制度の関係

　政治と経済との関わりから制度を新たに捉え直そうとする試みもある。前出のアセモグルとロビンソンは，その共著『国家はなぜ衰退するのか』において，経済発展の過程で制度が果たす決定的に重要な役割を明らかにした（アセ

モグル/ロビンソン 2013)[3]。

　アセモグルとロビンソンの主張の要点の第一は，豊かな国と貧しい国が生まれる根源的な理由を，「包括的な制度」(inclusive institutions) と「収奪的な制度」(extractive institutions) という制度の違いから説明しようとしている点である。「包括的な経済制度」は，すべての人が参加可能である包括的な市場を生み出し，持続的な成長に不可欠の要素であるテクノロジーと教育への道を開く。他方，「収奪的な経済制度」は「包括的な経済制度」の対極にあり，社会の中のある集団から収奪し，別の集団の利益をもたらすために設計された制度である。経済制度と政治制度の間には強い相乗作用（シナジー効果）があり，十分に中央集権化された多元的な政治制度，すなわち「包括的な政治制度」が「包括的な経済制度」の長期的な持続を可能とする。

　アセモグルとロビンソンの主張の要点の第二は，政治制度の優位性である。政治制度と経済制度の間の強い相乗作用に関して，著者らは政治制度が土台にあり，それに合わせて経済制度がつくられるとする立場に立つ。著者らは次のように述べる。「本書が示すのは，ある国が貧しいか裕福かを決めるのに重要な役割を果たすのは経済制度だが，国がどんな経済制度を持つかを決めるのは政治と政治制度だということだ」（同上書：上巻 76 頁）。経済が土台であり，政治が上部構造を形成すると考えたマルクスとは，因果関係が逆転している点が注目される。

　アセモグルとロビンソンの主張の要点の第三は，歴史的プロセスの強調である。著者らは次のようにいう。「カギを握るのは歴史である。（中略）ペルーがこんにち西欧や合衆国よりもずっと貧しいのは，ペルーの制度のせいであり，その理由を理解するためには，ペルーの制度が成立した歴史的プロセスを理解しなくてはいけない」（同上書：下巻 243 頁）。著者らがとくに注目するのは，当初は似通っていた二つの国が，しだいにかけ離れたものになっていく「制度的浮動」(institutional drift) という概念であり，その制度的浮動のきっかけを与えたのは，歴史の偶然に他ならない。

---

[3] アセモグル/ロビンソン（2013）の内容とそれに対する批判については，加藤（2014a）で詳しく検討した。

包括的／収奪的制度では解明できない中国の独自性

　独特の政治経済システムを持つ中国については，アセモグルとロビンソンもその著書の中で何度も言及している。そして，「中国の独裁的かつ収奪的な政治制度下での成長はまだしばらく続きそうではあるが，収奪的な政治制度が転換しない限り，真に包括的な経済制度と創造的破壊に支えられた持続的成長には転換しないだろう」と結論づける（同上書：下巻257頁）。

　この結論はきわめて穏当なものに見える。（どのように政治制度の転換が起きるかは別にして，）収奪的な政治制度を変えない限り，中国の未来はそれほど明るいものではないかもしれない。しかし，筆者は，収奪的な政治制度の下ではいかなる成長も期待できないとする悲観論にも，包括的な政治制度さえあればすべてがうまくいくとする楽観論にも立つことができない。

　インドの経済学者アルビンド・スブラマニアン（Subramanian 2012）は，中国とインドを取り上げ，アセモグルとロビンソンの議論の問題点を指摘している。スブラマニアンは，X軸に民主化の指標をとり，Y軸に経済発展の指標をとって，中国とインドを図の中にプロットしてみせた（図1-3）。この図に描かれた45度線は経済発展と民主化との密接な関係を示し，ほとんどの国はこの線の周辺に位置すると考えられる。しかし，図示したとおり，中国は左上，インドは右下と例外的な位置にある。すなわち，インドは民主化のレベルから見ると経済的に未発達であり，中国は民主的な制度を欠いているが経済的に豊かである。

　中国もインドも現時点では例外的な位置にあるわけだが，中長期（たとえば20年とか30年）を考えると，両者は，45度線に近づいていくとアセモグルとロビンソンは予測するかもしれない。アセモグルとロビンソンの枠組みでは，独立変数X（政治）が従属変

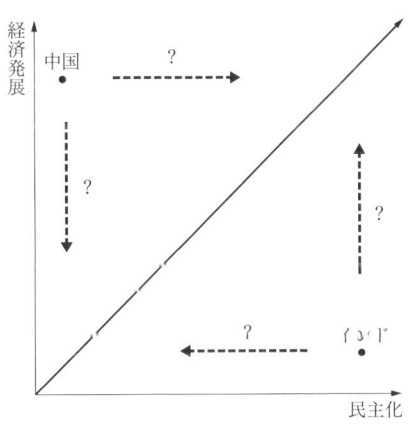

図1-3　経済発展と民主化の相関
出所）Subramanian（2012）の図を一部修正。

数 Y（経済）を決定する。しかし，45 度線に近づく方法はいろいろあると，スブラマニアンはいう。「2030 年のインドは今日のベネズエラのように権威主義のカオスになっているかもしれないし，中国のように豊かになっているかもしれない。これとは正反対に，中国はトマス・ジェファーソン流の民主主義国になっているかもしれないし，産出の劇的な崩壊に悩まされているかもしれない。この四つはいずれも出現する可能性があるが，どれも出現しないかもしれない。結局のところ，20 年後も中国とインドは著者ら［アセモグルとロビンソン］の理論によっては適切に説明できない」。

筆者も，スブラマニアンの批判に同調したい。結局のところ，中国の「国情」に見合った政治経済システムを継承し，発展させていくこと以外に，この国が成長を持続させる道はないと考えるからである。中国の持つ独自性を考慮に入れるなら，包括的制度と収奪的制度という単純な概念ですべて説明することは不可能に近いのである。

あらためて，中国経済に引きつけて筆者の考えを述べるとすれば，旧ソ連や中東欧などの移行国とは異なり，中国は 35 年を超えて高度成長を持続するという優れた経済パフォーマンスを実現できた。その理由は他でもなく，中国が長い歴史的伝統を継承しつつ，30 年の集権的社会主義の実験を乗り越えて形作ってきた独自の経済システムの優位性にあったと考える。

筆者は，前著において，こうした観点から中国の経済システムの独自性に注目し，それを「曖昧な制度」と名付けた（加藤 2013）。筆者の提起した「曖昧な制度」という概念は，学界の狭い範囲ではあるが，批判を含めて一定のポジティブな反応を引き起こすことができた（たとえば中兼 2014b，溝端 2014，木越 2014）。これらの建設的な批判は筆者の思索を深め，「曖昧な制度」をより洗練した概念にするための，大きな力となった（加藤 2014c）。以下の叙述には，批判者との相互交流やその後の思索から得られた成果が反映されていることをお断りしておきたい。

3 「曖昧な制度」をどう捉えるか

社会に埋め込まれた「曖昧な制度」

　「曖昧な制度」は，中国社会のさまざまな領域で観察される普遍的な現象といってよい。まず，その具体的なイメージを読者に提供する目的で，2006年から2007年にかけての一年間，筆者が外務省との人事交流事業で北京の日本大使館に勤務していたときの二つのエピソードを，「曖昧な制度」の身近な事例として紹介しておきたい。

　その一つは，大使館の総務部に航空会社から出向していたN氏から聞いた話である。N氏によれば，日本流の要人視察プログラムは，何時何分にどこに行き，何をするかが事細かく決められ，そのスケジュールに沿って動くことが求められる。これに対して，中国流はまったく逆である。要人の地位が高ければ高いほど，視察内容は直前まで明らかにされず，時間配分も不明のままである。総務担当者としては頭の痛いことだが，結果だけを見ると，日本流の細かく決められたスケジュール管理よりも，直前まで何も決めない中国流の方が，かえってうまく運営されたと感じることが多かったという。

　いま一つは，合弁企業を経営する旧友S氏の経験談である。S氏は，会社の紹介パンフレットの作成を一人の中国人社員に任せたところ，短期間に非常に質の良いものができあがってきたことに驚いたという。S氏は経理担当責任者として，中国人社員に，どこの会社にどのように発注し，費用はいくらかかったかを詳しく問いただそうとしたが，その社員は決して詳細を明かさなかったという。中国人社員にパンフレット作成費用の定額を示し，期限内に完成することを条件にあとは自由にさせたのだが，S氏はその社員がいくらかピンハネしているに違いないと疑っているわけである。ただし，この社員がとった行動は，（少なくとも2006年当時の中国では）グレーであるとしても違法ではない。

　この二つのエピソードは，中国では，組織や規則を離れて個人が自由に決定できる範囲が，他の社会（少なくとも日本）より格段に大きいことを示すものだが，それを可能としているのは，人々が共有する予想や規範であり，それに基づいて作られたルールや組織，すなわち「曖昧な制度」に他ならない。

「曖昧な制度」を図解する

ところで，筆者は前著の中で，「曖昧な制度」の持つ四つの特徴を取り上げ，簡単な説明を加えた（加藤 2013）。具体的にいえば，①組織の「曖昧さ」，②責任の「曖昧さ」，③ルールの「曖昧さ」，④目標モデルの「曖昧さ」，の四つである。この四つの特徴は，「曖昧な制度」をよく表していると考えるが，中兼和津次が批判するように，「曖昧な制度」の定義としては不十分であり，読者を混乱させる原因となったかもしれない（中兼 2014b）。そこで，制度に「曖昧さ」をもたらす最大の要因と筆者が考える，制度の重複を図解することからその特徴を明らかにしてみよう。

この章の冒頭でも述べたように，形成途上にある制度の多くは，ごく単純化していえばコア部分と周辺部分の二層（二重円）構造からなると捉えることができる。コア部分は認知され，定着した領域を意味するが，周辺部分は制度が進化する過程で一時的に生み出される過渡的な領域を意味する。ここでいう制度には，組織や法規のような具体的な形となって現れるものだけではなく，「暗黙の契約」（後述）のように人々が共有する予想や期待といった形でフォーマルな制度に埋め込まれているものも含まれる。制度の進化とともに，周辺部分は生成・発展してコア部分に転化する場合もあるが，その多くはしだいに消滅していく。他方，コア部分は中国の経済システムの特質として形を変えながら繰り返し再生産されていく。いま仮に，このコア部分を塗りつぶした円で，それを取り囲む周辺部分を塗りつぶされていない円で示すと，図 1-4 のようになる[4]。

「曖昧な制度」の多くは，コア部分と周辺部

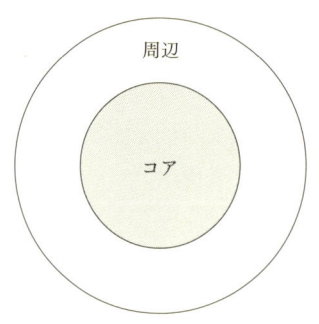

図 1-4 コアと周辺の二層構造からなる制度
出所）筆者作成。

4）言うまでもなく，コア部分と周辺部分の間に明確な線引きができるわけではなく，塗りつぶしの濃い部分と薄い部分のグラデーションで表現した方が，より正確かもしれない。また，この図を図 1-1 と対応づけるなら，図 1-1 の下層の方をコア，上層の方を周辺として同心円によって表したということになるだろう。

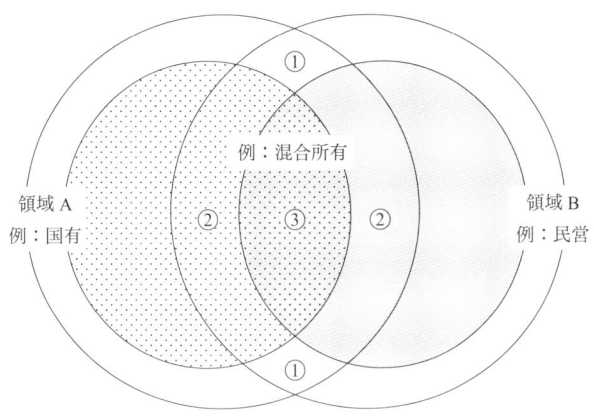

図 1-5 「曖昧さ」の 3 領域

出所）筆者作成。

分の二層構造からなる複数の制度の重複が作り出したものである。ここでは，企業の所有形態にかかわる制度を例に，制度の重複による「曖昧さ」について考えてみよう。所有形態には国有と民営，そして混合所有のものがある。これを図解しようとすれば，国有の領域と民営の領域との二つの円の交わりとして混合所有の領域を描くことになるだろう。それに，上述のコアの部分と周辺部分からなる二重の円をあわせて考えるなら，図 1-5 のような図が描ける。この図から，円の交わりには，三つの重複部分があることがわかる。領域①の重複は塗りつぶされていない領域どうしの重複，領域②の重複は塗りつぶされた領域と塗りつぶされていない領域の重複，そして，領域③は塗りつぶされた領域どうしの重複である。ここでいう三つの重複は，異なる種類の「曖昧さ」が存在することを意味している。

　この三つの重複の違いは，異なるレベルの制度が折り重なっているというイメージで捉えるのが一番わかりやすい。企業の所有制度の場合，近代法治国家であれば，最優先される制度は憲法だろうが，中国には，憲法よりも優先される制度がある。すなわち，国有企業や民営企業にかかわる党の決定がそれである。その下に位置するのが，会社法など所有にかかわる国の法規・法律である。そして，法規・法律に基づいて地方政府が制定した条例や政府各部門の通

達などがさらにその下に位置することになる。しかし，こうした優先順位が明確になるのはあくまでも制度進化の結果として制度の精緻化がなされたあとのことであり，その過程ではさまざまな重複，つまりどちらが優先されるかわからない曖昧な状況が考えられる。前記の塗りつぶされていない領域どうしの重複を示す領域①は，最も下位に位置する条例や政府通達のレベルの重複を意味する。たとえば，省政府の条例と県政府の条例がある場合，財政部の通達と民生部の通達がある場合，どちらが優先されるかは必ずしも明確なルールがあるわけではない。

　次に，塗りつぶされた領域と塗りつぶされていない領域の重複を表す領域②は，たとえば法規・法律と条例や政府通達の重複を意味する。近代法治国家であれば，法律が上位規定であり，条例や政府通達はそれに抵触できないが，制度の精緻化の途上で，条例や政府通達が上位規定である法律よりも優先されるような場合が，中国ではしばしば観察される。たとえば，独占禁止法が存在するにもかかわらず，石油元売りの国有2社による国内流通の独占を認める政府通達が優先され，8万カ所の民営ガソリンスタンドが閉鎖を余儀なくされた事例がある（加藤ほか 2013）。ただし，制度の精緻化が進めば法律が残り，それに抵触する条例や政府通達は廃止されるか，書き換えられることになる（つまり，塗りつぶされていない領域が縮小する）。

　最後に，塗りつぶされた領域どうしの重複を表す領域③は，近代法治国家では考えにくいが，中国の場合には，あらゆる法律に優先する党の決定が存在する。具体的にいえば，国有企業改革の目標モデルを曖昧にしたままで，民営企業の発展と国有企業の堅持を同時に掲げる党の決定を意味し，それを具現化したものが国有の要素と民営の要素を併せ持つ混合所有企業ということになる。領域③は，二つの異なる制度が一体化し，構造化していることを意味している。この部分は，いわば「曖昧な制度」のコア部分に当たる。①や②の周辺部分が一時的な重複を想定しているのに対して，③はかなり長期にわたって重複が維持されることを想定している。

　以上のように図解すれば，領域①，②，③をきれいに区分できるが，実際には，ある一時点で三つの領域を区分することは，それほど簡単ではない。なぜ

なら，あらゆる制度に①，②，③の要素がすべて含まれるわけではなく，領域③が存在しない制度も十分に想定できるからである。

　もう少し具体的にいえば，本書では，第5章で国有と民営の要素を併せ持つ混合所有企業を，領域③を含む「曖昧な制度」の事例として取り上げ，その企業ガバナンスの特徴を分析している。しかし，混合所有企業は領域①や②，すなわち国有企業が民営企業の活動領域に一時的に侵入した事例（あるいはその反対）にすぎないのではないかとの疑念を持つ読者もいるだろう。読者の疑念に根拠がないとはいえない。もし仮に，ごく短期間（数年の間）に国有企業の民営化が進められ，規範化された株式会社に改組されたとすれば，その疑念は正しかったということになる。しかし，もし混合所有企業が今後10年あるいは20年と継続し，一定の役割を果たすなら，それはある種の構造化が生じていたことを意味し，筆者のいう「曖昧な制度」のコア部分に当たる領域③を含む事例であったことが，事後的ではあるが証明されることになる。おそらく大多数の読者は，領域①，②に加えて領域③が含まれているかどうかを事後的でなく，事前に知りたいと思うだろうから，この点は，「曖昧な制度」の分析ツールとしての限界といわざるを得ない。

　しかしながら，領域③の存在を（厳密な意味で）事前に知ることはできないとしても，その存在がまったく推論できないというわけではない。第2章で筆者は，「曖昧な制度」がいかに形成されてきたかを明清時代にさかのぼって歴史的に振り返るが，そこに現れた特徴（組織や法律，人々が共有する予想など多様な内容を含む）が，何らかの形で現代によみがえっているとすれば，それを筆者のいう「曖昧な制度」のコア部分と考えることはそれほど的外れではないはずである[5]。そうした特徴が繰り返し再生産される理由を端的に述べるとすれば，長い歴史的伝統，広大で多様性に富む国土に規定された「国情」のト

---

[5] 明清史を専門とする村上衛は，筆者の前著（加藤 2013）にも言及しながら，明清時代の制度と現代の制度との間に，さまざまなレベルでの類似性が見られるとして，それらの類似性は単なる印象論ではなく，多くが構造的に説明できるようになっていると指摘している（村上 2015）。村上自身が指摘するように，短絡的に明清時代から現代への制度の持続性を強調することには慎重であるべきだとしても，現代中国の研究者が歴史から学ぶべき点は少なくないのである。

で，制度の重複，言い換えれば，「曖昧さ」を内包した制度を保持することでシステムの機動性や効率性が高まるという優位性が，中国は他の国・地域より大きいと考えられるからである。そしてこの点を明らかにするためにこそ，領域③を考える必要があるわけである。

　以上のように，中国では，制度移行に伴う一時的な制度の並存や重複を利用するだけでなく，「曖昧さ」を意識的に温存し，積極的に活用することで，組織や規則に縛られることなく個人が自由に意思決定できる範囲を広げ，機動的，効率的な制度運用をはかるという「曖昧な制度」が存在すると捉えられる。

「暗黙の契約」としての「曖昧な制度」

　これまでの議論は，主として制度の重複という観点から，「曖昧な制度」の特徴を明らかにしようとしてきたが，「曖昧な制度」に含まれる内容には，制度の重複という観点では十分に説明できないものが含まれている。

　「曖昧な制度」の形成過程を分析する第2章では，岩井茂樹や黄宗智の議論を取り上げる。そこでは，国家という正規領域と社会という非正規領域の間に，ある種の中間的領域（岩井は「周辺」，黄は「第三領域」と呼んだ）が存在することが示されるが，それを「曖昧な制度」の一形態であると捉えることは十分に可能だと筆者は考える。すなわち，国家と社会の間にある種の乖離が存在し，両者を大小さまざまな「曖昧な制度」がつないでいるという構造が想定できる。制度が精緻化していけば，フォーマルな制度がインフォーマルな制度に取って代わることになり，正規領域と非正規領域の乖離はしだいに消滅していくことになるが，黄宗智は「第三領域」は集権的社会主義の時代を超えて改革開放後も残存していると主張している（具体的な内容については第2章を参照してほしい）。

　さらに，歴史的な連続性が明確に見て取れるという意味から，筆者は，「包」に注目している。「包」とは請負の総称で，その語源は，胎盤あるいは子供をはらんだ母親であり，またそれはつぼみ（「苞」）をつくることを意味する（楊1987）。請負とは，「指定した内容の完成を担保するなら，あとはあなたの自由

にしてよい」という意味である（張2009：195頁）。

　筆者が「包」に注目する理由は，第2章で詳しく検討するように，明清時代の商慣習，財政制度や司法・行政制度にも，民国期の土地制度や企業制度にも「包」を内包した制度が存在していただけでなく，1978年から始まる改革開放後の中国において，農家経営請負制や地方財政請負制など，さまざまな分野で請負制が復活し，多用されるようになったからである。

　ただし，「包」を日本語の請負と同義に捉えてしまうと，中国における「曖昧な制度」の持つニュアンスがうまく伝わりにくい。そこで，「曖昧な制度」の重要な構成要素の一つである「包」を，組織の経済学が発展させた契約理論の観点から記述してみると，次のように一般化することができるだろう。

　スタンフォード大学のポール・ミルグロムとジョン・ロバーツの研究によれば，契約とは，「互いの利益を認識しあい，互いの利益増大のために行動の修正に合意できる人々の間で結ばれる協定」と定義される（ミルグロム/ロバーツ 1997）。しかし，事前にあらゆる可能性を考慮した「有効な契約」（完備契約）を結ぶことはむずかしい。なぜなら，契約を結ぶ当事者は，「限定的な合理性」（bounded rationality）しか持たないからである。したがって，すべての想定可能な状況に対して人々が為すべきことを明記した完備契約は，実際には存在し得ない。

　こうした観点から見ると，我々の社会には，実にさまざまなレベルの請負が存在することに気がつく。建築契約や委託契約にも請負が使われる。このレベルの請負は，期間が限定され，契約が部分的に不完全であるような「新古典派的な契約関係」をさす。また，雇用契約として請負が使われることがあり，これは「関係的契約」に区分できる。関係的契約とは，関係の枠組みに関する合意のみを取り付ける契約を意味する。

　関係的契約をさらに突き詰めたものが，「暗黙の契約」（implicit contracts）である（ピコーほか2007）。これは，当事者が相互関係の上で抱く漠然とはしているが共有されている（はずの）期待を意味する。暗黙の契約は，インフォーマルな相互依存を前提とした契約であり，細かな条件や制約を課さないで（つまり「曖昧さ」を保持したままで），ある種の信頼関係に基づいて契約の遂行を

期待するような契約である。我々が注目する「包」とは、こうした暗黙の契約の一種であると捉えることができる（暗黙の契約の一つの事例として、第4章では郷鎮企業を取り上げる）。

「曖昧な制度」を定義する

　制度の重複による「曖昧さ」を図解しても、あるいは「包」を「暗黙の契約」と言い換えても、「曖昧な制度」の実体は相変わらず曖昧模糊として捉えどころがないと不満に思う読者がいるかもしれない。「曖昧な制度」が、どのような形で中国経済の中に埋め込まれ、機能しているのかを理解するためには、具体的な制度を一つ一つ取り上げて、その運行メカニズムを明らかにするのが、最もわかりやすい方法である。次章以下で筆者はそれを試みるつもりだが、読者の便宜を考えると、やはり何らかの形で「曖昧な制度」を定義しておくことが必要かもしれない。

　赤色を抽象的な言葉で定義するのがむずかしいように、具体的な制度の集合として「曖昧な制度」を捉えるという方法をとらず、「曖昧な制度」を定義するのはとてもむずかしい。無い知恵を絞って、アブナー・グライフ流に厳密さを追求するならば、次のような定義が可能だろう。すなわち、「曖昧な制度」とは「高い不確実性に対処するため、リスクの分散化をはかりつつ、個人の活動の自由度を最大限に高め、その利得を最大化するように設計された中国独自のルール、予想、規範、組織」をさす。

　しかし、この定義は長すぎるきらいがある。そこで、厳密さを多少犠牲にして、それをより簡潔に述べたのが、この章の冒頭で掲げた「曖昧さが高い経済効果をもたらすように設計された中国独自の制度」というものである。読者は、「曖昧さが高い経済効果をもたらす」という表現に違和感を覚えるかもしれない。「曖昧さ」から受ける印象は、中途半端、不徹底、不透明などと並んで、どちらかといえばネガティブなものである。しかし、「曖昧さ」は柔軟さやしたたかさの裏返しでもある。一般的にいえば、制度の「曖昧さ」をなくして「明確さ」を追求することは、制度の進化を意味するものであり、経済発展を促すはずである。しかし、それはつねに正しいとは限らない。「明確さ」が

マイナスに働き，「曖昧さ」がかえってプラスに働く（少なくともその可能性がある）領域も存在するからである。

　たとえば，土地の個人私有制が，効率的な土地利用を妨げている恐れはないか。中央集権的な行財政システムが，地方政府の創意工夫の余地を狭くし，地方の疲弊をもたらした可能性はないか。グローバル化が進む今日，民営企業よりも大きなリスクをとることができる国有企業の方が，企業ガバナンスさえ適切であれば，激烈な国際市場での競争を勝ち抜くことができるのではないか。知財保護を強化すれば，発明者個人の利益は守られるだろうが，社会的コストはきわめて大きいので，知財保護の規制を緩めた方が技術革新を促進する可能性はないか。資源や市場確保と一体化したインフラ投資などの有償支援の方が，人道支援に限定された無償支援より発展途上国に役立っているのではないか。

　筆者の理解が正しいとすれば，「曖昧さ」がマイナスではなくプラスに働く領域は，我々が想像する以上に広範囲に及んでいるように見える。しかし，「曖昧な制度」の持つ優位性はどこでもいつでも有効というわけではなく，その国・地域の置かれた発展段階や自然・社会地理的条件によって自ずとその現れ方は異なる。いずれにせよ，制度の進化に伴って，「曖昧さ」が優位性を発揮する領域はしだいに小さくなるだろうが，決してなくなることはない。とりわけ，広大で多様性に富む風土を持つ中国では，そうした「曖昧さ」の持つ優位性が発揮される領域が他の国・地域よりも格段に大きい。筆者が，「曖昧な制度」をキーワードに中国の経済システムの独自性を捉える理由は，主としてこの点にある。

　以上のような問題意識をもとに，以下の章では「曖昧な制度」がどのように機能しているかを分析する。序章でも紹介したが，「曖昧な制度」という観点からもう一度確認しておくなら，第3章で取り上げる土地の集団所有は，社会主義時代の遺産である集団所有が新たな形で「曖昧な制度」としてよみがえった事例である。第4章で取り上げる地方政府間競争のメカニズムは，歴史的な伝統である行政請負制を引き継ぐ「曖昧な制度」の事例である。第5章では，国有と民営の要素を併せ持つ混合所有企業という「曖昧な制度」が，競争的市

場において民営企業に匹敵する高い経営効率を実現していることを議論する。第6章では，技術やデザインの模倣を前提としたイノベーションを可能にし，結合と離脱を繰り返しながら，多数の企業や個人がかかわる複雑な分業体制を「曖昧な制度」の事例として取り上げる。第7章では，資源・市場の確保と援助が渾然一体化しているという意味で，「曖昧さ」を内包した中国の援助手法が，国際援助社会とは異なる援助手法として確立する可能性を議論する。

　以下で取り上げる事例はすべて，いま中国で実際に起きている現象であり，制度の進化の過程で生じた比較的長期にわたって存続することが見込まれる「曖昧な制度」を取り扱ったものである。中国の経済システムの特質を明らかにすることが本書の目的である以上，このことはあえて指摘するまでもないことだが，先に述べたとおり，読者が，筆者が分析する制度には周辺部分だけでコア部分がない（つまり短期間のうちに消滅する制度にすぎない）と判断したとすれば，筆者の認識の誤り，あるいは筆者の表現力不足に他ならない。その批判は甘んじて受けるしかないが，経済学の常識的理解から少しだけ自由になってみるのも決して悪いことばかりではないと，筆者は確信している。

　「曖昧な制度」が今後，どう変化していくのかについての展望は，第8章と第9章で「曖昧な制度」がもたらした二つの問題点を取り上げ，その解決策について論じたあと，終章であらためて議論することにしたい。

第 2 章

「曖昧な制度」はいかに形成されたか
——歴史，風土と社会主義の実験——

　この章では，「曖昧な制度」がどのような過程を経て形成されたかを論じる。長い歴史的伝統，広大で変化に富む風土，そして人民共和国の最初の30年間に試みられた集権的な社会主義の実験という三つの要素の相互作用の中で，「曖昧な制度」が形成されてきた過程を明らかにする[1]。

　とくに近年注目されている，中国における都市化の相対的な立ち後れは，インフォーマルな慣習や社会規範の重要性を高め，独特の社会の結合原理を生み出した。そうした背景の下で，明清時代以来，「曖昧な制度」の特徴の一つである「包」（請負）がさまざまな領域で観察された。この特徴は社会主義時代にも温存・強化され，形を変えながら今日に至っている。

1　「曖昧な制度」を育んだ中国の歴史と風土

「ニーダムの謎」と「大分岐」

　中国史には，歴史好きでない者さえ魅了する大きな謎がある。それは，かつて中国科学技術史の権威ジョセフ・ニーダムが提起した「ニーダムの謎」（Needham puzzle）と呼ばれる現象が，なぜ生じたかというものである。

---

1) 以下の議論は，加藤（2013）の第1章と第2章の内容を再構成し，大幅に加筆・修正したものである。叙述の都合により一部省略した部分もあるので，興味のある読者は前著も参照してほしい。

表 2-1 世界の GDP 分布（1500-2001 年）

（単位：%）

	1500 年	1700 年	1820 年	1913 年	1950 年	1973 年	2001 年
中国	24.9	22.3	32.9	8.8	4.5	4.6	12.3
インド	24.4	24.4	16.0	7.5	4.2	3.1	5.4
日本	3.1	4.1	3.0	2.6	3.0	7.8	7.1
西ヨーロッパ	17.8	21.9	23.0	33.0	26.2	25.6	21.2
アメリカ	0.3	0.1	1.8	18.9	27.3	22.1	21.4

注）西ヨーロッパは西欧 29 カ国，東欧を含まない。
出所）Maddison（2006）より作成。

　まず表 2-1 を見てほしい。この表は，超長期の歴史統計を整備したアンガス・マディソンの推計に基づき，主要地域が世界の GDP に占めるシェアの推移を示したものである。世界の GDP 分布において中国は，1500 年の 24.9% から 1820 年の 32.9% まで，4 分の 1 から 3 分の 1 という高いシェアを占めていた。19 世紀初頭の段階でも，中国が世界の GDP のおよそ 3 分の 1 を占めていたことは驚きの高さだが，その後，中国のシェアは 1950 年の 4.5% にまで凋落してしまった。

　また，中国史研究者のケネス・ポメランツが「大分岐」（great divergence）論において，中国とヨーロッパの比較を通じて明らかにしたところでは，「少なくとも［フランス革命が始まる］1789 年においてすら，ヨーロッパの土地，労働，生産物の市場は，中国の大半の地域以上に，全体として完全競争からかけ離れたものでしかなかった。（中略）アダム・スミスが思い描いた成長過程には，およそ適合しないものだったのである」（ポメランツ 2015：31-2 頁）。ポメランツのいう「アダム・スミスが思い描いた成長過程」とは，社会的分業の進展を通じた経済成長を意味する。要するに，ヨーロッパは中国に比べて，要素市場を含めた市場が未発達であり，社会的分業が立ち後れていたのである。

　では，産業革命がヨーロッパに起き，中国に起きなかったのはなぜだろうか。「ニーダムの謎」とは，その原因を科学技術の発展という角度から指摘するものである。ニーダム自身の言葉で表現すると，それは次のようになる。

　　中国人が世界の科学と技術に貢献したことに，興味をもっています。しか

し，ただ単に中国人が成し遂げたことに興味があるのではなく，なぜ彼らは，ヨーロッパ文明が成功したみたいに，近代科学と近代技術を生み出すのに成功しなかったのか，という点にも興味をもつのです。なぜ彼らの科学と技術はつねに，なによりも経験的だったのでしょうか。なぜ中国では，土着の産業革命が起こらなかったのでしょうか。

(ニーダム 2009：11頁)

　厳密にいえば，「ニーダムの謎」には，なぜ西欧が突然成長を加速させることができたのかという問題と，同時代の中国はなぜ，成長のボトルネックを突破できなかったのかという，二つの独立した問題が含まれている。ポメランツはどちらかといえば前者の問題に注目し，ニーダムは後者の問題に強い関心を持っている。どちらに重点があるかは別にして，これらの問題については，古くからさまざまな議論が行われてきた。前者については，農村工業化の進展など内生的発展を重視する議論が主流派であった。他方，後者については，中国の文化，思想や宗教に立ち後れの原因を求める議論が主流であった。ところが近年，中国の台頭を背景として，歴史家だけの議論に止まらず，経済学者やその他の領域の学者も参加した活発な議論が展開されている。

自然地理，資源・技術制約と制度
　「大分岐」を提起したポメランツ自身は，ヨーロッパに発生した内生的発展が産業革命を準備したとする主流派の議論に異議を唱え，「我々は，19世紀中葉以前のヨーロッパにおいて，ヨーロッパが生産性の優位を確立したのは，内生的な要因によるものだったとするさまざまな議論を検討し，それらがすべて疑わしいという結論に到達した。(中略)［ユーラシアの他の人口密集地域を含めて］どの地域においても，こうした発展パターンが，『自然に』工業化へのブレークスルーにつながったわけではない。それどころか，これらの中核地域では，市場の存在のみでは到底解決できない，基本的な技術・資源的制約のなかで，主に分業の進展によって遅々とした成長を経験していた」(ポメランツ 2015：123頁) と主張する。

さらにポメランツは,「分業の進展による遅々とした成長」を持続させることが, 技術・環境的制約のためにしだいにむずかしくなっていた時期に, ヨーロッパの中核が, 歴史上前例のない生態環境的資源の「思いがけない授かり物」を得たことに注目する。産業革命以前の発展段階では,「食糧も, 衣服も, 建築材料も, 燃料も, すべてがおおかたは土地と水と日光の組み合わせで植物を成長させ, それを刈り取るか, それを食わせた動物を利用することで獲られていた」（同上書：5頁）。ポメランツによれば, この制約をイギリスが突破できた一つの要因は, 安価な燃料（石炭）が手に入ったことである。ある推計によれば, 1815年までにイングランドの年間石炭生産量は, 1500万エーカー（約60万ヘクタール）の森林の木材に匹敵するエネルギーを生み出したという。いま一つの要因は, 新大陸からの土地集約的な輸入品である。ポメランツがとくに注目したのは北アメリカからイギリスへの綿花輸入であり, 1830年頃の綿花輸入は, 先に見た石炭がもたらした森林の節約以上の耕地の節約効果をもたらしたという。

安価な燃料（石炭）が手に入ったこと, 新大陸の資源を独占的に確保できたことの二つが,「大分岐」の主たる要因であったとするポメランツの主張は説得的であり, ポメランツを支持する実証結果も増えている[2]。ただし, ポメランツへの批判も数多くある。黄宗智は, 中国とヨーロッパが同程度に発展していたとするポメランツの議論の出発点を批判して, 18世紀のイギリスには, 農業革命, プロト工業化, 都市の発展, 人口と消費パターンの変遷という五つの革命的な変化が生じていたが, 長江デルタには, そうした条件は一つも備わっていなかったとする（黄 2002）[3]。

---

2) 斎藤修は独自の推計を行い, 両地域に差異はないとするポメランツを支持する結論を得た。「もし18世紀後半のイングランド農村部における典型的な世帯である賃金労働者と, 同時期の東アジア農村における典型的な世帯である小農民とを, 実質賃金ではなく家計の可処分所得によって比較するならば, 後者が小作農であった場合は, その水準は前者より一割程度低目, 自作農であった場合はほぼ同水準であった」（斎藤 2008：186頁）。
3) ポメランツは, 黄宗智がその著作の中で犯した技術的誤り（長江デルタの織布工の所得を計算するときに少数点を間違えて所得を十分の一にしたこと）が発覚したあと, 自説が広く受け入れられるようになったと指摘している（ポメランツ 2015：10頁）。

ポメランツ自身も認めるように，二つの外部要因だけですべてを説明できるわけではなく，それ以外の要因，とりわけ両地域における内部要因の違いも重要である。筆者は前著で，中国がなぜ成長のボトルネックを突破できなかったのかという，ニーダム的な角度からこの問題にアプローチした主要な研究成果として，自然地理，資源・技術制約，制度の三つの要因を取り上げた（加藤 2013）。ここでは，その代表的論者の議論のごく一部を要点だけ示しておこう。

　まず，自然地理学者であるジャレド・ダイアモンドは，地理的条件の違いが中国とヨーロッパを分けたとする（ダイアモンド 2000）。中国の地形は海岸線があまり入り組んでおらず，なめらかであるのに対して，ヨーロッパのそれは海岸線が激しく入り組んでおり，五つの半島が海岸線から突出していて，その先々に島々が点在するという複雑な形状をしている。こうした地理的条件の違いは，中国が紀元前221年に統一されて以降，ほとんど分断されていたことがないのに対して，395年に古代ローマ帝国が東西に分裂して以来，ヨーロッパが政治的に統一されたことは一度もなかったという違いをもたらした[4]。自然の障壁がさほどなく，地域的な結びつきが強いことは，作物，家畜や技術の伝播に有利である一方，一人の指導者の誤った決定や指導者の交代が全国の技術革新の流れを再三差し止めてしまうというようなことが起きる[5]。これに対して，分裂状態にあったヨーロッパでは，数多くの小国家が乱立し，独自の技術を競い合った。他国に征服されたり経済的に取り残されたりするのを避けるためには，他の小国家が受け入れた技術を受け入れざるを得ないため，政治的な分裂は技術の伝播を決定的に妨げるものとはならなかった。

　また，オーストリア国立大学名誉教授のマーク・エルビンは，明清以降の中国の経済停滞を資源・技術制約から説明する「高水準均衡の罠」(high-level equilibrium trap) 仮説を提起した（Elvin 1973）。エルビンによれば，中国は人口が多いため，農業技術の発展に全力を尽くし，農耕技術ははるかにヨーロッパ

---

4)「ほとんど分断されていたことがない」というダイアモンドの表現はかなり誇張されているが，ここではそのままにしておく。
5) 対外貿易が盛んであった宋代の遺産を引き継いで，明の永楽帝は15世紀初頭，大船団をアフリカ大陸東海岸まで送り出していた（鄭和の南海遠征）。しかし，永楽帝の死後，明は海禁政策をとって朝貢形式以外の対外貿易を禁止した。

を上回る水準に到達していた。しかし，農業技術の改善がもたらした収益はすべて人口増加によって吸収され，人口増加がさらなる技術進歩をもたらすという現象が繰り返された結果，中国の農業は技術的に到達できる最高レベルの水準で巨大な人口を養うことができるようになった。そして，この最高レベルの水準が超えられない「罠」となったと説明する[6]。

さらに，中国社会科学院の張宇燕と高程は，特殊な所有権制度に注目した（張・高 2005）。明末，海外貿易と国内長距離貿易が中国商人に巨大な利潤機会を与えた。しかし，ヨーロッパ商人とは異なり，中国商人はこうした機会を利用して新しい階級を形成することをせず，社会変革を実現できなかったと捉える。貿易によって膨大な利益を得た商人は，財産の保護を求める。中国では，「官商結合による所有権制度」，すなわち商人は科挙制度を通じて子弟の中に官僚を作りだし，権力を利用して家族の財産を保護した。子弟が科挙に通らなくても，さまざまな手段を通じて官僚に投資し，財産保護を求めると同時に，税金逃れや競争相手の排除に官僚を利用したりした。こうした特殊な所有権制度が有効に機能したため，商人階級は社会変革を進める力にはならなかった。そのことは，商人の側からいえば，さらなる蓄積を通じて実力を高める機会を失うことになったし，統治者の側からいえば，国家の経済力を高める手段を失うことになったのである。

以上のように，自然地理，資源・技術制約，制度の三つは，「ニーダムの謎」を説明する，中国内部の要因である。ただし，これらの要因が中国固有のものといえるのかどうかには疑問が呈されるようになっている[7]。むしろ，近年に

---

6) エルビンの説明は，農業国であった中国がなぜ停滞に陥ったかをうまく説明するが，なぜ中国において産業革命が生じなかったのかという問題には直接答えていない。工業の資源制約は絶対的なものではなく，なぜ中国では，新技術によって工業部門の資源制約を突破するような現象が起きなかったのだろうか。一つの解釈は，ヨーロッパとは異なり，中国では土地が相対的に希少であるため，土地の価値が高く農業部門の余剰資金がそのまま農業に投下され，工業は資金不足に陥って発展が停滞したとするものである（姚 2003）。

7) エルビンは「高水準均衡の罠」を中国独自の内部要因と捉えるが，ポメランツは，程度の違いはあれ，ヨーロッパもほぼ同等の技術・資源制約に直面しており，両者の間に本質的な違いはないと捉えている。

わかに注目を集めているのは，都市化の果たした役割に注目する議論であろう。この論点は，本書のキーワードである「曖昧な制度」の形成とも深い関わりがあるので，次に少し詳しく説明しておきたい。

都市化の果たした役割

　ヨーロッパ史を専門とするジーン゠ローラン・ローゼンタールと中国史を専門とするビン・ウォンは，中国とヨーロッパに生じた「大分岐」を都市化との関わりから説明している（Rosenthal and Wong 2012）。彼らによれば，ヨーロッパでは経済発展と都市化との間に深い関係があるが，中国では両者の関係はそれほど顕著ではない。産業革命を迎えつつあった時期のヨーロッパは，小国に分裂し，戦争を繰り返していた。そのため，人的・物的損失というコストは大きく，安全を求めてより多くの製造業が都市に集中することになった。その結果，都市が発展し，都市の発展は自治・法権利意識の発達を促し，財産権の確立が進んだ。これに対して，相対的に平和であった中国では，製造業が農村に分散して立地していたため，都市への人口集中が進まず，都市の発展が遅れた。両者の違いは，工業化の異なる道を選択させた。すなわち，ヨーロッパでは，資本が相対的に安く賃金が高いため，資本集約的な技術が選ばれ，また財産権の明確化は資本集約的な技術と結びつく長期投資を可能にした。一方，中国では，相対的に豊富な生産要素である労働を利用した労働集約的な技術が選ばれ続けた。

　アブナー・グライフとグイド・タベッリーニは，「血縁集団」（kinship groups）の存続という角度から，都市の重要性を指摘している（Greif and Tabellini 2010）。伝統社会では地域を問わず血縁集団が普遍的に存在するが，西暦1000年頃になると，中国では大型の血縁集団として「宗族」（clan）が存続する一方，ヨーロッパではそうした集団がほとんど見られなくなっていた。中国における宗族は，国家に代わり，その構成員に公共財を提供する役割を果たした。これに対して，10世紀以降のヨーロッパでは，教会と世俗統治者の支持を得て血縁集団から離れた個人が都市を建設した。都市住民は，個人の利益に基づき血縁を超えた組織を作り上げた。都市はキリスト教を非血縁者間の道徳とし

て押し広め，1350年頃には，血縁を超えた相対的に大きな規模の協力関係が自治都市を生み出した[8]。

　他方，米国トリニティ・カレッジの文貫中は，経済地理学の観点から中国における都市化の相対的な立ち後れが，明清以降に始まった点に注目した（文2005）。文によれば，宋代（960-1279年）の中国は北方騎馬民族の圧力に晒され，領土が著しく縮小する一方，人口は9世紀（唐代）の5000万人から13世紀はじめ（南宋中期）の1億1500万人にかえって増加した。その理由は，高い人口圧力の下で都市が発展し，手工業と商業が栄え，海外貿易が活発に行なわれたからだと文は指摘している。宋代が中国史上最も技術発明が活発に起きた時代であることは，よく知られている。ところが，16世紀以降，ヨーロッパが新大陸に目を向け始めていたちょうどその時期，中国は内陸部のフロンティアに目を向け，人口は増加したものの，空間分布はかえって分散化した。文の推計では，南宋（1200年前後）の都市人口比率は22％であったが，清代後期（1820年）には6.9％まで低下したという。

　文貫中の都市人口比率の推計は，領土面積の取り方によって大きく変化するだろうから，必ずしも正確とはいえないが，内陸部にフロンティアが存在したことがかえって都市化の進展を遅らせたとする指摘は，新大陸の発見がヨーロッパに与えた影響と比較すると，興味深い論点を提供している。

　中国における都市化の相対的な立ち後れは，国家の行政機能の立ち後れという視点から見るとより鮮明になる。歴史学者の岡本隆司は，清代中国と徳川日本の聚落の規模と階層構造を比較して興味深い結論を得た（岡本2011）。図2-1の横軸のローマ数字は，聚落の規模を表す。Ⅰは全国を統べる行政機能を持つ首都で，人口は100万人規模，日本は江戸であり，中国は北京である。Ⅱ

---

8) 中国とヨーロッパにおける差異は，商業道徳という面で今日にも引き継がれていると，グライフとタベッリーニは指摘している（Greif and Tabellini 2010）。中国では，取引が私人のネットワークを意味する「関係」に高度に依存している。中国社会でも信頼の概念は重視されるが，それは血縁関係や協力関係にあるパートナーとの関係に限定され，社会に共有されるものとはなっていない。2005年に実施された「世界価値観調査」（world value survey）によれば，見ず知らずの人を信じる中国人は11.3％にすぎないのに対して，欧米（英，仏，米，独）ではこの割合が26.1％〜49.3％と高い。

は全国的な行政・経済機能を有する30万人以上の大都市で，日本なら大阪と京都，中国は南京，蘇州，武漢，広州などである。Ⅲは地域を統べるレベルの都市で人口3万人から30万人，日本は大きな藩の城下町，中国は省都およびその他の都市をさす。Ⅳは人口1万人から3万人，日本でいえば10万石から30万石の城下町，中国では府という行政官庁が置かれた都市にあたる。Ⅴは人口3000人から1万人，日本では小さな城下町や在郷町，中国ではおよそ1100ある県のほぼ半数である。Ⅵは3000人から5000人規模，日本では3万石以下の藩の城下町と在郷町，中国は残り半数の県と行政機能を持たない市場町をさす。Ⅶは500人から3000人の市場町であり，行政機能を持たない。他方，縦軸の太線の長さは聚落の数を示している。なお，図では，人口規模を考慮して日本を中国の3倍のスケールで記している。

　この図から明らかなように，日本と中国の違いはすそ野の広がり方の違い，すなわちⅠ～Ⅴに対するⅥ，Ⅶの市場町の数が，中国は日本に比べて圧倒的に多いことである。要するに，中国では，権力のコントロールが末端の聚落まで行き届かず，権力との関係が希薄な市場町が分厚く存在していた。言い換えれば，中国における都市の未発達は，都市が存在しないのではなく，行政機能を果たすような一定規模以上の都市が相対的に少なく，農村部に小規模な聚落が分散して立地していたことを意味する。

　ヨーロッパや日本と比較した中国の都市化の立ち後れ（正確にいえば行政機能を果たす一定規模以上の都市の未発達）は，国家（自治都市を含む）が強制力を持つフォーマルなルールの未発達と表裏一体の関係にある。そこではフォー

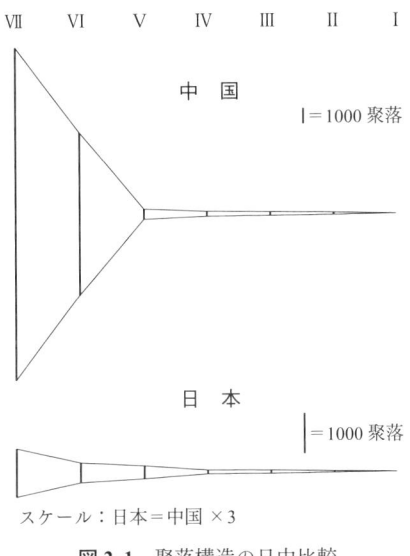

図2-1　聚落構造の日中比較
出所）岡本（2011）より引用。

マルなルールに代わるインフォーマルなルールとしての慣習や社会規範が，長い間，重要な役割を果たすことになった。そうした歴史的伝統は，いまなお中国の経済発展に大きな影響を及ぼしていると考えられるが，ここではこれ以上触れない[9]。

2 「曖昧な制度」と社会の結合原理

　前節で見たように，中国の歴史と風土，都市化の相対的な立ち後れは，「曖昧な制度」の形成と深い関係があるように見える。この節では，「曖昧な制度」が具体的な姿を現すことになった明清時代（14世紀半ばから20世紀初頭）以降の中国経済の特徴に焦点を当てて，社会の結合原理との関わりから「曖昧な制度」の形成過程を明らかにしよう。ちなみに，明代初期は，中世ヨーロッパで自治都市が成立した時期とほぼ重なっている。

　ここであらためて社会の結合原理に注目する理由は，「曖昧な制度」の重要な構成要素である人と人との関係，組織と組織との関係，人と組織との関係が，中国独自の発達を遂げていることを明らかにしたいからである。

　明清時代を専門にする足立啓二は，封建制を経ることなく「専制国家」を形成した中国には，封建制と対比して次のような特徴が見られるという（足立 2012：63-7頁）。

　第一に，中国においては，社会を再生産する一般的共同業務が，国家によって総括され，遂行されている。第二に，これらの業務を遂行するために，農民の剰余を吸い上げる巨大な体系が発達してきた。第三に，法的規範能力を持つ中間諸団体（会社や同業者団体など）が，中国では欠如しているか，あるいはきわめて弱体であった。第四に，中国においても宋代以降，大土地所有が生ま

---

9) 中国が2014年から推進している「新型都市化」戦略では，中小規模の都市を対象とした都市化の推進を21世紀の成長の起爆剤にしようとする意図が明確に示されている。しかし，都市化の立ち後れは長い歴史的過程の中で形成された負の遺産であり，短期間に修正できるものではない。有効に機能する都市にとって必要不可欠な病院，学校，劇場などの社会インフラやそれを担う行政人員の確保は容易なことではない。人口が増えるだけで農村が都市に変貌するわけではないのである（加藤 2015a，張 2015）。

れ，地主・小作関係が形成されていくが，地主と小作との間には，地主の側からすると何らかの経済外的強制の体系を必要とするような関係は生まれず，小作は小作料を払わない時には去らねばならない存在であった。

　以上の整理からわかるように，専制国家を有効に機能させていたのは，中央集権的な官僚制だが，国家運営に必要な税を徴収するという機能を除けば，封建制と比較して中間諸団体が弱体であり，地域間，階層間の流動性はきわめて高かった[10]。

　社会的な流動性の高さは，社会の結合原理の中国的特質とも関係している（足立 1998：70-4 頁）。社会学者の中根千枝がいうように，日本社会は閉じられた集団を単位とし，集団の集合として上位の集団が形作られている（中根 1987）。これに対して，中国は「基本的に非団体的な，二者間関係的な社会」に属する。中国人には，人間関係の尊重とドライな個人主義という一見すると相矛盾するような特徴が見られるが，それは前記の社会の結合原理の原因でもあり結果でもある。

　社会学者である費孝通もまた，足立とほぼ同じ認識をもとに，中国社会の結合原理として，「差序格局」を提起した。費孝通は次のようにいう。

> 我々の社会構造は西洋とは異なり，薪をひと束ひと束たばねるようなものではなく，ちょうど石を水に投げ入れたときに発生し同心円状に広がる波紋のようなものである。一人一人は社会に影響を与える輪の中心にいて，波紋の広がりによって関係が生まれる。一人一人が，ある時点，ある地点でつくりだす輪は同じではない。　　　　　　　　　　　（費 2006：21 頁）

「差序格局」では，輪（社会関係）の中心に「己」（自分）がいる。「己」は西洋流の個人主義とは異なり，強いていえば「自己中心主義」（egoism）である。西洋流の個人主義では，社会を構成する個人は本質的に平等であり，西洋

---

[10] 日本史を専門とする與那覇潤は，日本との対比を念頭に置き，近世宋朝中国（與那覇はこれを中華文明の本質と捉える）を，次のように簡潔に整理した。「可能な限り固定した集団を作らず，資本や人員の流動性を最大限に高める一方で，普遍主義的な理念に則った政治の道徳化と，行政権力の一元化によって，システムの暴走をコントロールしようとする社会」（與那覇 2011：48 頁）。

社会ではそれを前提に，社会の構成員に共通する利益を実現する公と，特定の集団や個人の個別の利益にかかわる私とを領域的，理念的に区分しているが，中国の社会関係では，つねに「己」が中心であって，自分が属する集団が自分に利益をもたらすときは「私」となるが，そうではないときは「公」と認識される。このように，公と私は状況依存的，相対的なものである。さらにいえば，社会の結合原理は，マクロレベルでの「公」と「私」との関係にも反映している。中国思想を専門とする溝口雄三は，公と私との関係について次のように指摘している。

> 古代の中国では，公・私は，日本の場合と同じように，共同体のそれから君・国・官のそれへと膨張していったが，一方，それと並行して，日本にはみられない天の公・私という，より高次なつまり原理的・道義的な概念が形成され，それが政治的な公・私にインパクトを与え，浸透という形でその内容に影響を与えていた。（中略）朝廷・国家の公は，公義，公正，公平といった，原理的，道義的な天下の公によって，みずからをオーソライズしており，この天下の公に対しては，朝廷・国家といえども，その位相として，一姓一家の私であることをまぬがれない。（溝口2011：205頁）

溝口のいう「天下の公」を政治や社会のレベルで捉えたとき，それが具体的にさすのは「生民」であり，「均」である。「生民」とは「生存を天に依拠する民」であり，「生民」たちが「均」，すなわち「生存，所有の自然権のかたよりのない充足」を実現している状態が「天下の公」である。つまり中国では，皇帝といえども「大私」にすぎず，その正当性は「天下の公」を実現しているかどうかで判定されるのである。

こうした中国独自の「公」と「私」の関係を前提とすれば，中国の伝統社会では，「官」が必ずしも「公」ではないということがよく理解できる。皇帝にとって「官」は「私」そのものであり，「官」の力が弱まれば「民」が台頭し，その反対に「官」の力が強大だと「民」の活力が削がれるという関係は，「大私」と「小私」との関係として捉えた方が適切だろう。

中国における官僚の独特の地位や役割について，思想家である和辻哲郎が民

国期（1912-1949年）の中国旅行で得た興味深い観察を，参考までに披露しておきたい。和辻の観察は軍閥時代（1916-1928年）のものであり，やや極端な事例であるとしても，その特徴をよく表しているといえる。

> 現在シナ［原文のママ］の官吏のみならず，学者と称される者でも経商に関係しているものの多きはむしろ一驚を喫する。してみると国家そのもの，政府そのものが無政府的であるといわねばならぬ。最後の大帝国が崩壊して以後，この官僚は分化して軍閥や財閥となり，外国の資本と結びついて致富に努めた。　　　　　　　　　　　　　（和辻1935：158-9頁）

以上をまとめるなら，中国の社会の結合原理には次のような特徴が見いだされる。中間諸団体が脆弱であり，組織によって制約されない個人が存在すること，そうした個人を前提として緊密な人的関係が形成されていること，中央集権的な官僚制は強力だが，それがカバーする範囲は限定的であり，国家が社会から乖離していること，そうした中で公と私の関係は状況依存的，相対的なものであり，官と民には独特の相互依存，相互反発の関係が形成されていること，などである。これらの特徴は，次節で述べるように，「曖昧な制度」の形成にも深く結びついている。

3　歴史の中に現れた「曖昧な制度」

明清時代の商習慣，財政制度や司法・行政制度に現れた「包」

　社会の結合原理に見られた前記のさまざまな特徴は，歴史を通じて時代ごとのフォーマル，インフォーマルなルール，組織として立ち現れてくる。以下では，時代を超えて連続する中国の制度的特質の一つとして，現代に通じる明清時代以降の歴史の中に，「包」がどのような形で現れていたのかを振り返ることにしたい。

　明清時代の経済制度を研究した足立啓二は，「経営の内部に経営が入り込む構造」あるいは「労働力の支配を経営の内部で完結させることができない」ところに，「包」の特徴を見いだしている（足立2012：506頁）。

足立は，海運業をその典型的な事例として取り上げている。足立によれば，船頭は船の運行責任者であるばかりでなく，一人の客商として寄港地で商品を買い入れ，目的地で販売する。船には商業目的で船に乗り込む客商の他，一般の旅行者もしばしば営業主体として，商品を携えて旅行し，それを販売して旅費の一部に充てる。さらには，船の乗組員さえも，船頭の指揮下で船の運行に従事する労働者であると同時に，自己の商品を携えて目的地で販売する一人の商業主体なのである。「海船の運行が自己営業を持つ商業主体の集合」として成り立っているところに，運輸業と商業とが未分化な中国式経営の特徴が表れているわけだが，ここには「指定した内容の完成を担保すれば，あとは自由にしてよい」（張 2009：195 頁）という「包」の特徴を見いだすことができる。

　次に，明清時代の財政制度の特徴を見てみよう。岩井茂樹は，明清時代を通じて「原額主義」が財政制度の基本であったと捉える（岩井 2004）。原額主義の下で財政は二層構造になっており，中央政府支出をまかなう硬直性を帯びた「正額」部分と，柔軟でときに正額の何倍にも膨らむ，地方政府の公的支出と地方官僚などの私的支出をまかなう「正額」外の周辺部分からなる。地方政府の官吏は，「正額」を徴収し，上納する義務を負うが，そのための必要経費やその他の個人的支出をまかなうために，独自に付加的な税を徴収する権限を有していた。言い換えれば，「集権的な国家財政がその外側に『曖昧さ』を残した『公』『私』の財政を付着させていた」（同上書：192 頁）のである。

　明清時代の財政制度に現れた特徴は，我々の言葉では地方官吏による「包」（請負）の構造に他ならないが，岩井自身はそれを次のように表現している。すなわち，「中心の領域と周辺の構造とは，対立しているのではないし，当為とそれから逸脱した現実という単純な関係にあるものでもない。中心の領域は，周辺の構造という柔らかいゲルに包まれていることによってのみ，社会という培養基から養分を吸収することができるのであるし，中心の領域における価値や機構の安定的持続を，培養基の変動にもかかわらず守ることができる」（同上書：477 頁）。岩井は，国家と社会の中間部に「周辺」が分厚く存在するという構造を見いだしたのである。

　岩井が「周辺」と表現した領域を，清朝時代の農村地域の司法・行政制度を

研究した黄宗智は,「第三領域」という概念で捉えた(黄 2007)。黄によれば,清朝時代の司法体系は,①成文法典・官僚法廷の正式司法体系,②宗族・社区(コミュニティ)が紛争解決,調停する習慣的な法によって構成される非正式司法体系,③両者の間の「第三領域」からなるとして,前二者に注目が集まるが,実際にはその中間に存在する「第三領域」の役割が重要だと主張している。黄が調査した 1760 年代における三つの県の 628 件の民事訴訟のうち,221 件は正式に裁判が開かれて地方官が裁定をした。残りのすべては,訴訟が起きてから正式な裁判が開かれる前に,正式司法体系と非正式司法体系の相互作用,すなわち「第三領域」の中で結審したという。

また,清朝時代における県レベルの公共活動は,政府からの俸給を受けない「郷保」,「牌長」など,社区が推挙して政府が認可する「準官吏」(semi-officials)によって担われていた。清朝の国家と社会の関係を黄宗智の枠組みに基づいて図式化すると,頂上部の小さな塊が国家の正式機関であり,底部の大きな塊が社会である。そして,両者の間に大小の「第三領域」が存在するのである。

足立の見いだした海運業における商習慣は,まさに「包」そのものだが,岩井のいう「周辺」も黄宗智のいう「第三領域」も,国家と社会の中間に位置し,国家と社会の双方と委託・代理関係を取り結ぶ「包」の構造をさすと理解することが可能だろう。

柏祐賢の「包」の倫理規律[11]

農業経済学者である柏祐賢もまた,民国期の中国経済の観察を通じて,経済社会の基底にある統合原理として「包」の倫理規律を見いだした(柏 1985)[12]。

---

11) 前著では,柏祐賢の他に村松祐次の「個別主義」を取り上げた(村松 1949)。本書では,「包」に焦点を当てるという意味から,村松の議論は省略し,柏の著作の紹介だけに止めたが,村松のいう「個別主義」は,柏と同じ現象を観察し,それを異なる概念で理論化しようとしたものであり,「曖昧な制度」の別の表現に他ならない。村松の議論に興味のある読者は,加藤(2013)を参照してほしい。
12) 柏(1985)は,1948 年(昭和 23 年)に出された原著の復刻版である。ちなみに,柏が発見した「包」の倫理規律から,筆者は「曖昧な制度」の着想を得た(加藤 2010)。

柏はその著作の中で，さまざまな事例を取り上げているが，その具体例を整理することから，近代に引き継がれた「曖昧な制度」としての「包」の実態を明らかにしよう。

　柏によれば，対自然的関係においても，対人的関係においても，中国の経済社会は不確実性に満ちているという。そうした中で，「[人と物との間の，あるいは] 人と人との間の取引的営みの不確実性を，第三の人をその間に入れて請け負わしめ，確定化しようとする」のが，すなわち「包」である。柏は次のようにいう。

> 中国社会においては，あらゆる営みが「包」的な律動を持っている。しかし「包」的に第三者たる者は，さらにそれを第四者に「包」的に転嫁しようとするであろうから，自から「包」的な社会秩序は重層的となり，社会を包むに至っている。　　　　　　　　　　（同上書：155 頁）

　「包」の倫理規律は，中国の経済社会のあらゆる面に見いだせるが，とくに以下の五つの側面を柏は取り上げている[13]。

　(1) 仲介業が発達した商品市場の重層構造。複数の仲介商人によって結びつけられた市場は，孤立的に見えて実は密接に繋がっており，市場間での財の需給調整は速やかに行われている。ただし，国内統一価格は成立していない。なぜなら，統一価格を実現する前提条件である市場の統合がないからである。

　(2) 農業経営における「包」の構造。広東省における「包租制」の事例では，まず広大な耕地を「富商巨紳」が請け負い，それを小作地に分割して，第三者である「分益農」あるいは「分耕仔」に転貸する。「分耕仔」は，さらにそれを第二の請負小作人に又貸しする。

　(3) 市場価格の外側に発生する「利潤」。資本主義国では，絶えざるコストダウンや製品の差別化を通じて初めて利潤が獲得できる。ところが中国では，利潤は市場価格の外側に存在する。なぜなら，「社会的不確定性こそ利潤の源

---

13) 複数の仲介商人からなる市場構造は，民国期特有のものというより，明清時代から見られた特徴である（村上 2015）。また，官僚組織の「包」的性質は，明清時代の財政制度を継承していると見なすことができる（岩井 2004）。

泉」なのであり，請負者はそこから利潤を得る（可能性を見いだす）のである。

　（4）官僚組織の「包」的性質。中国では，官僚組織それ自体が「包」的な請負人の性格を持っている。中国の官僚は私人であり，官僚自身が徴税請負人の性格を有する。しかも，官僚は直接民衆から徴税せず，「包税人」を雇って徴税請負をさせている。

　（5）「包」的委託者としての企業経営者。中国では企業経営者は，シュンペーター的な意味でのリスクをとる冒険者としての企業家ではなく，「包」的委託者にすぎない。企業の経営もまた「包」的に運営されており，労働者でさえ，程度の差はあれ「包」的な企業家である場合が普通である。

　このように，当時の中国社会の多方面に観察される「包」の構造は，まさに中国経済全体を覆っているように見える。柏がそうした現象を捉え，「包」の倫理規律として理論化しようとしたのには，十分に根拠があるといえるだろう。

　ただし，この点にかかわって，中国近代経済史を専門とする木越義則は，「包」を歴史通貫的な中国的特質と捉えるのではなく，ある時代，ある地域に特有の現象を柏が理論化したものではないかと指摘した（木越 2014）。具体的にいえば，19世紀の末，国際貿易の拡大により市場経済化が進展した都市・地域で，とくに頻繁に「包」が観察されたことや，垂直的に統合された組織を要求する産業技術の導入の立ち後れが，「包」をもたらした要因となったことなどを根拠に，木越は，「包」がこの時期に見られた特異な現象にすぎないのではないかと指摘している。

　木越の指摘は，中国の独自性，あるいは「中国的なるもの」の存在をどう評価するかにかかわる重要な論点である。筆者の観点は，「曖昧な制度」は決して一時期の特定地域にのみ適用されるものではなく，大小の振幅を繰り返し，形を変えつつ時代を超えて継続されて今日に続いているとするものである。この点は，資本主義の多様性の評価や「曖昧な制度」の行方と密接に関連する重要な論点であり，ここで議論するよりも，現代に現れた「曖昧な制度」を分析する第3章以下の議論を踏まえた後，終章であらためて取り上げることにしたい。

「包」の理念型の三つの特徴

　筆者は前著において，柏の取り上げた前記五つの特徴から独自に抽出した「包」の理念型を仮説的に提示した（加藤 2013）。「包」が意味する内容について，読者がより明確なイメージを持つことができるように，その内容を再録しておきたい。ここでは，投資者 A から経営者 B が企業の経営を「包」し，さらに経営者 B が社員 C に仕事を「包」させ，社員 C は企業外の小売店主 D との間に「包」の関係を持つケースを想定する。図 2-2 はこの四者の関係を図示したものである。「包」は，以下の三つの特徴を併せ持つ。

　第一は水平性である。組織の中と外，あるいは組織内での上下の命令系統の如何にかかわらず，請負契約の当事者である投資者 A と経営者 B，経営者 B と社員 C，社員 C と小売店主 D との関係は対等・平等である。

　投資者 A と経営者 B との関係を取り上げると，所有権理論によれば，「残余コントロール権」（企業資産を自由に処分することができる権利）は所有者にある。したがって，A に残余コントロール権があるはずであるが，中国の場合には，残余コントロール権が A にあるのか B にあるのかは「曖昧」なことが少なくない。投資者 A は，残余の処分について経営者 B の決定に口を挟むことができず，A は B から利得の一部として配当を受けるという関係に近い場合も普遍的に見られる。B と C との関係，C と D との関係についても同様に，我々が想像するような上下の命令関係や下請関係とは異なる，相対的に対等・平等な人的関係が存在している。

　第二は多層性である。請負は連鎖して社会全体を覆う多層構造を形成する。このケースでいえば，経営者 B は販売担当の社員 C と販路拡大に関する請負契約を結び，社員 C は企業の外の小売店主 D と販売促進の請負契約を結ぶといった構造が想定される。多層構造は，ピラミッド型の上下に積み重なった重層構造となる場合もあるが，上下左右に重なり合い，相互に入れ子状になった構造を形成する場合が多い。請負の連鎖を通じて形成された多層構造は，リスクを引き下げ，請負による利得を確定化するメリットを持つが，他面では，利得の際限なき分散化をもたらす。

　第三は不確実性である。請負契約はフォーマルなルールによって保証された

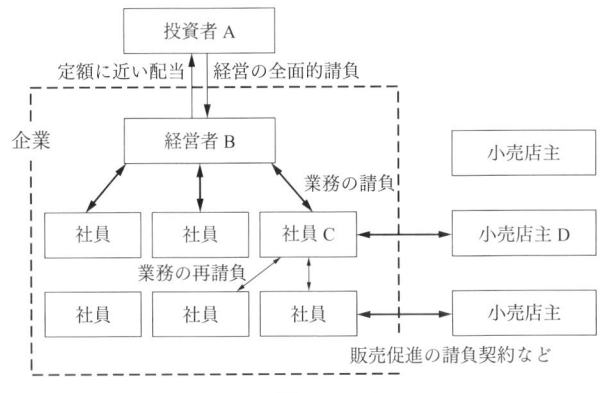

図2-2 「包」の概念図

出所）筆者作成。

ものではなく，特定の人的関係の中でしか効力を発揮しない。水平性原則で示したように，経営者Bは事実上，残余コントロール権を行使できる存在だが，その権限はきわめて危うい均衡の上にある。つまり，投資者Aは「残余請求権」（残りをすべて自分のものにする権利，資産を処分する権利）を放棄したわけではなく，それを留保（あるいは執行延期）しているだけであり，状況によってはその権限を行使できる。ここでいう不確実性とは，契約やその上位規定である法律や条例などで規定されていない領域，あるいは規定があってもその執行に含みがある領域などが存在することを想定しているのである。

「包」の理念型の三つの特徴は，当然のことながら，第1章で仮説的に示した「曖昧な制度」の定義と重複している。すなわち，目標モデル，ルールや組織に「曖昧さ」を残し（＝不確実性），個人の行動の自由度を最大限まで認める社会関係を形成し（＝水平性），リスクを分散化させながら各人のインセンティブを最大化する請負の構造（＝多層性）は，「曖昧な制度」そのものなのである。

4 社会主義の実験と「曖昧な制度」

集権的社会主義の時代の「包」

　柏祐賢が観察した民国期の中国では，「包」が社会を覆うように存在していた。その後，1949年に人民共和国が成立し，集権的社会主義が行われた時期になると，「包」を内容の一つとする「曖昧な制度」は，どのような変化を被ることになったのか。社会主義の実験は，「曖昧な制度」を破壊するものとなったのか，それとも，「曖昧な制度」をむしろ温存・強化するものとなったのか。

　中国における中央集権的な計画経済の試みは，立ち後れた農業国という困難な条件から出発することを強いられたものであり，旧ソ連の計画経済と比較したとき，その未熟さは歴然としていた。旧ソ連では，1970年代までに計画物資として計画当局が配分していた物資の数はおよそ6万品目に及ぶのに対し，第一次五カ年計画期の中国の工業部門での計画物資は，わずか600品目に限られていた（Naughton 2007：62頁）。100分の1の低水準である。また，1958年の大躍進や1966年のプロレタリア文化大革命の発動など，政治変動がもたらした混乱は，計画経済の正常な運行を妨げた。

　もし，中国において旧ソ連と同程度の計画経済（それさえも洗練されたものとは呼べない）が実施されていたとすれば，「曖昧な制度」は大きな影響を受け，それが機能する領域は大きく縮小していたかもしれない。ところが，計画経済の運営の未熟さや政治的な混乱のため，地域間，産業間のさまざまな領域で物資の過不足が生じていた。当時の中国政府は，そうした状況をむしろ肯定さえして，「自力更生」をスローガンに掲げ，県レベルの狭い地域においてさえ自給自足的な経済圏を形成することを奨励していた。つまり，中央と地方との関係において，「包」の構造が温存・強化されていたのである。

　「包」の構造が温存・強化されたとする議論に対して，異なる評価もある。前出の黄宗智は，前近代から続いてきた正規領域と非正規領域の中間に存在した「第三領域」は，毛沢東時代に出現した極端な国家化（「第三領域」の国家による取り込み）が進んだおかげで，縮小を余儀なくされたと捉えている。

ただし，社会主義時代の国家という正規領域が，どの程度社会に受け入れられ，定着したかについては，検討の余地が残されている。浙江省北部農村のミクロレベルの観察を長年続けてきた社会学者の張楽天と陸洋は，人民共和国の成立以来の農村基層幹部を，①恩義感応型「土地改革」幹部（1951-65 年），②革命型「四清運動」幹部（1966-82 年），③利益追求型農村幹部（1983-97 年），④サービス型農村幹部（1998 年～），の 4 類型に区分した（張・陸 2012）。人民公社時代の「四清運動」幹部は，「革命の言葉を熟知し，農村革命の雰囲気が色濃く」，「いかなる仕事の段取りをする場合も，まず革命の進行状況について話し，毛沢東思想を語り，革命について語った」という。こうした状況は「国家による第三領域の取り込み」の政治的側面を表しているといえるが，それはフォーマルな制度の定着とはかなり距離があるといわざるを得ない。張楽天と陸洋は，「革命では飯は食えない」ことを彼らも意識しており，革命を高らかに謳うと同時に，生産隊の中の各種「自然発生的な資本主義傾向」に対して，片目を開き，片目を閉じ，そのうち幾人かは「ごまかし」にも関与したと指摘している。国家による「第三領域」の取り込みには，自ずと限界があったと考えられる。後述するように，改革開放時代に入ると，「第三領域」が勢いよく復活したのは，社会主義時代の「極端な国家化」が十分定着しなかったことを示唆している。

移行期に顕在化した「包」

これまで見てきたように，社会主義時代の中国では，「曖昧な制度」が温存・強化された側面と縮小した側面とが並存していて，どちらが優勢であったかは判断がむずかしい。しかし，改革開放以降，再び「曖昧な制度」が強力に復活していることについては，表現は異なるものの，複数の論者が共通して認めるところである。

黄宗智は，復活した「第三領域」の具体例として，次の 3 点を指摘している。①農村で土地の公有制を担うのは，官僚制国家でもなければ，民間でもない，その中間物である。②郷鎮企業は国有経済でもなければ，民営経済でもない。しかし，国家のコントロールと市場からの刺激という二重の影響を受けて

いる。③新しく生まれた民営企業の大部分は，党・国家機構と絡み合った関係にある。国家から独立している，ましてや国家と対立している，などと見なすわけにはいかない。

　他方，社会主義から資本主義への移行過程において，「曖昧な制度」がとりわけ重要な役割を果たしたと見るのが，制度経済学の論客の一人である張五常である（張2009）。張は，資源が稀少な社会では，競争を適切に制限しなければ資源が浪費され，霧散してしまうと考える。競争を制限する方法として，①所有権による制限，②等級による制限，③規制による制限，④宗教や慣習による制限，の四つがある。競争を制限する手法は，明示的であれ暗示的であれ，自発的であれ非自発的であれ，一種の契約である。いま市場が存在しないケースを考えよう。このとき，所有権による制限は意味を持たないので，競争を制限するにはそれ以外の方法が必要となる。

　張五常は，計画経済から市場経済への移行を，「等級による権利規定の制度」（等級に基づいて資源を配分）から「資産による権利規定の制度」（資産に基づいて資源を配分）への転換と捉え，中国の場合には，この二つの制度の間に「請負責任契約」(responsibility contract) という第三の契約形態，我々のいう「包」が存在したことが，制度移行に伴う混乱を回避して高度成長をもたらした秘密であると説く。

　改革開放後，二元構造から三元構造への転換が進んだとする政治学者の毛里和子が唱えた「三元構造」論（毛里2012a）も，移行期に「曖昧な制度」が有効にその機能を発揮したと捉える筆者の観点に近い。毛里によれば，1980年代に「小城鎮」（スモールタウン）に小企業を開き，そこに農民を吸収する「離土不離郷」（農民は農業を離れても農村は離れない）方式で生まれたのは，都市でも農村でもない中間物であり，農民でも労働者でもない「農民工」（農村から都市への出稼ぎ者）たちだった。他方，市場化で大きくなっているのは，民営企業というより，営利化した国有の独占企業であり，国家と社会の間に双方が浸透する国家・社会共棲の領域が勢いづいている。毛里の「三元構造」は，二つの異なる領域から第三の領域が分離したと捉えるのではなく，両者が重なる領域が形成されたと捉えるべきだろう。つまり，「計画でも市場でもない」

領域ではなく，「計画でもあるが市場でもある」領域，あるいは「都市でも農村でもない」領域ではなく，「都市でもあるが農村でもある」領域なのである。これはまさに筆者がいう「曖昧な制度」に他ならない。

　以上のように，社会主義の実験は，国家による「第三領域」の取り込みという形式を通じて，「曖昧な制度」の縮小をもたらした可能性がある。しかし，計画経済の未熟さと政治的混乱はそうした試みを長続きさせることなく，むしろ「曖昧な制度」が存在したおかげで，計画経済が完全に機能不全に陥ったときでさえも，大きな破綻なく最低限の再生産構造が維持された側面も見逃すことができない。また，複数の研究が共通して指摘するように，「曖昧な制度」は，集権的社会主義の時代より，社会主義から資本主義への移行期において，より鮮明に現れたといえる。社会主義から資本主義への移行が，制度の重複や並存を不可避的に生み出したからだが，制度の移行を必要としたのは，他でもなく社会主義の実験が行われたせいだから，集権的な社会主義を経験したことにより，「曖昧な制度」の重要性がよりいっそう際立つことになったという言い方もできる。

第 II 部

応 用 篇

第 3 章

進化する土地の集団所有
―― 請負制から土地株式合作社へ ――

　第 II 部では，中国における具体的な事例を取り上げて，それぞれの領域で「曖昧な制度」がどのように機能しているかを分析していきたい。まずこの章では，国有でもなければ私有でもない，土地の集団所有という「曖昧な制度」が有効に機能している事例を検討する。

　土地の集団所有は，社会主義体制の下で，農業の集団化が進められる過程で生まれたものだが，1958 年に成立した人民公社体制では，集団所有は国有に準ずる形式的なものにすぎなかった。ところが，人民公社が解体され，農家経営請負制が導入されると，集団が所有する土地の意味は大きく変化していった。耕作権の流動化を目的としたさまざまな法律や条例が整備され，土地の所有権，請負権，経営権の分離が進み，農村の土地の有効利用がはかられるようになった。こうした中で，土地の集団所有を基礎とした集団経済が新たな形で復活してきた。

　集団所有のままでは土地の有効利用はできないとする常識的な理解に反して，土地の私有化が引き起こす恐れがある問題を巧みに回避しながら，土地の集団所有を維持したまま農民の請負耕作権を集約し，さまざまな目的で土地の効率的利用を実現したいくつかの成功事例がある。その一つの事例として四川省崇州市の「土地株式合作社」を取り上げ，その実態を明らかにする。

1 集団経済という「曖昧な制度」

人民公社体制下の集団経済

　集団経済とは，土地の集団所有を基礎にした共同経営組織をさす。共同経営組織を強いて日本語に直すなら，協同組合（英語表現ならば，collectives か cooperatives）ということになるが，日本の協同組合から得られるイメージ（組合員が出資し，全員が対等な関係で経営に参画する協同組織）と，人民公社時代の集団経済の実態は大きくかけ離れたものであり，両者は似て非なる存在だと考えた方がよい。北京大学の周其仁は，集団経済を西側流の協同組合の一種と考えるのは誤りだと主張し，集団経済の基礎にある土地の集団所有について，「集団所有とは，『共有の，共同の所有権』ではなく，純粋な国家所有権でもない。それは，国家がコントロールし，集団がその結果の一部を受けるような農村社会主義制度である」と定義した（周 2002：6 頁）。つまり，国有でも私有でもない，その中間にある協同組合的所有と捉えるのではなく，国家がコントロールする社会主義制度の一形態にすぎないと捉えるのである。

　歴史を振り返ってみると，1952 年に完成した土地改革は，農民による土地私有を認めるものだった。ところが，中国は，社会主義工業化を目指した重工業優先発展戦略の要請に基づき，都市部への安定的な食糧供給を確保するため，「互助組」（農作業の相互協力），「初級合作社」（農機具などの生産手段を供出した共同営農），「高級合作社」（土地を含めたすべての生産手段を供出した共同営農）を経て，1958 年に「人民公社」を設立した[1]。

　そもそも人民公社とは，毛沢東が頭の中に描いた理想郷であった。毛沢東は，農民が好きなときに好きなだけ働き，食べたいときに腹一杯食べられる桃源郷を夢想し，それを現実に作り上げようとした。ところが，実際に出来上がった人民公社は理想郷からほど遠く，農民を農地に縛り付ける抑圧装置とし

---

1) 1958 年に出された「農村が人民公社を打ち立てることに関する中共中央の決定」では，「人民公社は全人民所有の要素を含むものであり，この要素は不断に発展を続ける中で成長を続け，集団所有制に取って代わるものである」と述べられている。集団所有が全人民所有に至る過渡的段階という認識が明確に示されている。

て機能した。

　人民公社体制の下では，土地をはじめとしたすべての生産手段が集団所有とされ，農民は一人の例外もなく「作業組」と呼ばれるグループに組織され，農作業に従事することが義務づけられていた。収益分配は，「労働点数」と呼ばれるポイントの多寡に基づいて行われた。働いても働かなくても労働点数に大差はなく，農民の労働意欲は低かった。

　人民公社体制を補完，強化した二つの制度が「統一買付・一手販売制度」と「戸籍制度」である。統一買付・一手販売制度は，農産物流通の国家独占を意味する。主要農産物に公定価格が設定され，農民は公定価格で全量を政府に売り渡すことを強要された。公定価格は低位に据え置かれ，農民が勝手に農産物を販売することは禁止された。他方，都市戸籍と農村戸籍を峻別する戸籍制度は，農民が都市へ流出することを厳しく制限した。低い農産物価格によって都市労働者の低賃金をカバーし，戸籍制度によって都市人口の増加を抑制して，重工業の優先発展を目指した工業化が追求されたのである。

　人民公社制度，統一買付・一手販売制度，戸籍制度からなる三位一体の体制は，農民の生産意欲を著しく損なうものであったばかりでなく，都市・農村間の労働力配分，農工間の資源配分の歪みを伴うものであった。農産物価格の統制，農業用投入財の相対的な高価格政策，限られた耕地に対する高い人口圧力などの要因が重なったため，増産が増収に結びつかず，かといって農業以外の職に就こうとすれば，たちどころに「資本主義の尻尾」として糾弾された。農村，農民は出口なしの疲弊的状況に置かれたのである。

請負制導入後の集団経済

　農村の疲弊的状況を打ち破る出発点となったのは，人民公社を解体し，請負制を導入した農村改革であった。農村改革の発端は，「乞食の故郷」ともいわれ，貧しい農村の代名詞であった安徽省鳳陽県から始まった。

　1978年12月12日の午後，鳳陽県小崗村にある全農家18戸が集まり，秘密の会合を開いた。集まった農民たちは，協議のうえ3箇条からなる誓約書を起草し，宣誓のうえで拇印を押した。①上（政府）を欺いても下（仲間）は欺か

ないこと，また，どんなことがあっても事を外部に漏らさないこと，②国への上納分，集団への留保分を絶対にごまかさないこと，③万一事が露見し逮捕者が出ることがあれば，その子どもが18歳になるまで全農家が責任をもって扶養すること。

　農民たちの決死の覚悟が伝わってくる条文であるが，小崗村の農民たちが政府の承認なしにこっそりと実施しようとしたことは単純である。それは，農家ごとに農作業を請け負い，定額上納分を差し引いた残りをすべて自分のものにする請負生産（後に「農業生産責任制」あるいは「農家経営請負制」と呼ばれる）の導入であった。

　処罰覚悟で実施された小崗村の請負生産は，またたく間に全国に拡がった。当初3年と短かった請負期間は，その後15年に，さらには30年に延長された。請負制の普及は，農村の政治・経済構造に大きな変化を与えた。1985年春までに，6万5000の人民公社に代わって9万2000の郷鎮政府が設立（復活）された[2]。中国社会主義の象徴であり，20年間続いた人民公社体制が，小崗村の秘密会議からわずか数年で解体してしまうとは，誰一人予想できなかったことである。

　請負制の導入は，農民の生産意欲を飛躍的に増大させた。それと並行して，農業生産へのインセンティブをさらに高めることを目的として，低位に据え置かれていた農産物買付価格が大幅に引き上げられ，後には統一買付制度そのものが廃止された。この措置は，農民の生産意欲をさらに増強するものとなった。請負制が影響を及ぼした範囲は農業分野に限らない。農民は，自分が働いて得た資金を元手に激しい勢いで非農業領域に進出した。「郷鎮企業」（農民や郷村政府が所有し，経営する企業の総称。主として非農業企業からなる）の急成長が始まったのである。このように，土地の集団所有や戸籍制度は残存したものの，農家経営請負制をテコとして，豊かさを求める農民の巨大なエネルギーが解放され，農村は大きく変貌することになった。

---

2) 中国の行政機構は省・市・県・郷（鎮）の4層構造からなり，郷鎮政府が最末端の行政機構となる。郷鎮の下に置かれている行政村は村民の自治組織であり，これが土地の所有者機能を果たす集団経済の実体である。

請負制の導入は，土地に対する農民の権利意識を格段に高めることになったが，土地はあくまで集団所有であり，集団を代表する村幹部にその利用に関する決定権が握られていた。請負制導入の初期段階では，農地は，農家ごとに請け負う「請負田」と村がプールして必要に応じて配分する「機動田」に分けられ，各農家の耕作者数の増減による請負田の変動を機動田によって調整するという手法が，一般的とされた。公平性を担保するなどの理由で，村政府が農民から任意に請負田を回収して別の農民に配分する「割替え」という介入も，頻繁に行われていた。農民と請負地の関係は必ずしも安定したものではなかったのである。農民と請負地の関係が規範化されるためには，後述するように，土地利用にかかわる制度が整備されるまで待たなければならなかった。

　先に見た周其仁は，集団経済は準国有と呼ぶべき社会主義制度の一形態にすぎないと主張した。この主張は，人民公社時代についてはよく当てはまるとしても，請負制導入後についても，それが当てはまるだろうか。この点にかかわって次の2点を指摘したい。

　第一は，集団経済が管理監督する耕地の利用をめぐって，農民の権利意識が高まったことを受け，集団を代表する村幹部は，ある種のレントを獲得するようになったことである。すなわち，どの農民にどの農地をどれだけ配分するか，あるいは配分した耕作権を農民から回収して別の農民に配分するなど，農地の利用にかかわる決定権がある種の利権に変化したのである。

　第二は，請負制の導入が副次的にもたらした郷鎮企業の発展である。第4章でも詳しく取り扱うので，ここでは簡単に触れるだけに止めるが，郷鎮企業の急成長は，改革開放後の農村発展を牽引する原動力となった。郷鎮企業を所有し，経営する主体は集団経済であり，村幹部は，郷鎮企業が稼ぎ出した利益をどう使うかという，大きな経済権限を持つようになった。

　請負制導入後に生じたこの二つの変化は，人民公社時代には，ほとんど見るべき経済実体を持たなかった集団経済が，経済組織として具体的な姿を現してきたことを示唆するものである[3]。

---

3) 第2章でも取り上げた張楽天と陸洋の研究では，人民公社時代の革命型「四清運動」幹部が1980年代初めに利益追求型幹部に取って代わられたとする（張・陸2012）。集団

2　土地における所有と経営の分離

土地関連の法律・条例の整備

　一旦，農村から離れることにしよう。改革開放後，経済発展が進むにつれて，都市開発を着実に推進するために，土地取引にかかわる法律を整備する必要性が生まれた[4]。

　まず，1986年に「中華人民共和国土地管理法」が施行され，公有制を前提とした土地管理の法体系が整備されることになった。そして翌1987年に，深圳市で初めて都市における国有地使用権の有償譲渡が行われた。さらに1990年には，国務院が「都市における国有地使用権の譲渡・売買に関する暫行条例」を制定し，具体的な行政執行の手続き並びに，都市における国有地の使用権の期限についても具体的に定められた。

　このように，土地取引にかかわる制度整備が進んだおかげで，1992年頃から，第一次不動産開発ブームと呼ばれる，土地使用権の有償譲渡制度を利用した都市開発が加速することになった。この時期の不動産ブームが一旦沈静化した後，国有企業が無償で提供していた住宅の「商品化」が推進されるようになると，持ち家を望む都市住民による住宅購入熱が高まり，2002年頃から第二次不動産開発ブームが起きた。

　こうした動きと並行して，1994年に「中華人民共和国都市不動産管理法」が発布され，民間個人や民営企業が不動産開発を行うことができるようになった。また，土地取引を円滑に進めることを目的にして，1996年には，深圳市と上海市で土地投資会社が設立され，「土地備蓄センター」が地方政府から委嘱される形で開発用地を収用し，整地やインフラ整備などの管理も一括して行うという「土地備蓄制度」が導入された。

　前記の法律・条例と土地備蓄センターの設立は，主として都市部にある国有地の有効利用をはかることを意図したものであり，集団所有である農村部の土

　　経済の実体が変化すれば，村幹部に要求される役割も変化せざるを得ない。
　4）以下の叙述は，劉（2014），梶谷（2014），丸川・梶谷（2015：第4章）の整理に多く負っている。

地については，この制度の適用範囲外であった。しかし，1998年に土地管理法が改訂され，農村部の土地についても，有効利用の道が開かれた。それによれば，農村における集団所有地の非農業用地への転用にあたっては，一旦政府が収用して国有化することを義務づけ，土地の全体的な利用計画の作成には，中央政府あるいは省レベル政府の認可が必要であることが明記された（第21条）。また，国有地の使用権限が土地の使用目的別に詳しく定められた他，農地収用の際の農民への補償基準についても，具体的な規定が盛り込まれた[5]。

2002年に公布され2003年から実施された「農村土地請負法」では，土地の請負経営権の流動化のための法律的な根拠が明確に示された。同法では，農家の農地請負権（経営権）を土地に対する用益物権の一種であることを明文化し，農家の土地に対する「財産権」を承認した。また，請負期間内（耕地は30年，牧草地は30年～50年，森林は30年～70年）では，農地の使用権は政府により回収・調整されないことが定められた。さらに，農地請負権を持つ当事者が，請負権の相続・売買を行う権利も認めた（第31条，第32条）。

2007年に施行された「物権法」では，「社会主義公有制を主体とした上での，多様な所有制による経済の共同開発という原則」が確認され，国や集団組織の所有権だけでなく，個人の所有権も平等に保護していくことが明記された。この物権法には，地方政府が収用する際の住民への補償に関する規定（第42条），村の集団組織または村民委員会の代表が所有権を行使すること（第60条），集団が所有する農地について，請負期間満了後も請負者が継続して請け負うこと（第126条）などの内容も盛り込まれている。

流動化する請負耕作権

前記のように，土地関連の法規や条例が整備されることにより，「平等な協議，自発性，有償での譲渡」を原則として，農村部においても土地の流動化が徐々に進み始めることになった。土地の流動化にあたっては，「土地の集団所有の性質を変えないこと，土地の用途を変えないこと，農民の請負権益を侵害

---

[5] 具体的にいえば，収用が行われる時期から過去3年間の平均収穫量の6～10倍を支払うことが規定されている（第47条）。

しないこと」が強調されている。とはいえ，請負経営権の有償譲渡が可能となったことにより，土地取引市場が形成され，農民個人以外に，「合作社」や企業といった営利組織にも請負経営権の取得が認められるようになった。

　農地の市場取引には，農家間で直接取引が行われる場合と行政組織が介在する場合の二つがある（寶劔 2012）。農家間の取引には，①一定期間，土地の請負権の貸借を行う「転包」と，②土地の請負権を期間無限定に譲り渡す「転譲」，がある。一方，行政組織が介在する場合には，①村レベルで土地を集約し，大規模農家や農業企業にレンタルする「反租倒包」，②村レベルで土地を集約し，集団で土地の管理・運営を行う株式化，などの方法がある。株式化の場合には，個別農家は土地提供分を出資したことになり，運営実績により配当を受ける。

　土地経営権の賃貸市場は 1990 年代から本格化し始めていたが，市場を通じて流動化した農地の比率は，1980 年代から 90 年代を通して耕地面積の 1％～3％程度と，必ずしも広く浸透していたわけではなかった（丸川・梶谷 2015：第 4 章）。1993 年に農業部が行った調査によれば，全農家の 2.3％に相当する農家が土地経営権を貸借しており，それは耕地面積の 2.9％であった。1998 年に農業部が 8 省で実施したサンプル調査でも，土地経営権の貸借比率は 3％～4％にすぎなかった。

　貸借市場が活性化するのは，2000 年代後半に入ってからのことである。2008 年に農業部が行った調査では，全国の請負耕作面積の 8.9％が貸借されるまでになっていた。ただし，貸借市場の地域差は大きい。一般的にいえば，農村内での非農業活動が活発な沿海部の都市近郊や，内陸部でも出稼ぎ者が多く出ている地域では，貸借が活発に行われる一方，相対的に貧困で農業以外に見るべき産業がない地域では，貸借は活発とはいえない。

　2008 年の中国共産党第 17 期 3 中全会で採択された「農村改革の発展を推進するにあたっての若干の重要問題に関する決定」では，土地請負権の期限が「長期不変」から「長久不変」に変更され，事実上，請負権が農民に永久に付与されることが示された。この決定が出されたあと，四川省と浙江省では，農地の集約化を促進し，大規模な農業経営を可能とするための受け皿として，

「農村土地流転サービスセンター」が設立された。こうして，耕作権の流動化に向けた制度や組織作りが，各地で進むことになった。

地域ごとに異なる土地利用方式

地方政府が土地供給をコントロールし，その開発権を独占して莫大な土地譲渡収入を得るという地域開発モデルは，第4章でも分析するように，地方政府に巨額のレント収入をもたらすことになった。このレント収入が腐敗の温床になったとする批判に加えて，本来，レントの配分に与ってしかるべき当事者である，土地を失った農民や，土地の事実上の所有者であるはずの集団経済が，配分から排除されているという不満が噴出することになった。

請負権の流動化が進む中で（あるいは請負権の流動化をさらに加速して農業の生産性を引き上げるためには），どのようにすれば土地の効率的な利用をはかり，公平な利益配分を行うことができるかが重要な政策課題となった。以下で検討するように，土地利用の方式には，さまざまなバリエーションがある。農業の生産条件や非農業の発展状況など，地域ごとに事情が異なる以上，一律の方式ではなく，その地域に適した方式を導入するのが望ましい。他のケースでも当てはまるように，「曖昧な制度」の一つの特徴である制度の並存は，新しい試みを複数の地域で試してみて，よい方法が見つかれば全国に普及させるという「試点」方法を政府が好んで採用した結果でもある。相当長い期間，異なる地域で異なる方法が並存することも，しばしば見られる現象である。農村の土地利用についても，同じことがいえる。

以下では，梶谷懐の整理を参考にして，地域ごとに異なる土地利用方式の特徴を次の三つの類型にまとめておく（梶谷 2012，梶谷 2014）。ただし，梶谷(2014) は，農村の都市化という観点から，市場が主体となる土地利用と政府が主体となる土地利用の二つに大別し，それに基づいた類型化を行った。筆者は，土地の集団所有に注目する視点から，集団経済（自治組織としての行政村）が重要な役割を果たさない場合と果たす場合に二分割し，前者をさらに二つの類型に分けることにした。

集団経済の役割が限定されているのが，第一類型と第二類型である。このう

ち第一類型は，地方政府が集団経済を飛び越えて，農民と直接対峙する方式である。この方式を代表するモデルは，「土地と社会保障を交換する」重慶方式である。重慶市では，土地の耕作権を市に返却した農民は，都市戸籍と老後に毎月500元の養老保険を受け取る権利を得ることができる。さらに重慶市では，もう一つ別の農民への利益還元の方法が導入されている。それは，「地票」を発行して耕作権を農民が現金化する方法である。「地票」とは，請負権に応じて発行される「農地開発権」を意味している。興味深い点は，農民が手放す土地の収益によって「地票」の価値が決まるのではなく，その地域全体の土地の希少性によって決まることである。たとえば，離農した農民が，自分が使用していた住宅用地を農地に戻せば，「地票」を手に入れることができ，それを政府や開発業者に売却すれば，その土地の希少性に見合った現金を得ることができる。重慶方式は，土地を離れる農民に対して，社会保障や「農地開発権」を提供することにより，地方政府に発生したレントの分け前を配分するものである。

　第二類型は，地方政府と農民が直接対峙するいま一つの方式であり，地方政府が強力なリーダーシップを発揮して，農地の有効利用と農民への利益還元をはかるものである。江蘇省蘇州市では，市政府が土地利用計画や都市計画の実施，地価の管理などを統一的に行い，住宅用地の集約化と耕作地の大規模化を実現し，農業の生産性の向上と土地の有効利用をはかる方式が実施された。市の建設用地は株式制の組織によって運営され，その収益は農村経済の発展やインフラ建設に用いられた。住宅用地を提供した農民には集合住宅への入居権が与えられ，請負地を提供した農民には都市住民と同じ社会保障の権利が与えられた。この方式もまた，農民にレント収入の一部を分け前として配分するものである。

　第三類型は，第一類型，第二類型とは異なり，集団経済が利益配分に関与し，独自に農民に利益配分を行う方法である。広東省佛山市南海区では，土地の集団所有を前提として，市場メカニズムを利用した土地の使用と利益の配分を実施している。具体的にいえば，村の土地を合作社や株式会社の形式を通じて管理し，非農業への転用も含めて自主的な運用を行い，その利益を「分紅」

（配当）という形で農民に配分するという方法である[6]。村ぐるみで特産品を生産・販売する専業合作社を設立するケースや，上級政府の許可を得ずに集合住宅を建設して販売するケースなども，この類型に含まれる。

　ここで取り上げた類型以外にも，さまざまなバリエーションが存在する。次節で述べる四川省崇州市の「土地株式合作社」は，集団経済が中心的な役割を果たしているという意味で，第三類型に分類できるが，佛山市が主として非農業目的での農地利用をはかっているのに対して，崇州市では農業目的での土地利用の効率化が目指されている点に違いがある。

3　土地株式合作社の出現

　四川省は，前記のように「農村土地流転サービスセンター」を全国に先駆けて設立するなど，土地関連の法律・条例や政策の施行について，実験的な試みを行うという意味で改革の先進地域といえる。四川省が試験地域に選ばれた背景には，内陸部にありながら，成都や重慶など沿海部に匹敵する大都市が発展していることに加え，出稼ぎ者の送り出し地として農民の兼業化が進んだ地域であることが影響していると考えられる。

　四川省における土地制度改革の実態を見るために，筆者を含む研究グループは，2014年9月，四川省崇州市において，耕地流動化にかかわる先行事例である「土地株式合作社」を訪問し，聞き取り調査を実施する機会を得た[7]。

　崇州市は，四川省の省都・成都市から高速道路を使って1時間半ほどの距離にある県レベルの市で，広い意味での成都市の郊外に位置している。崇州市で設立，運営されている土地株式合作社とは，農民が保有する農地の請負耕作権

---

[6] この方式の原型となる方式は，1990年代からすでに観察される。外資企業を大量に受け入れた広東省深圳市宝安県横崗鎮では，外資企業から従業員一人当たり一定額の管理費を徴収し，その収益を株主である村人に配当する「株式合作制」が導入されていた（加藤1995：第8章）。

[7] 視察に参加したメンバーは，加藤の他に，梶谷懐（神戸大学），任哲（アジア経済研究所），伊藤亜聖（東京大学），藤井大輔（大阪経済大学），小原江里香（久留米大学）である。以下の叙述では，メンバーによる聞き取りメモを一部利用している。現地視察は四川省社会科学院農村経済研究所の協力を得て，2014年9月11日に実施された。

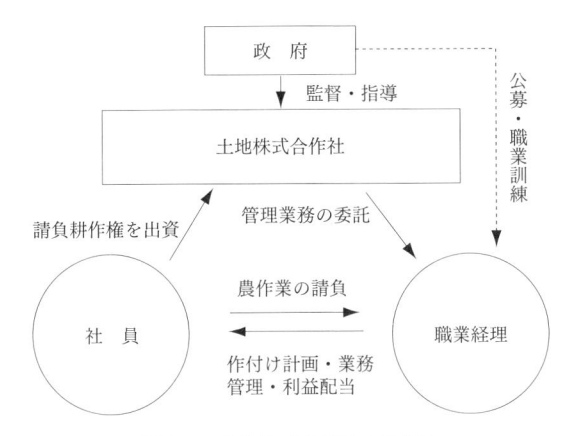

```
        政　府
         │監督・指導
         ▼
     土地株式合作社           公募・職業訓練
         │管理業務の委託
         ▼
  請負耕作権を出資
  社　員 ←農作業の請負→ 職業経理
       作付け計画・業務
       管理・利益配当
```

図 3-1　土地株式合作社の仕組み
出所）説明パネルをもとに作成。

を出資して合作社をつくり，共同経営を行う方式をさす。図 3-1 は，土地株式合作社の説明パネルをもとに筆者が作成したものである。土地株式合作社を支える二つの要素として，社員と「職業経理」（後述）が明確に区別して描かれている点に筆者は注目している。協同組合であれば「職業経理」は社員の中で経営に明るい人物が選ばれるだろうが，ここでは集団経済の外側にいる人物（政府が公募して選抜される）を想定しているのである。

崇州市では 361 の土地株式合作社があり，1400 人の職業経理がいるという。地域の条件によって差があるが，最も進んだ同市隆興鎮余先村の事例では，95％の土地が株式化され，村には 6 つの合作社が存在し，それぞれの合作社に職業経理が配置されているという。この割合を見る限り，ほとんどすべての村民が 6 つあるどこかの合作社に所属していると見なすことができる。ただし，この村では，観光ぶどう園などを経営するなど収益性の高い事業が成功しているため，これほど高い参加率を示しているが，そうした条件を欠いた村では，合作社への組織化はそれほど進んでいるわけではない。同じ地域でも村ごとに大きな差異が存在するのである。

ところで，合作社と聞くと社会主義時代の遺物のような印象を受けるが，ここでいう合作社はむしろ株式会社に近いイメージで捉えた方がよい。土地株式

合作社は，社会主義時代の合作社と比較して，次の2点で大きく異なる特徴を持つ。

第一に，農民の合作社への参加と脱退は，まったく自由であることである。かつての合作社も，建前上は農民の自由意志を尊重することになっていたが，実際には，合作社への参加が半ば強制されていた。完全に市場ベースで運営されているかどうかという点に，過去と現在との大きな違いがある。

第二は，職業経理の役割である。合作社の経営について，政府が公開公募したうえで職業訓練を実施し，試験に合格した専門の経営者が職業経理と呼ばれる。職業経理は，合作社の経営において中心的な役割を果たす。すなわち，どのような作付けを行い，だれが実際の農作業を行うのかについて，職業経理が中心となって計画し，監督する。そして，総収益から費用を差し引いた純収益の配分まで責任を負う。

私たちが面談した職業経理の一人W氏は，深圳で長年，出稼ぎを経験した30代半ばの若者で，市場志向が強く，創意工夫でさらに収益をあげることができると，農業経営に絶対の自信を表明していた。合作社の総収益が増えれば，1ムー（6.67アール）当たりの「分紅」（配当）も増えるが，経営者自身の収入も増える仕組みである。W氏に昨年の年収を尋ねると，10万元（およそ180万円）に少し足りないぐらいだという。崇州市の農民の平均年給のおよそ10倍に相当する所得である。内陸部の農村で深圳での出稼ぎを超える収入が得られるなら，苦労して出稼ぎに行く必要はなくなるわけである。

2013年の配当額は，合作社によって1ムー当たり300元から900元とバラツキが大きい。経営者の才覚如何によって増えたり減ったりするのは，市場志向である以上，避けられないことだが，興味深い点は，稲作と小麦ないし菜種の二毛作という，標準的な作付けの場合でも，土地出資者にそれなりの額の配当と，経営者に十分な所得を提供できるほど，収益が上がっていることである（この合作社では，収益の配分比率は，公共積立金が1，出資者への配当が3，経営者の所得が6と決められている[8]）。主要な農産物（小麦・トウモロコシ・粟・菜

---

[8] 『人民日報』（2014年11月28日付）では，同じく崇州市の土地株式合作社の事例として，公共積立金1，出資者への配当7，経営者の所得2と，この合作社での説明とは大

種）の生産については，四川省と成都市からそれぞれ最高額で1ムー当たり500元の補助金が得られる。こうした補助金がなければ，収益確保がむずかしいことは容易に想像できる。

さらにいえば，合作社に参加する農民のほとんどは，出稼ぎ者を含め農業以外の職を持つ働き手が家計の中にいる，いわば兼業農家である。実際に農業に従事している者は，出稼ぎ経験がないか，もしくは出稼ぎから帰郷した50代や60代の中高年が中心である。つまり，合作社からの配当は多ければそれに越したことはないが，出資者の主たる収入源は農業ではないので，極端にいえば，配当はなくてもかまわない。こうした条件があって初めて，土地株式合作社は運営できるのではないかと考えられる。

少し先走った連想を付け加えると，数年前，兵庫県揖保郡の共同営農の現場に，農業経済を研究する中国人学者を連れて行ったことがある。そこでは，先祖伝来の水田を守るために，水田の共同管理が行われていた。年始めに作付け計画を決め，農作業に従事する者は，基本的に退職した年金生活者に限られ，農作業の時間は自己申告し，年末にそれを集計して収益から支払いをする。中国人学者は感嘆して曰く，「これこそ，人民公社が目指していた理想の方式だ！」。賢明な読者はすぐに気がつくように，人民公社が失敗し，揖保郡の共同営農が成功している理由は，前者では，農業が主たる収入であったのに対して，後者では，そうではないという点にある。

4　進化を続ける土地の集団所有

これまで見てきた土地所有にかかわる構造変化を，ここであらためて整理しておこう（張 2014：204-5頁）。人民公社時代には，土地の所有権，使用権と収益権は一致しており，すべて生産隊に帰属し，農民は労働の提供者にすぎなかった。改革開放時代に入ると，農家経営請負制が導入され，農地は所有権と

きく異なる配分比率が紹介されている。出資者が多いことを考えれば，出資者より経営者への配分比率が少ない，こちらの数字の方が妥当なように思われるが，ここではW氏本人による説明をそのまま紹介しておく。

請負経営権に分かれた。集団が所有権を持ち，農民が請負経営権を行使する構造である。その後，土地関連の制度が整備されたことにより，農民が持つ請負経営権がさらに分割された。すなわち，所有権は集団のままだが，請負経営権が分離し，請負権は請負農家が，経営権は経営主体が持つという構造である。経営主体として出現したのは，地元あるいは外来の大規模農家，前節で検討した土地株式合作社，そして農業企業，の 3 種類である[9]。

それでは，土地にかかわる法律・条例の整備とそれに対応した政策や実態の動きを，どう評価すればよいだろうか。このことは，土地の集団所有が形骸化し，「事実上の私有化」が始まったことを意味するのだろうか。

筆者自身の考えを述べると，請負権の流動化が進んでいる現状を，土地の私有化に進む前段階であると捉えていた時期もあるが，現在では，土地の集団所有は，我々が想像する以上に頑健な構造を持っており，なお長期にわたって維持される可能性が大きいと考えている。筆者がそのように考えを改めた理由は次の 2 点である。

第一は，農民による耕作権の長期保有（実際には永続的な保有）を保証し，その自由な流動を認めるということであれば，集団所有のままでも，「土地の事実上の私有化」は実現できると考えられることである[10]。ただし，その場合でも，土地の所有権，経営権，管理権が一致していないことによる問題が発生する可能性は否定できない。たとえば，集団のメンバーが自由に脱退できるかどうか，その場合の補償をどうするかなど，土地の集団所有という「曖昧な制度」を有効に機能させるためには，さらなる法的整備が必要となるだろう。

第二は，農民による土地の私有化が引き起こす問題に対して，共産党政権がある種の危惧を抱いていることである。土地の私有化は，他の事情が等しけれ

---

9) 集団を代表する村民委員会は，土地の所有者であると同時に，土地の集約化を進める仲介者の役割を果たす。このため，土地の流動化によるレント収入の 80％は請負農家のものだが，残りの 20％は集団に帰属するのが一般的だとされている（張 2014）。
10) 土地の使用権（地上権）を所有権と分離して，法的な権利として認めるかどうかは，物権法の重要な内容である。日本では，所有権が強調されたため，使用権よりも賃貸借の方が一般的であるが，人民共和国以前の中国では，使用権は法的な権利として認められていた。2007 年に発布された物権法も，この考えを継承している。

ば，土地を売って挙家離村する農民の増加をもたらす。土地の流動化は農地の集約的な利用を通じて，農業生産の効率化，農家所得の増大を導くだろうが，他方で，都市に流入した出稼ぎ者は，はたして十分な社会保障サービスを受けられるだろうか。

すでに指摘したように，長年にわたり，中国では都市と農村を厳格に区分する戸籍制度により二重構造が温存・強化されてきた。このため，社会保障体系は都市部と農村部とで異なる制度が適用され，社会保障体系の一本化はすぐには実現できそうにない。また，住宅の商品化は進められたものの，都市住民向けの比較的高級な住宅の建設に比べ，貧困世帯向けの安価な賃貸住宅の建設は進んでいない。このため，都市に流入した出稼ぎ農民は，「城中村」と呼ばれる都市スラムの劣悪な住宅環境に甘んじる他ないという現状がある。

2014年3月に発表された「国家新型都市化計画（2014-2020）」は，今後の中国の都市化の行方を左右する重要な政策文書だが，そこでは，農村の近場に「新型都市」を建設すること，出稼ぎ農民の都市部への定住を促進すること，兼業農家に対する公共サービスの提供を充実させることが，重要な政策課題として提起されている。こうした政策の方向性は正しいとしても，既存都市ではなく，農村の近場に「新型都市」を建設するという構想は，公共サービスの提供という意味では，既存都市への労働力の吸収が依然として容易でないことを物語っている（第2章注9も参照してほしい）。

社会保障制度の整備の遅れを考慮すれば，現政権の抱く危惧にはそれなりの根拠があると考えるべきだろう。この点からいえば，集団所有を不変としたままで，耕作権の流動化を促進するための法律や条例を整備した方が，共産党政権はもとより，農村の集団組織や農民にとっても利益の方が大きいと考えられる。

土地の集団所有は，いわば社会主義時代の遺物であり，改革開放後に消滅しても不思議ではなかった制度である。ところが，これまで見てきたように，集団所有が消滅した地域がある一方で，土地株式合作社のように，集団所有という形式を残しながら多様な形で制度の精緻化が進んでいる地域も多数存在する。後者の場合には，土地私有化が引き起こす恐れがある問題を回避しつつ，

土地の有効利用を実現しているという意味で,「曖昧な制度」の優位性が発揮されているケースである。将来,土地の私有制が復活する可能性を否定するものではないが,少なくとも当面の間,土地の集団所有という「曖昧な制度」が維持される可能性が大きいといえる。

第 4 章

市場なき市場競争のメカニズム
——成長至上主義からの脱却——

　この章では，行政権限の請負構造を前提とした地方政府間・官僚間の競争メカニズムを「曖昧な制度」の事例として取り上げる。地方政府間競争はまず，郷村レベルにおける企業経営を通じて実現した。郷鎮企業の民営化が進んだ後は，郷村政府に代わって県政府（県レベルの市を含む——以下同じ）が主体となり，管轄区域の経済を管理運営する都市経営へと転換した。地方政府は土地を独占的に供給する権限を利用して，企業誘致を競い合うことで地元の経済成長を追求した。行政権限の中央から地方への委譲という請負構造を前提として，昇進を競う官僚に大きな自由裁量権を与え，その業績評価を上級政府が行うことで地方の独断専行をコントロールするという手法は，郷村政府による企業経営から県政府による都市経営へと形を変えながら，維持される「曖昧な制度」である。

　地方政府主導型の発展は，高度成長の原動力の一つとなったが，地方債務の累積など成長至上主義の弊害がしだいに顕在化してきた。こうした中で，地方政府は公共サービスの提供に専念すべきだとする批判も現れた。官僚評価の指標が，成長一辺倒のものから環境保護など公共サービスの充実にかかわる指標へと変化を見せながら，地方政府間・官僚間の競争メカニズムとそれを可能にする行政の請負構造は維持されている。

1 郷村政府による企業経営

　改革開放が始まったとき，農村部は大きな変貌を遂げようとしていた。前章でも触れた農家経営請負制の導入により，土地の呪縛から自由になった農民が，わずかな元手で非農業領域に激しい勢いで進出したからである。郷鎮企業の出現である。

　郷鎮企業とは，農村部に立地する中小企業の総称である（英語では township and village enterprises と呼ばれる）[1]。郷と鎮は農村部の末端行政組織をさす[2]。郷鎮の下には自治組織である村があり，村が経営する村営企業も郷鎮企業の一部である。これだけを見ると，郷鎮企業は地方自治体が経営する公営企業ということになるが，農民の共同経営や個人経営の企業も，農村部に立地さえしていれば郷鎮企業と呼ばれる。ただし，郷鎮企業の主力はあくまで郷村政府が経営する企業であった。

　郷鎮企業の急成長は，それまで抑圧されていた農民の潜在力の解放という側面が大きいが，その経営が農民個人ではなく，主として郷村政府の役人によって担われていたところに大きな特徴がある。

　郷鎮企業がいわば第三セクターの経営する公企業だとすれば，その経営が民営企業よりも効率的であるはずはないというのが，経済学の常識である。明確な所有構造の存在が企業経営の効率性を保証するという通説（「コースの定理」と呼ばれる）によれば，曖昧な所有構造を持つ郷鎮企業は，国有企業がそうであるように非効率なはずである。ところが，郷鎮企業は国有企業と比較してきわめて良好な経営実績を示した。

　なぜ，郷鎮企業の経営は成功を収めることができたのだろうか。以下に述べ

---

1) 郷鎮企業の起源をさかのぼると，人民公社時代の社隊企業に行き着く。社隊企業の社とは人民公社をさし，隊とは人民公社の下部組織である生産大隊をさす。この当時，社隊企業の生産目的は農業に奉仕することであるとされ，農業機械の製造・修理，セメント，化学肥料などの工場や，小型発電所，小型製鉄所が各地で建設された。
2) 第3章では，自治組織である村を集団経済として地方政府と区分したが，この章では，地方政府間競争のメカニズムに焦点を当てるという目的に照らし，行政村を含む広義の概念として地方政府を捉えている。

るいくつかの要因が考えられる[3]。

　第一に，改革開放の初期段階には，国有企業が十分に満たすことのできない膨大な民需が存在したことである。計画経済特有の需要が供給を上回る「不足の経済」（Kornai 1992）の下では，民生品への膨大な需要が存在するため，品質が多少悪くても，作りさえすれば売るのは容易である。そうした民生品は，たいした技術や元手がなくても生産可能である。中国の経験では，上海などの大都市近郊において，郷鎮企業はとくに発展が速かった。その理由は，大都市の国有企業の下請け生産に特化する戦略をとったことに加え，国有企業の技術者や元技術者が，その技術を農村部に伝えたこと，文革期に「下放」された都市の若者がその橋渡し役となったことなども大きな役割を果たした（堀口 2015）。

　第二に，改革開放の初期時点では，市場経済の担い手たるべき資本家が存在せず，将来の民営企業家は農村内部に埋もれたままであった。こうしたとき，相対的に高学歴でエリート層である郷村政府の役人が，企業経営を行うことは，むしろ自然なことであった。

　1990年代の後半に，郷鎮企業の民営化が急進展したとき，政府の役人から「下海」（官から民への転身）をして，民営企業家になった者も少なくない。長江デルタ地域の民営企業家17名にインタビューをした呉柏鈞と楊剣俠は，創業の動機や発展過程の特徴を比較研究した（呉・楊 2012）。創業の動機は，貧困からの脱却，生計を立てるため，富裕な生活への願望などさまざまだが，すべての民営企業家には，十分な創業資金を持たず「裸一貫で身代を築いた」ところに共通点がある。ただし，創業資金をどう調達したかについては，差異が見られる。純粋な民営企業の場合には，友人や親戚から借金をするのが一般的だが，国有企業や集団企業が民営化したケースでは，企業の流動資金や営業利益を使って株式譲渡金を支払ったり，企業の名義で銀行から借り入れを行って株式を購入したりといった手法が使われたという。政府の役人から「下海」した企業家には，有利な初期条件があったといえるだろう。

　3）以下の叙述は，Putterman（1997）を参考にした。

第三は，社会主義イデオロギーの残滓が存在していたことである。1980年代から90年代半ばまでの時期，個人が企業を経営するということは，「資本主義の尻尾」であると非難され，場合によってはすべての財産を失うリスクも十分に考えられることだった。このため，実際には個人で経営する企業であっても，名目的に郷鎮企業の看板を掲げる，いわば「紅い帽子をかぶった」企業が多数存在した。1990年代の後半に民営化が一挙に進んだ背景には，そうした企業が紅い帽子を脱いで民営企業の看板に付け替えたという側面があるのである。

　第四に，郷鎮企業の「曖昧な所有」は，必ずしも企業の効率的な経営を妨げるものではないとする議論がある。マーチン・ワイツマンと許成鋼の著名な論文（Weitzman and Xu 1994）は，所有のあり方は文化的伝統と関係すると主張する。ワイツマンと許によれば，「カギとなる隠された環は，明確なルール，法律，権限，手続きなどなしに，内部での潜在的矛盾を解決するグループの能力にある」。既存の所有権理論では，所有は文化と無関係に普遍的に適用されると考えられるが，実際にはそうではない。信頼関係のあるグループ内部では，フォーマルな所有権明確化は不要である。もしグループ内部の人々が協力的で互いに信頼しあっていたら，企業の従業員はあたかも彼ら全員が「残余請求権」（企業活動によって得られた収益から必要な経費を差し引いた残余をすべて自分のものにする権利，通常は資本家のもの）を持つように振る舞う。また，書かれた公式の契約書がなくても偶発的な事件に対して効率的に対応する。反対に明確な契約があると，従業員は雇用契約に書かれたことだけしか実行しない。このように，第1章でも検討した「暗黙の契約」が，明確な契約よりも高いインセンティブを発生させたケースとして，郷鎮企業を捉えることができる。

　第五は，近隣の郷鎮企業間で激しく展開された市場競争が，企業の効率性の低下を防いだことである。比較制度分析の視点から，青木昌彦は，「郷鎮どうしが所得水準の上昇と広域市場の獲得を巡って互いに熾烈に競争するというメカニズムを通じて，郷鎮政府自身が有効なモニタリングに服していた」（青木1995：170頁）と指摘し，郷鎮企業に対する政府の介入は相対的に健全なものになったと捉えている。

以上のような諸条件の下で，疲弊した農村を立て直し，農民の所得引き上げを目指した郷村政府は，上級政府に依存することなく，独力で企業の経営に乗り出したのだった。こうした郷村政府の行為は，一定の合理性を持つものであったと評価できる。また，その結果として形成された集団財産が，人民公社時代とは異なる集団経済の発展の基礎となった側面も，あらためて強調しておきたい。

2　企業経営から都市経営へ

郷鎮企業の経営に表れた問題点

　郷鎮企業は大きな成功を収めた。郷鎮企業の発展が一つのピークを迎えた1996年には，企業数2336万社，従業員数1億3058万人，付加価値額1兆7659億元を達成し，付加価値額がGDPに占める割合は24.8％にのぼったとされている（農業部郷鎮企業局ほか2007）。しかし，郷鎮企業の急成長は，いつまでも続くわけではない。急成長を遂げた結果として，1990年代半ばになると郷鎮企業はある種の問題に直面することになった。その具体的な現れは，生産額は引き続き増加しているものの，企業数や雇用吸収力の伸びに明らかな陰りが現れたことである。

　図4-1は郷鎮企業の従業員数の推移を示したものである。従業員数は増加しているものの，雇用吸収力の低下傾向がはっきり見て取れる。とりわけ工業企業について見ると，1996年をピークとして従業員数は純減を示し，元の水準を回復するのは2005年のことである。他方，郷鎮企業を取り巻く環境も変化した。国有企業の経営メカニズムがより市場志向的なものへと変化し，外資企業や民営企業など新興の企業群も出現してきた（菊地1993）。こうした中で，郷鎮企業のいっそうの発展のために，曖昧な所有権構造を明確化すべきとする議論が出現し，1990年代半ば以降，激しい勢いで所有制改革が進展することになった。

　郷鎮企業の発展が最も盛んであった江蘇省蘇南地域を例に取れば，1998年と2000年に所有制改革が実施され，郷鎮企業は，民営企業，すなわち規範化

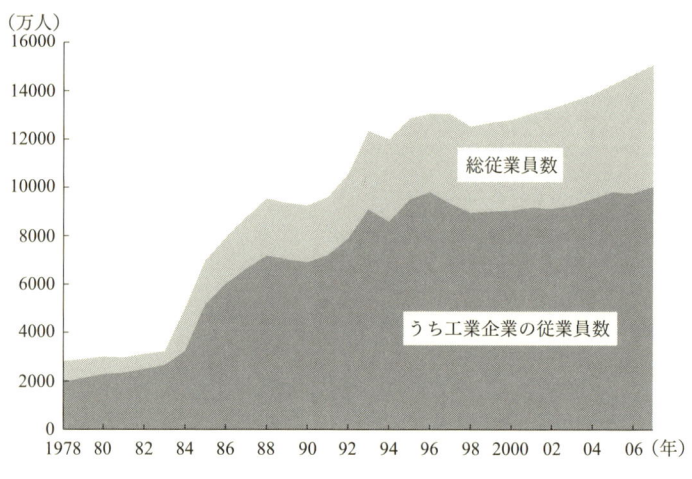

図 4-1 郷鎮企業の従業員数の推移（1978-2007 年）
出所）農業部郷鎮企業局ほか編（2007）より作成。

された株式会社に生まれ変わった（新 2005）。ただし，改革の初期段階では，「株式合作制企業」と呼ばれる特殊な協同組合が多数設立された。株式合作制企業とは，企業の資産評価を行い，社会福利に利用するための基金として，集団が保有する「集団株」を残し，残りを経営者や従業員が保有する株として配分する形式である。

　株式合作制企業は，郷村政府が企業経営に介入する権限を集団株の形で残しながら，企業形態の規範化（株式会社への改組）を目指すものであったが，ごく短期間で消滅してしまい，その後，全国一斉に民営化が急進展することになった。注目すべき点は，急速な郷鎮企業の民営化が，終始，政府主導で行われたことである。

政府主導の民営化

　企業の所有者であった郷村政府が，積極的に民営化を進めた第一の理由は，企業数が増え，企業規模が大きくなり，その活動が郷村政府の管轄する領域を越えるようになると，企業に対するガバナンスが複雑になり，企業をうまくコントロールできなくなったからである。多数の企業の経営を少数の政府の役人

がすべて管理することは不可能に近く，企業経営の失敗というリスクを郷村政府が負えなくなったという側面も指摘できる。

　第二の理由は，企業を規範化する必要性が高まったことである。企業改革をミクロレベルで観察したグレイ・ジェファーソンとトーマス・ロウスキーは，企業の意思決定権が郷村政府から企業経営者に移りつつあったことが，所有制改革の背景にあると主張する（Jefferson and Rawski 1994）。「残余コントロール権」（企業資産を自由に処分する権利）が，企業，とくに経営者層に移されたのに対して，前出の「残余請求権」の所属がいまだ曖昧なままであるという，残余コントロール権と残余請求権の非対称性の存在は，企業発展に悪影響を与えていた。この制度の歪みを解決しようとすれば，所有と経営との一致を目指す所有制改革を行わざるを得ない[4]。

　もっとも，所有権さえ明確になれば，企業と政府との関係はうまく処理できると単純に考えることはできない。郷村政府の役割を高く評価する社会学者のアンドリュー・ウォルダーとジーン・オイは，所有権改革後も，郷村政府の介入がなくなったとはいえないという。所有権が明確化され，経営者の所有権が確立すれば，地方政府の任意の経済介入はむずかしくなるだろう。しかし，だからといって，地方政府が完全にその管轄権を放棄したことにはならない。「公的所有と私的所有との単純な二分法では，所有構造の問題を十分に理解できない。どのような所有構造ができあがったとしても，その現実は政府と個人（私人）経営とが合体した役割を果たす」からである（Walder and Oi 1999）。ただし，この時期以降，郷村政府の介入は企業の発展を後押しするより，企業発展の制約になった側面が大きい。

県政府による都市経営

　郷鎮企業の民営化の進展は，郷村政府から見れば，権限の縮小あるいは喪失

---

[4] 周其仁は，人的資本（とくに企業経営者の人的資本）の所有権が，公有制企業の所有権改革のカギを握る要素であるとし，株式制度の導入は，経営者の人的資本という特別の資源の「所有権の資本化」の完成を意味すると捉える（周 2002）。言い換えれば，経営者の持ち株比率が，経営者の人的資本が企業資産に占める割合を表すということである。

だろうが，その上級レベルの県政府から見れば，違った風景が見えてくる。競い合うような民営化は，企業経営という郷鎮レベルでの競争からの撤退と，企業誘致競争を通じた県政府レベルでの新たな政府間競争の出現と捉えることができる（張 2009）[5]。

　前出の蘇南地域を例にとると，1992年までの政府は直接企業を経営する権利を掌握する一方，民間の個人企業を厳しく制限していた。1992年から2000年まで，政府は徐々に企業経営から撤退していった。そして2000年以降は，積極的に個人経営企業を引き込むことに力を入れ，生産要素，とくに土地開発権のコントロールに力点を置くようになった。地方政府の関心が，企業経営から，土地開発権限の掌握を通じた「管轄区域の経営」へと転換したのである（曹・史 2009）。

　地方政府の経済介入は，主として土地開発権を通じて実現された。土地開発権が決定的に重要となったのは，以下のような制度改革が実施されたためである。1980年代には，土地開発権は郷鎮政府にも認められており，郷鎮政府が設立，運営する小規模な「経済開発区」が乱立するなど弊害が多かった。第3章でも触れたように，1994年7月，「中華人民共和国都市不動産管理法」が発布された。これにより民間個人や民営企業が不動産開発を行うことができるようになったが，県政府が不動産用地の開発計画，国有地の使用権譲渡について責任を負い，批准手続きを行うものとされた。さらに1998年12月，「土地管理法」が改訂され，農村集団所有の土地徴用は，県政府が実施し，開発者（会社）は，県政府に申請し，県政府が発行する建設用地批准書による批准を経て，県政府の土地管理部門と有償使用の契約を結ぶものとされた[6]。こうした一連の制度改革を経て，県政府は土地開発権を掌握し，郷鎮政府とは異なる手

---

5) 郷鎮政府の権限が低下し，県政府の権限が高まるのは一般的な傾向といえるが，例外もある。温州市のケースでは，郷鎮政府は市政府から権限の委譲を受けて，管轄区域内での開発規画に強い権限を有している。温州市の場合には，郷鎮レベルの経済規模は他地域の県レベル政府に相当する（2011年8月8日～10日に実施した現地調査での聞き取りによる）。

6)「土地管理法」第21条では，国有地の使用は中央政府もしくは省レベル政府が批准することになっている。しかし，実際の運営上は，例外的なケースを除いて県レベル政府に許認可権があると考えられる。

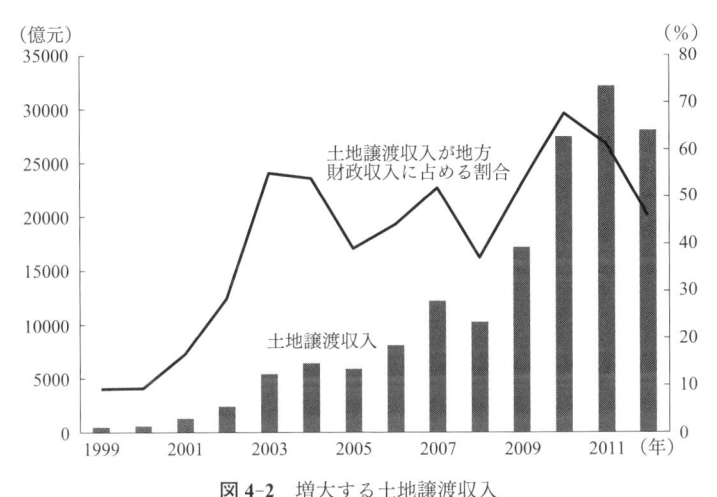

図4-2 増大する土地譲渡収入
出所）中国統計年鑑，国土資源統計年鑑各年版より作成。

法で地域振興に乗り出した。

　図4-2は，1999年から2012年までの土地譲渡収入とそれが地方財政収入に占める割合を示したものである。この図に表れているように，譲渡収入がうなぎ登りで増加したばかりでなく，地方財政収入に占める割合が1999年の9.2％から（2003年以降は上下しつつも）2010年の67.6％に大きく増加したことが見て取れる[7]。地方財政が土地譲渡収入への依存を急速に高めていったことがうかがわれる。ただし，2011年からは地方財政収入に占める土地譲渡収入の割合は低下しており，土地譲渡収入への過度な依存に歯止めがかけられている。

　ところで，地方政府による「管轄区域の経営」とは，土地開発を請け負ったデベロッパーの役割に似ている。具体的には，①土地の開発目標と開発計画を作成する。②開発計画を実施するために，地域の生産要素と独占的な経営項目をコントロールする。③開発した土地の投資権，経営権を競売などの方法で投資者に譲渡する。

　土地譲渡収入が地方政府の主要な「予算外収入」[8]となっている現状に注目

7）ここでいう地方財政収入とは，「地方本級収入」をさし，中央政府からの移転収入や土地譲渡収入それ自身は含まれていない。

すれば，地方政府は，レントを獲得する地主がそうであるように，経済発展への阻害要因となっているようにも見える。しかし，土地の有効活用があれば，地主であれ政府であれ，レントを取ることは正当な権利である。注意すべき点は，県内の土地は政府が独占しているが，競合する県が周辺に多数存在する場合，周辺地域より高値で土地を販売したりすれば，投資者を呼び込むことはできないことである。他の事情が等しければ，企業誘致に成功するためにはレントは低い方がよいことになる[9]。

多くの事例によれば，土地の販売価格はその取得に必要なコスト（農民への補償やインフラ整備費）をわずかに上回る程度であることが普通である。むしろ土地の販売価格がマイナスであっても，企業誘致に成功すればそれを上回る利益が得られる。県政府が関心を持つのは，「増値税」（付加価値税）であり，増値税17％の4分の1に当たる4.25％が県政府の取り分となる（張 2009：150頁）。県政府が受け取る収益には，地価という固定的なレントに，売り上げに応じて増加するレント（この場合には増値税をさす）が加わるが，後者のウエイトの方が圧倒的に大きいのである。

以上のことから，市場経済化の進展に伴い，地方政府は情報収集や管理コストが高い企業の直接経営から手を引き，企業経営は民間に任せ，より効率的に地元経済をコントロールする手段として土地開発権を独占し，「管轄区域の経営」を行うという新たな構図が浮かび上がってくる。財政力が乏しい地方政府が，土地公有制という制度を利用して公共投資の原資を確保できたこと，公共投資を通じた投資環境の整備を競い合うことで外部からの投資を呼び込む，

---

8) 予算外収入とは，国家予算を経由せずに予算外で運用されている資金をさし，各種付加収入（工商税付加金，農牧税付加金等），事業収入，事業行政部門の各種基金，経営性サービス収入などがある。なお，2011年1月1日以降は規定が変更され，それまでの予算外収入をすべて国家予算内管理に含め，「政府性基金収入」として取り扱うことになった（『財政部の予算外資金管理収入の予算管理納入に関する通知』2010年6月1日）。

9) 企業誘致の過程には不可避的に腐敗が生じる。「私は県幹部が汚職をしていないとはいわないが，自分に有利な特別の関係を利用しない投資者には出会ったことがない」（張 2009：157頁）。しかし，激しい企業誘致競争は，汚職を減らす効果もある。汚職で有名な県にはだれも投資しようとしないからである。

クラウディング・アウトならぬ「クラウディング・イン」効果（crowding-in effect）が働いたことが，成功の要因となったのである（張 2012）。言うまでもなく，企業誘致に有利な大都市近郊とそうでない地域とでは，政府の役割にも決定的な違いが現れる。経済発展が進んだ地域ほど政府の力が強く，遅れた地域ほど政府の力が弱いという逆説が生まれる原因の一つはここにある。

3 地方政府間競争の功罪

成長競争がもたらした高度成長

地方政府間競争のメカニズムを理論化した主要な研究として，ジーン・オイ（Oi 1992）の「地方政府コーポラティズム」（local state corporatism），銭穎一とバリー・ワインガスト（Qian and Weingust 1997）の「市場保全型連邦制，中国型」（market preserving federalism, Chinese style），周黎安の「縦向きの請負」と「横向きの競争」の結合（周 2008）などがある。前著において筆者は，これらの議論について詳しく紹介したので，以下では，「曖昧な制度」との関わりが深く，議論のさらなる深化を見せている周の議論だけを取り上げることにする。

周黎安は，中央政府と地方政府との相互関係を「行政請負制」（administrative subcontract）という概念で表現した（周 2014）。行政請負制は，集権とも分権とも一概にいえない，中国独自の中央－地方関係を表すものであり，本書が「曖昧な制度」の一つの特徴として取り上げた「包」の内容に限りなく近い[10]。行政請負制は，①行政権限の下級政府への委譲，②経済的刺激，③業績評価による地方政府のコントロール，の三つからなる。ここでいう行政権限の下級政府への委譲とは，中央政府から地方政府へと行政権限が次々と委譲され，下級政府が大きな事務管轄権を持つ請負構造をさす。経済的刺激とは，中央政府への税の定額上納を意味する財政請負制などの形式で，地方政府が自己資金を増やすことを奨励する仕組みを意味する。業績評価による地方政府のコントロールとは，地方政府官僚の業績を結果で評価し，昇進や昇級などと結びつけること

---

10) 日本語文献としては，政治学の観点から中央－地方関係を論じた三宅（2006），磯部（2008）が参考になる。

で地方政府の独断専行をコントロールすることを意味する。この三者は相互に連関し，支え合って一つのシステムを形成している。

このうち，「業績評価による地方政府のコントロール」を支えるものが，政府官僚による昇進競争の存在である（周 2007）。周の昇進競争モデルはとても単純な内容で，一言でいえば，明確な指標を事前に与えて官僚どうしを競争させ，競争の勝利者を昇進させる仕組みを意味する。このモデルを実施するに当たっては，①人事権が上級政府に集中していること，②よく似た経済条件の地方が多いこと，③参加者間での共謀が現実の脅威となっていないこと，などの条件が満たされていなければならない。中国には，昇進競争モデルが適用しやすい前提条件があったと周は捉えている。

昇進競争モデルは，情報の非対称性という状況の下で，地方政府の官僚にいかに効果的なインセンティブを与えるかというむずかしい問題に一つの解答を与えることができた。前述のように，中国の場合には，中央政府の下に省レベル政府があり，省レベル政府の下には地区レベルの市政府がある。さらに，地区レベルの市政府の下には県政府（県レベルの市政府を含む）が存在する。こうした多層構造を想定すると，下級政府にいくほど，中央政府の監督コストは上がり，インセンティブ効果は減少することになる。政府の官僚に適切なインセンティブを与えることができなければ，官僚が個人的な利得獲得を目的とした腐敗に走る確率が高まり，それは経済発展への大きな障害になる。官僚が腐敗に走るのを食い止めつつ，適切なインセンティブを与える工夫として，昇進競争モデルは，きわめて有効に機能した[11]。さらに，このモデルは，「内生的にモデルを維持する積極的な要素を生み出す」効果も併せ持つ。すなわち，経済発展が速く，市場化の進んだ地域からますます多くの人材が上級地方政府，さらには中央政府に入り，彼らが経済政策を実施するので，市場化の促進がよりいっそう支持されるという構図が生まれるのである。

---

11) 昇進はもちろん官僚にとって大きなインセンティブだが，それ以上に腐敗を防止する効果的な方法は，正当な報酬を増やすことである。ある県の事例では，企業誘致に対する報奨金として，外資企業の誘致に成功した場合には投資額の1.5%～2%，国内企業の場合には1%が担当官僚に支払われるという（張 2009：158頁）。賄賂を受け取らなくても，十分に大きな報奨金が得られるならば，腐敗は魅力的ではない。

成長競争が引き起こした問題点

　官僚の昇進競争メカニズムを利用した地方政府間競争は，この時期の中国経済の急成長の原動力となった[12]。しかし，前著（加藤 2013）で詳しく紹介したように，地方政府間の成長競争という仕組みには，以下のような問題点が含まれている（王ほか 2008）。

　第一は，過当競争が発生する恐れがあることである。外資企業を誘致するための過度な誘致合戦などがその典型である。

　第二に，よく似た地方が多いといっても，完全に平等な競争条件があるとはいえず，公平性が担保しにくい面がある。

　第三に，地域間での自然・社会地理的条件の差異，あるいは政策的な優遇の差異は，地域間格差を拡大させる方向に働く可能性が高い。他の事情が等しければ，貧しい地域はますます貧しくなり，豊かな地域はますます豊かになる。

　第四は，地域間競争の勝者は少数で敗者が多数であるという事実と関係する。経済発展の条件に恵まれない地域の官僚は，努力しても成果が得られる可能性が低いため，官僚個人の「理性的な行動」の結果，個人的利得を追求する方向（収賄）に進みやすい。

　さらに，個人の評価と組織の評価をどう区分するか，経済成長などの量的な指標とは異なり計測がむずかしい質的な指標，たとえば環境，教育，医療などの成果をどう評価するかといった問題もある。

　高度成長が継続しているときには，それほど目立たなかった地方政府間競争の弊害は，成長率が鈍化するにつれて，しだいに顕在化し，深刻化してきた。全国各地で見られる「鬼城」（ゴーストタウン）は，無計画な不動産開発の結果，資金不足のため建設途中で放棄された建築群をさす言葉だが，地方政府間競争が引き起こした失敗を象徴するものだといえる。

---

[12] 加藤・藤井（2012）は，長江デルタの県レベルデータを使い，同一地区レベル市に位置する県を取り上げ，近隣県どうしの競争という空間的距離を考慮したモデルに基づき，地方政府間に財政支出競争が存在したことを実証した。

累積する地方債務

　さらに近年，地方政府による土地譲渡収入を元手に開発を進める発展モデルがもたらす問題点として注目を集めているのが，「地方融資プラットフォーム」の存在である[13]。融資プラットフォームとは，地方政府が出資者となって，「○○都市建設集団」といった企業を設立し，その企業が発行した社債を地元の銀行の支店に引き受けさせて都市開発の資金を捻出する方法，あるいはそうした企業をさす。また，これらの企業の株式を対象とした投資信託を証券会社に発売させ，一般投資家から資金を集める方法もある。図4-3は，地方融資プラットフォームによる資金調達の仕組みを図示したものである。

　地方政府が土地を販売した「予算外収入」に依存して地域開発を行うのはよいとしても，融資プラットフォームが介在することによって，レバレッジがかかり，少額の元手で何倍もの投資資金を調達することが可能となる。このことは地方政府の活動資金を潤沢にする一方，地方政府が大きなリスクを負担することを意味する。地域開発が成功を収め，それによって得られた収益が，銀行や一般投資家への支払いを上回っていれば何も問題ないが，乱脈融資が行われた場合には，地方政府が実質的な返済義務を負う債務が累積的に増大していくことになる[14]。

　2011年6月，日本の会計検査院に相当する中国審計署は，地方債務の規模を確定するための大規模な調査を実施した。調査結果によれば，地方政府の実質的な債務残高は約10兆7000億元（約200兆円，1元＝18.7円で計算，以下同じ）であることが判明した。これはGDPの27％に相当する規模である。このうち，融資プラットフォーム企業を通じた債務は4兆9700億元（約93兆円）であった。地方債務のほぼ半分を占めている計算になる。

　地方政府の債務の増大に危機感を覚えた中央政府は，2012年頃から融資プ

---

13) 以下の叙述は，丸川・梶谷（2015：第1章）を参考にした。
14) 地方債務の増大の原因を作ったという意味で批判の対象とされることが多い「地方融資プラットフォーム」だが，肯定的評価もある。張軍は次のように指摘する。「全体的にいえば，二十数年来，地方融資プラットフォームの運用は大成功であり，地方政府がインフラ建設や大量の公益目的のプロジェクトを遂行する主要な融資チャネルとなった」（張 2012）。

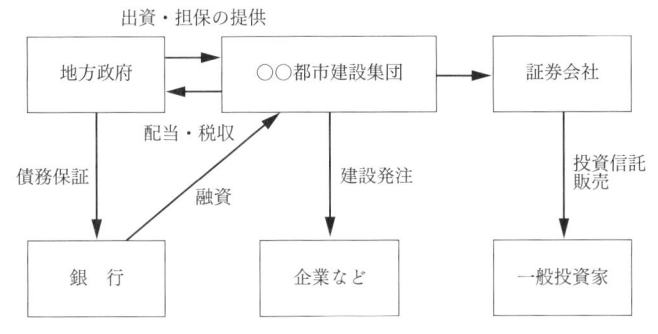

図 4-3　地方融資プラットフォームによる資金調達の仕組み
出所) 丸川・梶谷 (2015) 図 1-8 より引用。

ラットフォームへの銀行融資を厳しく規制する措置を取るようになった。しかし，融資は減少することなく増え続けた。その理由は，「影の銀行」（シャドー・バンキング）による資金調達が増加したためである。

　影の銀行とは，正規の金融ルートを通らない資金の流れを意味するものであり，金融制度が異なるため，国ごとに異なる特徴がある。リーマン・ショックの原因となった米国のサブプライム・ローンのように，高度な金融工学を使ったものが含まれる一方，インフォーマルな金融業者による高利貸し，地下銀行なども影の銀行に含まれる。中国の場合では，「銀行理財商品」「信託商品」「証券会社資産管理商品」「基金子会社」「リース」「委託貸出」「民間金融」など，多様な形態の影の銀行がある。このうち，資金規模から見て大きいのは，銀行理財商品と信託商品の二つである。前者は，銀行が預金利子よりも高い金利をつけて販売する金融商品をさし，最低購入金額が 5 万元と手頃であるため，都市部の中流層が購入し，後者は，信託会社によって販売される最低購入金額が 100 万元以上の高額商品であり，富裕層などが購入しているという。2013 年末の影の銀行の規模は，銀行理財商品および信託商品がそれぞれ約 10 兆元，その他を含むと 30 兆元の規模になるという（丸川・梶谷 2015：第 1 章）。

　影の銀行による資金調達の増加は，地方債務の膨張を引き起こしたと考えられる。中国審計署が行った 2013 年 6 月の調査によれば，地方政府の債務残高は 17 兆 8000 億元（約 333 兆円）と 2011 年より約 7 兆元増加し，融資プラッ

トフォームを通じた債務も総額が約7兆元に膨らみ，2年間で約2兆元増加したことになる。地方プラットフォームへの資金の流れを政府が規制しようとして，かえって影の銀行を通じた融資規模が膨らんだという結果である。

ところで，地方政府による乱脈融資が原因となって金融制度を揺るがす事件が，過去にも起きたことがある。1998年に起きた「広東国際信託投資公司」（GITIC）の破綻がそれである。このときも，現在と同様に地方政府が実質的な所有者であるノンバンクが行った乱脈投資の失敗のつけをだれが払うかが問題となった。大方の予想を裏切って，朱鎔基首相（当時）は地方政府による債務の肩代わりを禁止し，GITICを破綻させるという決断をした。地方政府が債務保証をしたノンバンクは絶対に破綻しないと考え，多額の資金を貸し込んでいた外資系銀行は，これにより大きな損失を被ることになった。

地方融資プラットフォームという仕組みは，GITICによる融資と基本構造がほぼ同じである。もし融資プラットフォームが破綻し，地方政府がその債務を負担できないとすれば，銀行や一般投資家が損失を被ることになる。現時点では，もし融資プラットフォームによる債務がすべてデフォルトになったとしても，中国の銀行の自己資本比率の高さからいって，直ちに中国経済が立ちゆかなくなる恐れは小さいとする判断もある（関山2013）。しかし，地方債務の規模がはたしてどの程度過大なのかは，融資プラットフォームが行った融資のうち，どの部分が返済可能で，どの部分が返済不可能なのかの判断に依存するが，この判断はそれほど容易ではない。景気の変動などの要因によって評価が大きく変わることもあり得るからである。中国審計署の調査結果がどれほど実態を反映しているのか，実はよくわからないというのが実情ではないだろうか。

梶谷懐が指摘しているように，地方債務の最大の問題点は，債務の拡大が正規の地方財政の外側，すなわち，「制度外」で生じていることにある（丸川・梶谷2015：第1章）。「制度外」であることは，どれほど深刻化しても正規の地方財政は破綻しないことを意味する。破綻の心配のない「制度外」の信用を地方政府の役人が運用するという，リスクと責任が乖離した構造が地方政府の役人のモラルハザードを引き起こして，地方債務の拡大に歯止めがかからないこ

とが問題なのである[15]。

4　新しい政府間競争の姿を求めて

　高度成長から安定成長へと軌道修正を始めた中国にとって，かつてのような成長至上主義による政府間競争はもはや現実的ではないし，利益よりも弊害の方が大きくなりつつある。こうした中で，政府間競争はもはや古い成長モデルであり，政府が公共サービスの提供者としての役割に専念できるように，政府の職能転換をはかるべきだとする議論も現れた（高 2015）。政府の職能転換の必要性は認めるとしても，公共サービスを提供する方法にはいろいろなものが考えられる。とりわけ，財政収入が潤沢ではない地方政府の場合には，それを補うような工夫が必要になるだろう。

　それでは，どのような仕組みがあれば，地方政府の適切なガバナンスを実現することができるだろうか。図 4-4 は，前出の周黎安の枠組みに基づき，「縦向きの請負」と「横向きの競争」の適切な組み合わせが必要なことを示したものである。この図の左上（高—高）と右下（低—低）の区画は，ガバナンスが適切に行われている領域である。とりわけ左上の区画は，中央政府から地方政府への権限の委譲が十分に行われ，地方政府間での競争メカニズムが有効に働いている領域をさす。計画生育や社会治安の維持がこの区画に含まれているように，中央政府が強い関心を持ち，地方政府官僚の評価にも影響が大きい業務は，成長至上主義の下でも有効なガバナンスが実現していた。他方，右下の区画は，中央政府が直接関与し，地方政府は補助的な役割を果たす業務（高速鉄道や宇宙開発事業など）であり，この領域もガバナンスに問題はない。

　問題が多いのは，地方政府への権限委譲が進んでいるにもかかわらず，地方政府間の競争メカニズムが十分に働いていない領域であり，医療，教育，環境

---

15) 地方債務を規範化させる中央政府の試みが，借換え地方債の発行である。2014 年 8 月に全人代常務委員会が審議・承認した「予算法」修正案の規定では，地方政府債務は地方債発行を通じて借り換えることができるとされ，財政部は 2015 年 3 月に借り換え地方債の発行枠として 1 兆元を設定したが，同年 6 月さらに 1 兆元の発行枠を追加した（田中 2015a）。

	横向きの昇進競争	
縦向きの行政請負	高	低
高	企業誘致, 社会安定, 計画生育, 体育 (競技種目), 災害復興, 大規模流行病対策	医療, 教育, 環境保護, 社会保障, 食品安全, 区域協力, 安全管理
低		国防, 外交, 国有銀行, 水利工程 (南水北調), 税関, 鉄道, 宇宙開発

図 4-4 「縦向きの請負」と「横向きの競争」の組み合わせ
出所) 周黎安 (2014) より引用。

保護, 食品安全などにかかわる業務が含まれる。周によれば, これらの指標は長年にわたって官僚評価の指標として重視されてこなかったため, しばしば成長志向政策の犠牲にされたこと, また, 厳格な規則, 秩序だった運営と長期にわたる監督管理が必要なため, 短期間に成果が得られるような指標ではなかったことが, ガバナンスの歪み（腐敗と形式主義）を生み出した。

今後の地方政府に求められることは, 従来, うまく機能していなかった領域（図の右上）の業務に対して, 効果的なガバナンスの手法を構築することである。すでに筆者は前著において, 官僚の評価システムが GDP 成長率など経済指標一辺倒のものから, 生態環境保護, 社会安定の確保や住民サービスの満足度など, 非経済指標を重視するようになっていると論じた（加藤 2013）。そして, 河川の環境保全に官僚の一人一人が責任を負う「河長制」の試みなどが行われていることを紹介した。

「河長制」とは, 江蘇省無錫市において初めて実験的に行われた環境保護の試みである。太湖の深刻な汚染に悩む無錫市は, 2007 年 8 月,「無錫市河断面水質コントロール目標および評価方法（試行）」を制定し, 2008 年から正式に実施した。その手法とは, 無錫市の主要な行政幹部を 64 河川の「河長」に任命し, その水質改善に責任をもたせるという方式である。具体的には, 水汚染を制御し, 水環境の改善状況と政府・党の指導幹部の「政績」とをリンクさせ, 水環境保護の目標に到達しなければ「一票否決制」（他の指標が目標をクリアしていても不可と評価する）を実行するという厳しいものである（王 2009）。

「河長制」の試みを紹介した理由は，地方政府の役割が公共サービスの提供といった方向にシフトしていくとしても，それを実現する方法として，かつての成長競争で使われた手法が利用できると考えたからである。すなわち，政府間競争という仕組み自体は今後も維持されるが，その内容が，成長一辺倒のものから環境保護やイノベーションの促進など，より多様なものに変化していく過程にあると，筆者は考えている。言い換えれば，図4-4の右上の領域に含まれる業務に，地方政府間競争のメカニズムをいかにして取り込むかが問われているのである。

筆者がそう考える理由は，中国の「国情」が今後も変わらないからである。広大で多様性に富む国土を擁する中国では，長い歴史の中で，分権とも集権ともいえない独自の曖昧な中央－地方関係を継承し，発展させてきた。改革開放後は，地方財政請負制度の導入という，地方政府に経済的な自主権をいわば「丸投げ」するような財政制度が導入され，地方政府が地元経済の振興をはかる強力なインセンティブが提供された。その結果，各レベルの地方政府は，行政組織であると同時に，利潤極大化を目的とした企業のように相互に競争し，経済成長を追求した。地方政府の官僚や共産党幹部に大幅な自由裁量権を与えて，管轄地域の経済成長を追求させるという方式は，上下の命令系統というより，ある種の委託関係（我々の言葉でいえば「包」）を意味しており，そうした自由度の高い制度設計があって初めて，地方政府間・官僚間の競争が実行可能なものとなっていたのである。

すでに指摘したように，地方政府間の成長競争は高度成長の源泉であると同時に，多くの弊害を持つものでもあった。高度成長から安定成長へと向かいつつある中国において，今後は，成長至上主義とは異なる目標を掲げた，新たな地方政府間・官僚間の競争が求められている。上に紹介した「河長制」の試みもその一つと考えられるが，いずれにせよ，行政権限の請負構造に基礎を置く，地方政府間・官僚間の競争メカニズムは，今後も形を変えながら維持されていく可能性が大きいといえる。

第 5 章

混合所有企業のガバナンス
——ナショナル・チャンピオンを創り出す——

　この章では，国有と民営の要素を併せ持つ混合所有企業という「曖昧な制度」が，どのように機能しているのかを検討する[1]。改革開放後，着実に進められてきた国有企業改革だが，21世紀に入ると，国有経済のシェアが拡大し，民営経済が縮小する「国進民退」現象が大きく取り上げられるようになった。ここではまず，「国進民退」が進んだかどうかをあらためて検証し，次に大半の競争的市場において混合所有企業が効率的に経営できている理由を，企業ガバナンスの視点から分析する。

　徹底した市場化改革を目指す，かなり踏み込んだ国有企業改革の目標モデルが掲げられる一方で，国有企業の支配的地位を温存・強化する政府の基本方針も揺るぎない。改革の目標モデルを曖昧にしたままで，競争的市場では，「所有と経営の分離，中国型」を実現した混合所有企業が，民営企業に匹敵する効率的な経営を実現している。グローバル化が進むなかで，混合所有企業は中国を代表するナショナル・チャンピオンに成長する可能性さえある。

---

1) 国有と民営の要素を併せ持つという混合所有企業は，社会主義制度と資本主義制度の重複という意味での「曖昧な制度」を意味するが，他方でそれは，第2章で引用した和辻哲郎の観察にあるように，官と民との独特の相互依存関係を示す「曖昧な制度」でもある。

1 「国進民退」は進んだか

保持される国有経済の支配的地位

　筆者は，前著において，中国では国有経済が支配的地位を占めていること，そのシェアが縮小傾向にあることを明らかにした（加藤 2013）。その分析結果だけを示すと，①2009 年の国有経済が GDP に占めるシェアは 38％となお大きなウエイトを占めている。②通信サービス，自動車，航空輸送，電力など主要産業では，国有上位企業が 3 社から 6 社で 60％を超えるシェアを持つ（2010 年の数字）。③工業部門の国有経済のシェアは，企業数，付加価値額，総資産額のいずれの指標で見ても，傾向的に縮小している（ただし，縮小幅は小さくなっている）。④2004 年と 2008 年に実施された経済センサスのデータを比較すると，「国有企業および国有支配企業」の割合が，企業数では 8.1％から 4.1％に，従業員数では 26.5％から 20％へと減少した（国有支配企業とは，国有の要素が支配的な株式制企業をさす）。

　国有経済の支配的地位は変わらず維持されているものの，工業部門の国有シェアや経済センサスのデータが示すように，少なくとも国民経済全体として見る限り，「国進民退」は起きていない。最新のデータで確認しても，この結論を覆すような動きは見られない。

「国進民退」が注目された理由

　それでは，21 世紀に入ってから「国進民退」が大きく取り上げられるようになったのはなぜだろうか。第一に考えられることは，マクロレベルでは「国進民退」が起きていないとしても，産業ごとに細かく見れば，民営企業を押しのけて国有企業が発展するという現象が起きていた可能性である。2008 年の経済センサスの個票データを用いて産業ごとの詳細な分析を行った徐濤は，「国進民退」ではなく，国有企業も発展するが，民営企業もそれ以上に発展を遂げるという「国進民進」が起きていたという（徐 2014）。国有と民営の二つの要素しか存在しないとすれば，「国進民進」はいささか形容矛盾の気がしないでもないが，産業全体が成長する中で，国有も民営もともに発展したという

徐濤の意図は明確なので，そのまま使うことにする。

　徐濤は，「国進民進」の中で何が生じたかについて，次の点を指摘している。第一に，「戦略的分野」[2]だけではなく，競争的分野においても国有企業の株式資本は拡大した。つまり，競争的分野で国有企業が撤退するという期待が裏切られた。第二に，国家資本が戦略的分野に集中的に投下された結果，国有企業の株式資本の拡大は，民営企業のそれを上回った。第三に，参入退出に注目すると，一部の戦略的分野では，国有企業の存続率が民営企業より高かった。また，国有企業の収益性と生産性が急速に改善した結果，民営企業との生産性ギャップが縮小した。徐濤の見いだした特徴は，「民退」が起きていたかどうかは別にして，一部の産業において，「国進」が起きていたことを示すものと理解することができる。

　「国進民退」が注目を浴びた第二の理由は，国有が民営を飲み込む複数の大型買収案件が発生したことや，地方政府が民営企業の経営に強く干渉する事件が起きたことが，「国進民退」を強く印象づけるものとなったことである。

　その代表的な事例をいくつか挙げるなら，赤字の国有企業「山東鋼鉄集団」が黒字の民営企業「日照鋼鉄集団」を買収した事例，「メラミン」入り粉ミルク事件で巨額の欠損を出した民営「蒙牛乳業」の株式20％を国有「中糧集団」が取得し，事実上傘下に収めた事例，山西省政府が一定規模に達しない民営炭鉱に対して，閉鎖か強制的な売却を指示した事例などがある[3]。ただし，どの事例についても，買収した国有企業やそれを後押しする地方政府の側にはそれなりの言い分がある。たとえば，鉄鋼産業は生産設備の過剰に陥っているので，問題が深刻化する前に生産調整を行うという山東省政府や，小型炭鉱は採炭効率が悪く，しばしば重大事故を起こしているし，環境汚染も目に余るため，大型炭鉱と合併させて合理化する必要があるとする山西省政府の言い分に，まったく根拠がないとはいえないだろう。

　2）ここでいう戦略的分野とは，国有資産監督管理委員会が，2006年12月に公布した「国有資本の調整と国有企業の再組み合わせ推進に関する指導意見」の中で，増強すべき国有企業の産業分野として示された産業をさす。具体的な産業のリストは表5-1を参照してほしい。
　3）これらの事例は加藤（2013）で詳しく紹介した。

表 5-1 国有企業が支配的地位を保つべきとされた産業と民間資本の参入を奨励すべきとされた産業

	産業部門	2005年通達	2010年通達
国有企業が絶対的なコントロールを保持する産業	軍事 電網・電力 石油石化 電信 石炭 航空輸送 船舶輸送	○ ○ ○ ○ ○ 	
国有企業が比較的強いコントロールを保持する産業	設備製造 自動車 電子情報 建築 鉄鋼 非鉄金属 化学工業 資源探査・設計 科学技術	 ◎ ◎	 ◎
上記以外の社会公共サービスなど	水道 ガス 公共交通 汚水処理 教育・衛生・文化・体育 銀行・証券・保険 道路・港湾・民用飛行場 新エネルギー 水力・火力発電所 原子力発電所 鉄道 都市間鉄道 卸売り・物流	◎ ◎ ◎ ◎ ◎ ◎ ○ 	 ◎ ◎ ◎ ◎ ◎ ◎ ◎

注）○は民間の資本参加が可能な分野，◎は単独出資が可能な分野をさす。2005年通達の○は自然独占分野に限定され，それ以外は◎を意味する。
出所）国発弁（2006）97号，国発（2005）3号，国発（2012）13号より作成。

「国進民退」が注目を浴びた第三の理由は，21世紀に入り，国有企業重視を掲げる政府の一連の政策が取られたことである。2002年から2006年にかけて，中国は「国有経済の堅持」の方針に加え，技術振興政策，産業育成政策，地域開発政策などの面で，国有企業を直接，間接に支援する重要な施策を次々と実施し，許認可権などさまざまな手段を使ってそれを下支えしていた。カリフォルニア大学のバリー・ノートンは，2003年前後の時期に国有企業重視の政策が鮮明になったとし，それを「政府積極主義」（state activism）と名付けた（Naughton 2011）。ノートンがいう「積極主義」には，政府の過剰な介入が健全な市場経済の発展を妨げるというニュアンスが強く含まれている。

2 混合所有企業はなぜ効率的に経営できるか

混合市場の何が問題か

国有と民営が並存する混合体制には，同一市場において国有と民営が並存し競争する「混合市場」という意味と，同一企業の中に国有の要素と民営の要素が並存する「混合所有」という意味の二つが含まれている。前者で筆者は，両者を区分して議論し，競争的市場において混合市場を保持することは，メリットよりもデメリットの方が大きいとする一方で，混合所有企業では限りなく民営企業に近い経営が行われていると主張した（加藤 2013）。筆者のこの結論は，読者に混乱を与えるものであったかもしれない。中兼（2014b）は，混合市場を否定し，混合所有を肯定しているように見える筆者の表現を捉え，筆者が所有よりも競争を重視し，競争的な市場さえあれば国有企業でも効率的に経営できると主張しているような印象を与えると批判した。

混合体制を混合市場と混合所有とに区分して考えるというのは，筆者のオリジナルではなく，元来，渡邉真理子のアイデアである（加藤ほか 2013）。渡邉によれば，混合市場という考え方は産業組織論の一部で始まったという。その問題意識は，先進国において電力など独占分野の自由化が行われたあと，国有企業と民営企業の並存が市場にいかなる変化をもたらし，消費者の厚生にどう影響するかというものであった。渡邉は，こうした問題意識に基づき，混合市

場の現状を分析し，「中国における混合市場の弊害は無視できない大きさになっている」と結論づけている（渡邉 2014）。その根拠として渡邉が強調したのは，独占・寡占市場に民営企業を参入させないことによる市場の歪みである。これに加えて渡邉は，民営企業の「ガラスの天井」（国有企業との不平等競争がもたらす目に見えない制約）や，民営企業のイノベーション活動に与えるマイナスの影響などにも言及している。

　渡邉の指摘した問題点は，いずれも一般論としては正しいとしても，それが中国の実態に即しているかどうかは検討の余地がある。そこで，前記の中兼の批判点と渡邉が指摘した混合市場の問題点を踏まえ，あらためて混合市場のメリットとデメリットを検討してみることにしよう。

　筆者が前著で混合市場を保持するメリットとして指摘したのは，①民営企業がある程度育つまでは，国有企業の発展に依存せざるを得ないこと，②急ぎすぎる民営化が新興財閥を創り出す結果に終わったロシアの経験を教訓としていること，の2点であった。いずれも消極的理由だが，市場が未発達な段階から発達した段階への移行，社会主義から資本主義への移行という「二重の移行」を進めている中国では，不可避的に生じる移行期特有の「市場の失敗」への対処として，国有企業を保持することに一定の合理性があったことを説明している。

　他方，デメリットとして筆者は，①国有企業と民営企業の間に公平な条件での市場競争が担保されないこと，②企業の退出が進まないため，市場構造の歪みが生じること，③国有企業の活動によって得られた利益が，その本来の所有者である「全人民」のものとなっていないこと，の3点を指摘した。

　デメリットの第一点は，渡邉が「ガラスの天井」として取り上げた論点と同じであり，一般論としては正しい。しかし，実際に中国の産業発展の過程で起きたことをうまく説明できているだろうか。もし，国有企業との不平等競争が民営企業の発展を摘み取るほど強力なら，「国進民退」が起きているはずである。しかし，すでに見たように，国民経済全体として見る限り，「国進民退」は起きていないし，個別産業を見ても「国進民退」という表現は誇張され過ぎている。さらに中国の場合には，渡邉自身が指摘しているように，国有企業，

国内民営企業に加えて外資企業という第三の強力な勢力がある。外資企業は技術力，資本力の点からいっても，十分国有企業に対抗できる力があり，巨大な国有企業が中小零細の民営企業を圧迫するというイメージと，中国における競争的市場の現状はかなり隔たりがあることがわかる。

ただし，渡邉が懸念する「ガラスの天井」が存在したことはないし，今後も出現しないとは，もちろんいえない。徹底した民営化を行うという選択以外に，この問題に対処する唯一の方法は，渡邉も指摘するように，法治の論理を貫徹させ，国有企業と民営企業の間の不平等な競争条件を取り除くことである。この点が担保されるとすれば，「ガラスの天井」の問題はかなりの程度緩和できると考えられる。

デメリットの第二点については，たしかに製鉄や自動車などの分野で生産能力の過剰が生じているのは事実であり，それを市場の歪みと見なすこともできなくはない。市場の歪みが生じるのは，経営が悪化して退出すべき国有企業が政府補助のため存続するので，生産過剰が生じやすいからだとする周其仁の説明には，一定の説得力がある（周 2006）。しかし，急成長を遂げた新興産業において，成長の初期段階で生産能力の過剰が生じるのは避けがたいことでもある。外資企業や国内民営企業を中心に発展した携帯電話産業でも太陽電池産業でも，生産能力の過剰は実際に起きた。問題は，それを調整する能力が，混合所有企業に備わっているかどうかである。後述するように，筆者は混合所有企業のガバナンスは限りなく民営企業に近いと考えており，十分に調整能力があると判断している。

デメリットの第三点は，混合市場の問題というより，民営企業の参入を規制している独占市場の国有企業の問題である。「中央国有資本経営予算編成」の対象となる国有企業（中央政府直轄の国有企業）は，2013 年にあげた総額 1 兆 1690 億元（約 21 兆 8600 億円）にのぼる純利益のうち，その 10% にも満たない 1039 億元しか国庫に納付していない。上納比率は 2009 年の 6% から上昇したものの，低水準にあることは変わりない（財政部「2014 年国有資本経営予算に関する説明」，北京天則経済研究所課題組 2011）。これは動かしがたい事実だが，中央政府直属の国有企業の利益のほとんどは国有独占企業（石油，タバコなど）

が生み出したものであり，その配分比率を引き上げるのは，経済というより政治の問題である。

以上の検討から，混合市場についての筆者の判断は基本的に変わらないが，その表現を次のように修正したい。移行期特有の「市場の失敗」が無視できるほどに小さくなった今日，混合市場を保持するメリットよりデメリットの方が大きいが，競争的市場において国有企業と民営企業の間に平等な競争条件が設定され，国有企業が民営企業と同等の経営効率を実現しているとすれば，混合市場におけるデメリットは（社会として受け入れ可能な程度にまで）引き下げることができる。つまり，混合市場の効率性は，市場の秩序と混合所有企業の経済パフォーマンスの二つによって決まるということになる。

自己増殖を目指す資本としての混合所有企業

市場秩序については，独占・寡占市場において民営企業の参入が規制されていることが最大の問題であり，競争的市場における国有と民営の並存や競争を制約している要因は，一般的にいわれるほど深刻であると筆者は考えていない。たしかに政府による補助金や国有銀行による優先的な融資は，国有企業に有利な競争条件を作り出しているかもしれない。しかし，政府の補助金が手厚いのは，主として独占・寡占市場の国有企業に対してであり，競争的な市場では政府の補助金がそれほど重要とは考えにくい[4]。また，国有銀行から国有企業に優先的に融資が行われるように見えるのは，貸し倒れのリスクが少ない大企業に銀行が優先的に融資するためであるとも考えられる。政府がすべきことは，中小民営企業への特別の支援策であり，国有銀行への行政的な介入ではない[5]。このように市場秩序の問題がそれほど深刻ではないとすれば，混合所有企業の経済パフォーマンスの如何が，その産業において十分に効率的な市場が

---

[4] 独占利潤が期待できる独占市場の国有企業とは異なり，競争的市場の国有企業の場合には，経営の良し悪しで損失が生まれるリスクもある。雇用への悪影響などに配慮して，補助金を打ち切ることができないケース（too big to fail）はあるとしても，政府にとって継続的に企業を支援するメリットは小さい。

[5] 国務院は，600億元（約1兆1000億円）規模の「国家中小企業発展基金」を創設し，中小企業への金融支援を決めた（『日本経済新聞』2015年9月2日付）。

形成されているかどうかを決めることになる。

　ここでいう効率的な市場とは，国有も，民営も，外資も区別なく，市場参加者が均しく平等な競争を繰り広げ，同等の経営効率を実現している市場を意味している。混合所有企業が民営企業と同等の経営効率を実現していると書けば，たちどころに多くの経済学者から批判を受けそうである。既存の経済学のパラダイムを受け入れる限り，国有企業が民営企業より効率的であるはずはないからである。中国に限定しても，国有企業が民営企業よりも非効率であることを統計的に実証した研究は数限りなくある（たとえば Dollar and Wei 2007）。しかし，それとは異なる視点も存在する。既存経済学のパラダイムへの大胆な挑戦をしているサミュエル・ボウルズは，次のように指摘する。

> アローが提起した挑戦課題［利己的な個人にどのような財産権その他の規制をすれば，社会的に望ましい全体結果を生むことができるか］は，単に私的財産権の定義をさらに精密にすることによって対応すべきではないだろう。（中略）市場，国家，共同体の統治の補完的配置関係を生かすことが最善の希望であろう。　　　　　　　　　　　　　（ボウルズ 2013a：478 頁）

　ボウルズの問題提起は，民営企業が唯一の望ましい企業形態であるとする既存の理論的枠組みに疑念を呈するものだが，この点を全面的に議論するのは筆者の手に余るので，ここではこれ以上議論しない。その代わりに，少しハードルを引き下げて，混合所有企業の経営効率は民営企業より劣るかもしれないが，限りなくそれに近い水準を達成している，あるいはその達成を目指す存在であると主張したい。

　筆者が混合所有企業の効率性にこだわる理由は，共産党の一党独裁を保持するために，効率性を多少犠牲にしても国有企業を保持しているのだという説明に，必ずしも全面的に賛同できないからである。中屋信彦は，国有企業の資本利益率が仮に 5％ であり，もし完全な民営化をすれば資本利益率が 7％〜8％ 程度になるとしても，「［2％〜3％ 程度の差であるなら］中国共産党は間違いなく国有企業による『制圧』を続けるだろう」と推論する（中屋 2013）。また渡邉真理子は，国有企業あるいは混合所有企業の国有の要素は，「社会の厚生水準を

最大化する公企業というより，経済的な利益と政治的な目的をあわせた効用の最大化を行う主体」と考えた方が，現実に合っていると評価している（渡邉 2014）。

　政治的な目的に注目する中屋や渡邉の推論は一定の説得力があるが，赤字を出さない限り国有企業を保持するというような「緩い」レベルの効率性の確保が目標ではなく，場合によっては民営企業を圧迫さえする手強い競争相手となっている点に注目するならば，混合所有企業はより高い目標を追求しているように見える。この点をどう解釈するかについて，筆者は，何らかの規制が加えられない限り，資本はそれ自体が増殖を追求する存在である点を強調したい。すなわち，混合所有企業という国家資本も例外ではなく，政府の思惑がどうであるにせよ，与えられた環境の下で自己増殖を追求する資本の一形態として，限りなく民営企業に近い効率性を追求していると考えるのである。

　ところで，混合所有企業に占める国有の要素の大きさは，企業経営の効率性に関係しているだろうか。100％民営企業が効率的に運営できるという既存の理論的枠組みを前提としても，民営の要素の大きさ（反対から見れば国有の要素の小ささ）に，重要な意味があるとは思えない。たとえば，50％民営と20％民営では，前者の方が効率的に運営できるといえるだろうか。あるいは，ゼロサム・ゲームのように，100％民営は効率的だが，1％でも国有が入ればすべて非効率ということになるのだろうか。筆者は，企業のガバナンスが適切でさえあれば，混合所有企業であっても，100％民営企業に限りなく近いレベルの効率性を達成することが可能だと考える。こうした視点に立って，産業別，所有制別の企業の生産性変化を見てみよう。

　前出の徐濤は，1998年～2007年の各産業の国有企業と民営企業の生産性変化を比較検討し，以下のような興味深い結論を得た（徐 2014：178 頁）[6]。①国有企業と民営企業の生産性ギャップを比較すると，水道を除くすべての産業で

---

6) ここでいう国有企業には，狭義の国有企業，国有独資企業と国有支配企業（混合所有企業）が含まれる。ただし，産業を細かく見れば，おおむね狭義の国有企業と国有独資企業が独占・寡占市場の国有企業をさし，国有支配企業が競争的市場の国有企業をさすものとして区分することが可能となる。

生産性ギャップが縮小した。②国有企業は石油・天然ガスと水道，民営企業はこの2産業に加えて石炭，金属鉱，タバコ，非鉄金属の生産性が低下したが，それ以外の産業では，国有企業も民営企業も生産性が上昇した。③民営企業では，生産性が低下した前記の産業では，参入効果と退出効果がマイナスになっており，新陳代謝が機能していない。④国有企業では石油・天然ガスと水道の参入効果と退出効果がマイナスであるが，残りの24産業の中で，純参入効果（参入効果マイナス退出効果）と存続効果（存続企業が生産性を引き上げる効果）が生産性向上に寄与した産業は，それぞれ16産業と8産業あった。国有企業においても新陳代謝が機能していることがわかる。⑤民営企業の国有化（あるいは国有企業の民営化）が与えた効果は産出に占めるシェアが小さいため，生産性向上への効果は小さかった。

所有と経営の分離，中国型

大半の競争的市場において国有企業と民営企業の生産性ギャップが縮小していたという徐濤の分析結果は，一部の産業では，民営企業に匹敵する高い効率性を実現していた国有企業が多数存在することを示唆するものである。それではなぜ，混合所有企業は高い経営効率を実現できていたのだろうか。筆者は，企業ガバナンスにかかわる次の3点が重要だと考える。

第一に指摘すべき点は，複雑で入り組んだ所有構造が，結果として所有と経営の分離をもたらし，実質的に民営企業と変わらない経営水準を確保できたことである。ここでは，最も歴史が古い国有自動車メーカーの一つである，第一汽車の自動車関連事業を例に取り上げよう。

図5-1は，第一汽車の自動車関連事業組織図を示したものである。図の中央上部に位置する中国第一汽車集団公司が，いわば第一汽車の中枢となる持ち株会社で，この株式は政府（国有資産監督管理委員会）が100％保有する。集団公司の下には，集団公司が99.6％の株を所有する上場会社である中国第一汽車株式有限公司（以下株式有限公司は省略する）がある。中国第一汽車は，マツダとの合弁企業である，一汽轎車の株50％を所有し，天津汽車と共同で設立した天津一汽夏利汽車の株47.7％を所有する他に，天津一汽夏利汽車の傘下にある

第5章　混合所有企業のガバナンス　105

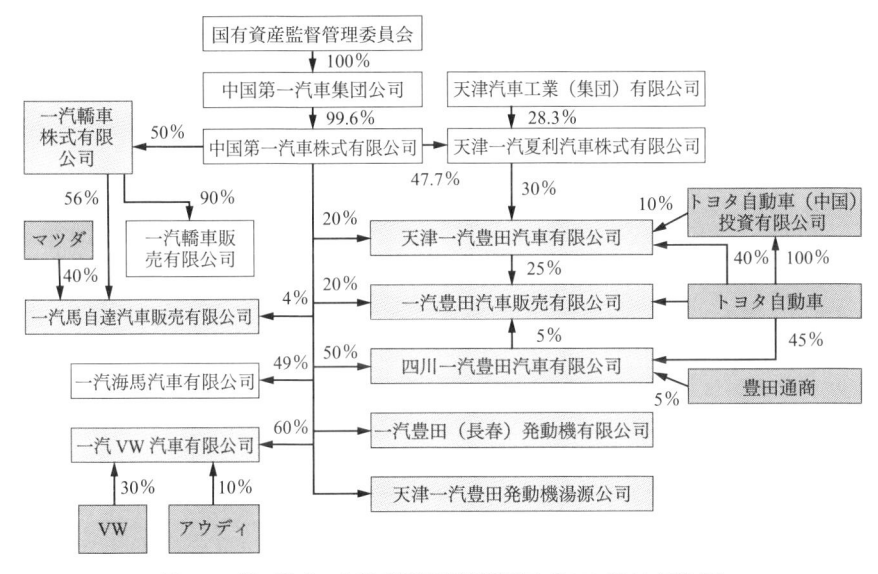

図 5-1　第一汽車の自動車関連事業組織図（2012年10月現在）
出所）三井物産戦略研究所（2014）の図17を一部修正した。

複数のトヨタ系合弁会社の株式を保有する。他方，外資側は，トヨタ自動車とトヨタ自動車（中国）投資，豊田通商が，複数のトヨタ系合弁企業に出資し，マツダは一汽馬自汽車販売に40％出資し，フォルクスワーゲンとアウディが一汽VW汽車にそれぞれ30％，10％投資している。第一汽車の自動車関連事業が，外資を含めた複雑な所有構造に基づく組織構造を持っていることがわかる。

　所有構造の複雑さは，上場会社やその傘下にある合弁企業の経営に対する政府（国有資産監督管理委員会）の介入が限定的であることを示唆するものである。合弁会社を所有する親会社は国有企業だから，統計上はこれらの企業の生産も国有経済の一部に計上されることになるが，その中には実質的に民営と変わらない企業が多数含まれていることがわかる[7]。先進資本主義国においても

7）親会社である集団公司と子会社である株式会社との関係は，利益配分においては親会社の力が圧倒的である。中国石化集団公司の場合には，従業員68万人のうち34万人が所属する収益性が高い部分のみを株式会社として独立させた。2006年には株式会社は65

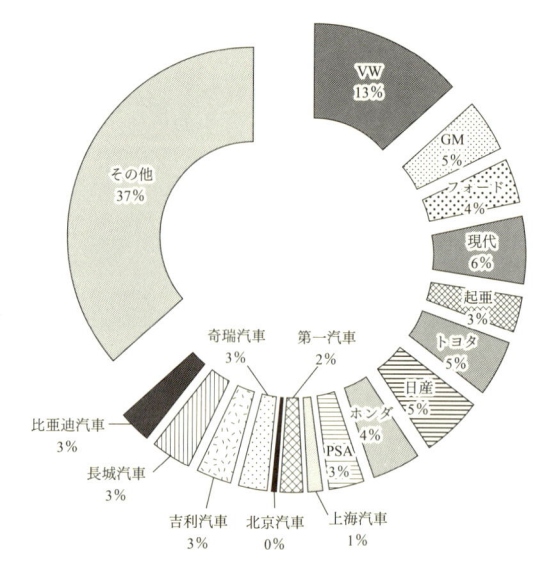

図 5-2　自動車販売台数に占める主要企業の割合（2013 年）
出所）三井物産戦略研究所（2014）より作成。

「所有と経営の分離」は普遍的な現象であり，国が所有者であっても専門知識がある有能な経営者が市場原理に従って企業を経営するならば，混合所有企業の経営効率が民営企業より低いということにはならないだろう。

　第二に指摘したい点は，競争的な国内市場の果たした役割である。ここでも引き続き自動車産業を例に取り上げる。図 5-2 は主要企業の 2013 年の自動車販売台数に占める割合をブランド別に見たものである。およそ 1790 万台の販売台数のうち，外資系が 47.8％，民族系が 52.2％とほぼ拮抗しており，最もシェアが高いフォルクスワーゲンでさえ 13％を占めるにすぎない。「その他」に区分される中小メーカーが 37％のシェアを占めている点からも，中国の自動車市場がいかに競争的であるかがわかる。

　前記のように，第一汽車は，トヨタの他にマツダ，フォルクスワーゲン，アウディとも合弁企業を設立している。また，東風汽車は日産，起亜，ホンダ，

　　　億ドルの純利益をあげたが，親会社単体は 27 億ドルの赤字で，親会社の赤字を子会社が補塡するという関係にある（今井 2009）。

PSAと合弁企業を展開し，上海汽車は，フォルクスワーゲン，GMと合弁するなど，複数の外資企業を複数の国有企業と合弁させることにより，中国は，きわめて競争的な国内市場を作り上げることに成功した。一つの国有企業が複数の外資企業と合弁企業を設立し，それぞれ外資ブランドの自動車を生産しているばかりでなく，独自ブランドも生産している。さらに興味深い点は，外資との合弁企業が発展するとともに，「奇瑞汽車」や「吉利汽車」などの民族系メーカーも育っていることである。もし自動車産業が少数の外資とだけ組んだ少数の国有企業に独占されていたとすれば，これほど自動車産業が発展したとは思われない。中国における自動車産業の隆盛は，競争的な国内市場の形成と深い関係がある。

　自動車産業における競争的な国内市場は，許認可権を持つ政府が意識して作り上げた側面もあるし，政府の意向とは別に自動車業界が自生的に発展して形成された側面もある。産業政策という視点から見ると，中国政府が最初に意図した自動車産業の発展計画では，規模別に合弁企業の数を制限し，秩序だった発展を目指す方針（「三大三小二微」）だったが，この方針はなし崩し的に消滅してしまった[8]。また，完成車メーカーの統廃合を目指した1994年の自動車産業政策も，国内市場の低迷が原因でさしたる効果をあげなかった（丸川2000）。このように，自動車産業の発展は，複数の外資企業を複数の国有企業と合弁させるという当初の政策の有効性を除けば，政府の産業政策の外側に政府の意図や思惑を超えて実現したと評価すべきだろう。

　第三は，混合所有企業の国有資本を代表する経営者もまた，官僚や党組織内部での激しい出世競争に晒されているということである。有力な混合所有企業には共産党の高級幹部が送り込まれ，数年ごとに入れ替わる形で人事異動が行われ，企業の執行役員が次の人事で地方政府の指導者や中央政府の部長級官僚になるといったケースも少なくない[9]。それらのいわゆる「紅い資本家」に，

---

8) 「三大三小二微」とは，1980年代の外資導入の方針を示すものであり，三つの乗用車メーカー（一汽 VW・上海 VW・神龍汽車），三つの小型車メーカー（北京ジープ・広州プジョー・天津汽車），二つの軽自動車メーカー（長安鈴木・貴州航天）との合弁事業だけに，外資導入を規制する政策をさす。
9) 贈収賄容疑で2013年に失脚した周永康の経歴は，典型的な事例である。周は，北京石

先進国の企業経営者のような経営能力を求めるのは無理だとしても，共産党の高級幹部は，巨大なピラミッド型の党組織の中で競争しながら，出世したエリート官僚である。第4章でも検討したように，地方政府の官僚に最も必要とされ，その評価を決める資質は，地域の成長をいかに実現したかであった。そうした競争に勝ち上がった人材でなければ，中央政府の要職には就けないのが，共産党の人事管理の基本である。競争を勝ち抜いて出世した高級幹部が，企業経営に求められる最も重要な資質，すなわち，経済全体の動きを見て，適切な時期に適切な判断を下す能力に関して，民営企業の経営者より大きく劣っているとは思われない。さらにいえば，企業経営者に求められる最も重要な資質の一つは，古今東西に共通して，適材適所に人材を配置し，運用する人事管理能力の高さでもある。

　以上のように，所有構造の曖昧さ，政府が意図的に（あるいは部分的には意図せずに）創り出した競争的な国内市場，国有を代表する経営者の資質，の三つの側面を総合して，「所有と経営の分離，中国型」が確立されていることが，混合所有企業が高い経済パフォーマンスを実現した理由なのである。

3　国有企業改革の現段階

国有企業改革の流れ

　国有と民営が並存する混合体制は，どのように形成されたのだろうか。国有企業改革の流れを振り返り，国有企業改革の現段階における到達点を示しておこう。

　改革開放の開始から1980年代末までの国有企業改革は，所有には手をつけず，経営効率を改善するための手段として企業の経営自主権を拡大する，いわゆる「放権譲利」型改革に特徴づけられる。企業自主権の拡大は，国有企業に

油学院を卒業後，大慶油田で技術員を勤め，1985年には石油工業部副部長，そして96年には中国石油天然気の総経理に就任した。その後，98年に国土資源部部長，99年には四川省党委員会書記，2002年には再び中央に戻って政治局委員，公安部長に就任し，07年に中央政治局常務委員に上り詰めた。

対するインセンティブとなり，企業の生産効率は明らかに向上したとされる。

問題は，生産性が向上してもそれが収益性の向上に結びつかなかったことである。情報の非対称性が存在するため，企業の実質的な所有者である国（政府）は，損失が出ればそれを補塡しなければならないが，利益が出ても企業の内部者である経営者と従業員がその大半を手にするといった事態が起きていたからである。

国有企業改革が本格化するのは，1990年代に入ってからのことである。1993年11月，共産党第14期3中全会において「社会主義市場経済システムの確立に関する若干の問題の決定」が採択された。この決定の中で，国有企業の改革の方向が，「市場経済と社会化された大生産の要求に適合し，所有権が明確であり，政治と経済の分離を実現した現代企業制度を確立すること」にあるとされた。国有企業の目標モデルとして「現代企業制度」が掲げられ，株式制度への移行が明確に意図されたのである。

1995年9月に開催された第14期5中全会では，国有企業の「戦略的改組」が提起され，「大をつかんで小を放つ」，すなわち，大型の重点となる企業については政府がテコ入れを行うが，中小型企業については，合併，リース経営，請負などさまざまな方法を使って民営化をさらに推進するという方針が提起された。この時期以降，朱鎔基首相（当時）の指導の下で，5000万人を超える一時帰休者（事実上の失業者）が出現するなど，国有企業改革が本格化した。大量の失業者の出現と中小型国有企業の民営化の進展の陰に隠れて，注目されることは少なかったが，大型国有企業については，歴史的に蓄積されてきた負債を企業から切り離すとともに，政府の資金注入が行われ，赤字体質の改善，生産力増強がはかられていた。

21世紀に入ると，中小型企業の民営化と大型企業へのテコ入れという複線型で進んでいた1990年代の国有企業改革は，後者に重点が移されていく。すなわち，競争的市場からの国有企業の撤退（民営化）という内外の期待が裏切られ，国有企業を保持したままで国有資産を増強することを目的とするという方向性が明確に打ち出されたのである。その転機となったのは，2002年11月の共産党第16回党大会である。このとき，国有企業改革をさらに深化するた

めの重要課題として，国有資産を管理する専門機構を設けることが提起され，2003年3月，中央と地方にそれぞれのレベルの国有資産の所有者機能を果たす国有資産監督管理委員会が設立された。

同委員会は，2006年12月に「国有資本の調整と国有企業の再組み合わせ推進に関する指導意見」を公布した。この政策文書は，増強すべき国有企業の産業区分をより具体的に示したものである。この文書の中で，「［国有企業が支配的地位を保つべき産業について，］関係部門は具体的な業種と領域をしっかりと研究して確定し，それに相当する産業と企業の目録を提出すべき」との意見が出された。この意見を受けて関係各部門で検討が行われ，その結果，7業種が「絶対的なコントロール」を保持する産業，9業種が「比較的強いコントロール」を保持する産業に認定された。具体的な産業のリストは表5-1に示したとおりである。

国有企業が支配的な地位を保つべきとされた産業が具体的に規定されたことは，すでに述べたように，「国進民退」批判を生み出す根拠の一つとなった。ただし，国有企業の戦略的重視を強調する一方で，民営化を促進する分野に関する通達が，2005年と2010年の二度にわたって出されていることにも注意を払う必要がある。表5-1のリストにある「国有企業が絶対的なコントロールを保持する」分野は，ほとんど民営企業が資本参加できる分野と重複している[10]。それらの分野についても自然独占を除く業務については民営企業が単独出資で参入できるとされている。さらに民営企業が単独出資で参入できる分野には，インフラ建設や社会公共サービス分野が数多く含まれている。つまり，国有企業と民営企業との並存という政府の方針が，具体的な政策にも反映されているのである。

---

10) 2005年の通達の中で資本参加ができる分野のリストから外れている石炭と船舶輸送については，2010年の船舶輸送は上位3社が市場シェアの60%を超える寡占市場を形成しているが，石炭については上位3社のシェアは20%に満たない（Szamosszegi and Kyle 2011）。ただし，石炭についても，付加価値額に占める国有企業の割合は66.5%であり，支配的地位を占める。

市場化改革の目標モデル

　国有企業の戦略的重視を謳いながら，他方で徹底した市場化改革を行うための長期目標を，世界銀行と共同して政府のシンクタンクである国務院発展研究センターが作成していることも，中国の「曖昧な制度」の特徴の一つの現れである。

　世界銀行と中国国務院発展研究センターは，2030年の中国を展望する報告書の中で，新しい戦略のカギとなる五つの要素を指摘している（World Bank and DRC 2012：17頁）[11]。①所得の上昇を伴いつつ成長の質を改善すること。②市場の力と矛盾なしに，バランスのとれた持続的成長を実現すること。③イノベーションと創造力を強化する。製造業に加えてサービスも発展させること。④人間の潜在力をフルに発揮させる。機会均等，競争を高め，公共政策への人民参加を進めること。⑤市場の役割，法の支配，社会的価値，高いモラルなどの価値を高めること，である。ここに挙げられた五つの要素は，いずれも中国の既存の経済システムの大幅な改変を必要とするものであり，徹底した市場化改革を目標とするものである。

　2013年11月，共産党第18期3中全会で採択された「改革の全面的深化における若干の重大問題に関する中共中央の決定」は，前記の世界銀行と中国国務院発展研究センターの報告書の内容にそった改革の方針を指し示している（徐 2014）。その中で注目すべき政策提案として，以下の点が指摘できる。①民間の資本参加による混合所有を促進する。②国家資本の利潤上納率を30％に引き上げる。③国有企業の機能を明確化し，公共サービスへの寄与を拡大する。④水道，電気，石油・天然ガス，輸送，通信などの分野で，政府が価格設定に関与する領域を自然独占分野に限定する。⑤参入障壁を撤廃し，民営企業の特許経営分野への参入の具体案を作成する。⑥民営の中小銀行の設立を許可し，「IPO」（株式公開に際して，市場に株式を新規に供給すること）上場の登録制を改革し，金利の自由化を進める。

11）最終報告書は，国有資産監督管理委員会から出された修正意見により，大幅な加筆・修正を余儀なくされたといわれているが，それでもかなり踏み込んだ市場化改革の目標モデルを掲げている。

こうした改革のための具体策が盛り込まれる一方，この「決定」では，国有企業の民営化について明確な方針が示されず，「国有経済の主導的な役割を発揮させ，国有経済の活力・コントロール力・影響力を不断に増強させる」として，引き続き国有経済と民営経済とが並存する混合体制の維持が謳われている。したがって，改革案の①に掲げた民間資本の導入による混合所有の促進を，国有企業の全面的な民営化への第一段階と見るのはあまりにナイーブな捉え方である。むしろ，民間資本の注入は，混合所有企業の資本力の増強をはかるものであると評価すべきだろう。ただし，誤解を恐れずにいえば，「曖昧な制度」を前提とする限り，国有企業の全面的な民営化が実施される見込みがまったくないというわけではない。その可能性がわずかに残されていることも，「曖昧な制度」の特徴なのであり，中国国内の一部の学者は「頂層設計」（上層部によるグランドデザイン）による改革の進展に大きな期待を抱いている[12]。

4　ナショナル・チャンピオンは生まれるか

開発モデルとしての国家資本主義

　混合所有企業は，近年にわかに注目を浴びている「国家資本主義」（state capitalism）を代表する企業形態の一つとして捉え直すこともできる。国家資本主義がどのような経済システムをさすのか，論者によってその定義は異なる（ブレマー 2011）。国家資本主義の隆盛は一時的な現象にすぎないのか，それとも長期にわたって存続するのか。国家資本主義は，既存の秩序を壊す破壊者であり，「自由市場資本主義」（free market capitalism）を脅かす存在なのか，それとも共存共栄が可能な新しい資本主義のモデルなのか。

　筆者は，主として中国型資本主義を念頭に置いて，国家資本主義を「資本主義の一形態であり，国家（政府・官僚・共産党）が強力な権限を持ち，市場を巧みに利用しながらその影響力を拡大する新興経済国の経済システム」である

---

[12] 社会学者の孫立平らは，「超越型政府」である習近平政権が，抵抗勢力を排して上からの改革を進めることに大きな期待をかけている（清華大学課題組 2012）。

と定義した（加藤ほか 2013）。

1991 年の旧ソ連の崩壊により，計画による資源配分を特徴とする社会主義システムは瓦解した。しかし，社会主義が消滅したとしても，国家がなくなったわけではなく，国家資本主義を新たな装いのもとに復活させるきっかけを与えることになった。21 世紀の最初の 10 年が過ぎ，政府系企業や政府の全面的なバックアップを得た民営企業，あるいは政府系投資ファンド（SWF）が，国際市場において資源や先端産業などの分野で目立った生産・投資活動を展開するようになっている。それらの企業や投資ファンドの多くは，この 10 年間に急成長を遂げたこと，中国，ロシア，ブラジルといった新興経済国，サウジアラビアやクウェートなど産油国に集中して存在しているというところに特徴がある。

この経済システムは他の発展途上国から開発モデルとして熱い視線を浴びる存在であるばかりでなく，先進資本主義国からも参照すべきモデルとして注目されている。我が国の経済産業省が政府に提出した「産業構造審議会・競争力部会報告書：産業構造ビジョン 2010」では，政府の強い関与のもとに産業の大集約化（「ビッグ・ディール」）を実施した韓国の経験が紹介され，「主要産業での一社当たりの国際市場規模が日本企業より大きく，グローバル市場を目指した大胆で素早い投資を実行しやすい」と高く評価している。国家資本主義という表現は使っていないが，政府介入による産業集約化を開発モデルとして評価する視点が提示されている。

その国を代表する企業である「ナショナル・チャンピオン」は，民営企業でなければならないわけではない。逆に民営企業であっても韓国のサムソンのように巨大になれば，政府はその経営に関心を持たざるを得ない。政府から強力な支援を受ける企業が，混合所有企業に限りなく近い存在であるとすれば，混合所有企業の中から，未来のナショナル・チャンピオンが生まれても少しも不思議ではないはずである。

ナショナル・チャンピオンを創り出す

中国が目指す国有企業改革の総方針とその実施状況を見る限り，市場化改革

表 5-2 2014 年版フォーチュン「グローバル 500」にランクインした中国企業の産業別内訳

	企業数
エネルギー	25
金融・生命保険	16
建設・不動産開発	11
電子・通信（郵便を含む）	9
鉄鋼	8
輸送機械	7
機械（兵器を含む）	4
化学・建材	4
非鉄金属	4
その他製造業	3
その他非製造業	4
合計	95

注）その他製造業には食品，アパレル，医薬が各1社，その他非製造業には物流業2社，輸送（航空，船舶）2社が含まれる。
出所）2014年版フォーチュン「グローバル500」より作成。

を徹底して国有企業の民営化を進めるのではなく，戦略的産業において国有企業を保持し，それらの企業が国際的に活躍できるように支援することが，政府の当面の目標であるように見える。エネルギー，金融・生保などの分野において，資産や売上高レベルで見て世界的な水準に達する企業が出現したことは，それなりに評価できるとしても，国際市場への展開力という面から判断する限りでは，まだ見劣りがする[13]。注目すべき点は，競争的市場における国有企業からナショナル・チャンピオンが生まれ，世界市場で認知される中国ブランドが確立するかどうかである。

　中国企業のグローバル化の現状を，2014年版のフォーチュン「グローバル500」企業のリストで確認してみよう。中国企業は日本企業を上回る95社がランクインした（香港企業4社を含む）。2005年にはその数が16社であったから，10年足らずの間に，およそ6倍に増えたことになる。

　表5-2は，その95社の中国企業がどのような産業に分布しているかを示したものである。石油・石炭・電力などのエネルギー産業が25社と一番多く，次いで金融・生保の16社，建設・不動産開発の11社と続く。製造業分野では，電子・通信が9社と最も多く，次いで鉄鋼の8社，輸送機械（自動車製造）7社，機械（兵器を含む）4社，化学・建材4社などが目立つ。

　現状でいえば，民営企業の数が少なく中央政府直轄の国有企業が大半を占め

---

[13] エネルギー分野を見ると，中国石化は「グローバル500」の第3位，中国石油天然気は同4位に入っているものの，世界の石油メジャーは海外資産が7～8割を占めるのに対して，中国石化は5%以下，中国石油天然気は26%と大きな開きがある（丸川・梶谷2015：第2章）。

ていること，企業活動の中心が国内市場であり，グローバルな活動を行っている企業が少ないことに特徴がある。95社のうち，表5-1に示した国有資産監督管理委員会が発表した「国有企業が絶対的なコントロールを保持する産業」リストにある，軍事，エネルギー，通信（郵便を含む），輸送の4産業と，国有企業が将来にわたって独占的な地位を保持すると考えられる金融・生保を加えた5産業に含まれる企業は，合計47社を占める。これを除いた48社の中に，混合所有企業の飛躍が望める有望な産業や企業が存在しているだろうか。産業ごとの詳細な将来予測を行うことは本書の目的ではないので，ここではごく簡単に触れるに止めるが，筆者は次の三つの産業が，将来，混合所有企業の発展が望める産業であると考える。

　第一は，建設・不動産開発である。この分野は，これまで国内市場中心であったが，近年，中国は対外投資と対外援助の規模を拡大し，インフラ建設の分野で対外進出を加速させている。2005年には，中国鉄道建築総公司がトルコ高速鉄道（12.7億ドル）を，2006年には中信集団・中国鉄建総公司がアルジェリア高速道路（57.5億ドル）を，中国鉄建総公司がナイジェリア鉄道近代化（17.5億ドル）を受注するなど，次々と大型建設プロジェクトの受注に成功している（下村ほか2013：第3章）。これらの企業はいずれも中央直轄の国有企業だが，交通インフラが貧弱なアジア地域において，今後，巨大な需要が見込まれる高速道路，高速鉄道の敷設は，中国の建設業に比較優位があると考えられる。

　第二は，製鉄業である。近年の中国における鉄鋼，銅，アルミなど素材産業への需要拡大はすさまじい勢いであった。「グローバル500」の中に鉄鋼企業が8社もランクインしたことは，この間の急成長を示すものである。この中には民営企業の江蘇沙鋼集団も含まれているが，その中核は国有企業である。2013年の中国の粗鋼生産量は7億7900カトンと世界生産量のおよそ48％を占めるまでに成長した。企業別に見ても，トップ10社のうち，アルセロール・ミッタル（ルクセンブルグ），新日鉄，JFE（日本），ポスコ（韓国）を除く6社は中国企業である。生産設備の過剰が懸念されているものの，周辺のアジア地域での経済発展が順調に進むなら，生産設備の調整後の中国の製鉄業は強い競

争力を示す可能性がある。

　第三は，自動車産業である。先に述べたように，中国の自動車産業は複数の外資と合弁した複数の国有企業が外資ブランド車を生産するばかりでなく，独自ブランドも生産している。また，ボルボを買収した吉利汽車が「グローバル500」にランクインするなど，民営企業も発展を遂げている。現時点では，外資ブランド車の生産が主力である合弁企業だが，中国国内市場の巨大さと競争の激しさが続くとすれば，将来，その中からナショナル・チャンピオンが生まれる可能性は決して小さくない。ガソリン車からハイブリット車，さらに電気自動車へと自動車産業の技術が大きな転換点を迎えていることも，中国企業にとって有利な環境を作り出しているといえる。

　なお，電子・通信産業では，通信分野の3社が国内市場の独占によって大きな利益を得ているが，世界的なブランドに育つという見込みはいまのところ大きくない。電子産業では，中央直属の国有企業である中国電子信息産業集団が，2013年にシャープと液晶の合弁企業を設立するという動きを見せているが，やはり注目すべきは民営企業の躍進であろう。通信機器メーカーの華為技術（Huawei）やパソコン・通信機器メーカーの聯想（Lenovo），広達電脳（Quanta），和碩（Pegatron）など，台湾系も含めた民営企業がすでにグローバルな活躍を見せている。この分野では，今後も民営企業中心の市場が維持されるだろう。

　以上，建築・不動産開発といくつかの製造業分野について，混合所有企業の発展の可能性をごく簡単に述べてきた。華為技術や聯想などの民営企業にも大いに期待したいが，それだけでは世界第二の経済大国となった中国を牽引する企業群として役者不足といわざるを得ない。エネルギーや金融などの分野では，世界的に見ても巨大な国有企業が独占的地位を占めているものの，グローバルな市場への展開力という点では見劣りがする。一方，建設・不動産開発，製鉄，自動車など製造業分野では，混合所有企業の中にナショナル・チャンピオンが生まれる大きなチャンスが広がっている。そのチャンスをものにできるかどうかが，混合所有企業という国有と民営の要素を併せ持つ「曖昧な制度」が生き残ることができるかどうかを占うことになる。

第6章

中国式イノベーション
——「曖昧な制度」が促進する技術革新——

　この章では，最先端の技術革新ではなく，その技術をもとに実用的な改良を加える技術革新（中国式イノベーション）が中国で生まれた要因を検討し，「垂直分裂システム」という「曖昧な制度」がそれを可能にしていたことを，携帯電話，太陽電池，電動自転車など新興産業の事例を取り上げて明らかにする。

　欧米流のパテント・システムの対極にあり，技術やデザインの模倣を前提とした中国の技術革新の手法は，決して望ましいものとはいえないが，知財保護がなければイノベーションは進まないという常識的理解に対する有力な反証となっている。それを可能にしたのは，極限まで細分化された生産工程ごとに多数の企業や個人が参入して激しい開発競争を繰り広げ，低価格化を実現する「垂直分裂システム」であった。この生産方式は，はたして持続可能だろうか。独自技術の開発を進めようとする政府の技術政策を検討し，中国式ノベーションが今後も成長に貢献するのか，それとも中国は独自技術の開発へと進まざるを得ないのかを展望する。

1　躍進する新興産業

携帯電話産業

　中国の携帯電話市場は，ノキアやモトローラといった外資企業が，長年ほぼ市場を独占してきた。2000年代初頭，政府の後押しを受けた民族系企業が外

資から市場を奪うかのように見えた時期もあったが，薄型化，多機能化など携帯電話の急激な技術革新についていけずに，一時期，民族系企業は軒並み赤字を計上していた。

ところが，赤字の民族系企業を尻目に，「非正規」の携帯電話産業（「山寨携帯」，以下ゲリラ携帯と表記）が急成長を遂げた[1]。ゲリラ携帯には，知的所有権の侵害に当たる完全コピー品（外装のみブランド品を使い，内部は安物の部品を使った粗悪品）から，消費者がブランド品と見間違うことを期待した模倣品（某ブランドをまねた SCOY ERIOSSCN など），独自のブランドを持つ新興メーカー製品（深圳金立，北京天宇朗通など）まで幅広い携帯が含まれる（木村 2010）。

さまざまな企業規模や技術レベルを持つゲリラ携帯のメーカーが多数出現したことは，政府による携帯産業への規制政策と深い関わりがある。2008 年までの中国では，企業が合法的に携帯電話を生産するためには，ライセンスを取得する必要があったが，研究開発センター，営業センターと 2 億元の登録資金がなければ，ライセンスが下りなかった。大部分の中小企業は，このような条件をクリアすることができなかったため，やむを得ず，無許可のまま生産を始めていた。初期段階では，それらの企業の多くが国際ブランドの模倣品を生産することが多かったので，ゲリラ携帯と呼ばれることになったのである（丁・潘 2013）。

ゲリラ携帯は，一部の粗悪品を別にして低価格だが品質は高く，中国国内はもとより東南アジア，中東，アフリカなど世界各地で販売されている。2007 年には，1 億 5000 万台のゲリラ携帯が生産され，その半分弱の 7000 万台が輸出されたという。近年では，政府による取り締まり強化や金融危機などの要因のため，2011 年にゲリラ携帯のメーカー数が 600 社まで激減したが，2012 年にスマートフォンが普及するようになると復活し，企業数は 2000 社まで増加

---

1)「山寨」とは「模倣，ニセモノ，ゲリラ」などを意味する，どちらかといえば，否定的なニュアンスを含んだ言葉である。しかし，近年では，しだいに反主流の文化を代表する肯定的な意味でも使われるようになり，山寨携帯にかかわる技術革新を「山寨革命」と呼ぶ論者さえ現れている（阿 2011）。

したという報道もある（丁・潘 2013）。

近年，スマートフォンの普及に伴って急成長を遂げて注目を集めたのが「北京小米科技有限公司」である。小米は 2010 年に創業した後，2014 年にはスマートフォンの販売台数が 6500 万台を超え，同年第 3 四半期の国内市場の占有率は，サムソンの 11％，レノボの 12.8％を超える 14.8％を実現した（宋 2015）。模倣やニセモノを意味するゲリラ携帯の範疇から小米の技術レベルは一歩抜け出ているが，泡沫企業を含めたゲリラ携帯の企業群の発展があって初めて，小米の急成長も可能となったのである。

太陽電池産業[2]

太陽電池の生産は 1980 年代初めまでは米国が中心であり，1981 年には全世界の太陽電池生産の 75％を占めていた。その後，日本のメーカーが生産を拡大し，1987 年には全世界の生産量の 45％を占めるまでになった。その背景として，通産省工業技術院が提唱した「サンシャイン計画」がある。この計画では，石油の代替エネルギーの一つとして太陽光発電が注目され，シャープが開発・販売した住宅用太陽光発電システムの普及を，政府が補助金を使って後押しした。この政策が功を奏して国内需要が拡大し，他の家電メーカーも参入して，2004 年には日本が世界の太陽電池生産量の 50％を占めるようになった。

さらに日本以外にもヨーロッパでの太陽光発電の需要が拡大したことから，太陽電池産業は日本企業にとって成長が見込める産業となった。実際，2004 年の生産量 602 メガワットから，2011 年の 2069 メガワットへと生産量は 3 倍以上になった。ところが，太陽電池産業に中国企業が参入することにより，日中逆転が生じた。中国の太陽電池生産量は 2004 年の 40 メガワットから，2011 年の 2 万 592 メガワットへと 500 倍以上の伸びを示し，世界全体の生産量の 60％を占めるまでに急成長を遂げた。

中国における太陽電池産業を牽引した企業は，2001 年に施正栄によって設立されたサンテック（尚徳電力）であった。サンテックは，江蘇省無錫市の国

---

2) 以下の叙述は，丸川（2013a）を参考にした。

有企業からの出資を得て，2002年に太陽電池の量産ラインを建設した。そして，2005年にはニューヨーク株式取引所に上場を果たし，調達した資金で国有企業の出資を買い戻して民営企業に転換し，生産規模の拡大を実現して，一挙に世界第3位の太陽電池メーカーに躍進した。サンテックの成功に刺激され，トリナ・ソーラー（常州天合光能），ルネソラ（昱輝陽光），ソーラーファン（林洋新能源）など，複数の国内企業が相次いで国外の証券取引所に株を上場して資金を調達した。こうして，前記のように中国が太陽電池生産量の60％を占める隆盛が生まれたのである。

　丸川知雄によれば，中国における太陽電池産業は，日本との比較でいえば次のような点に特徴がある（丸川 2013b）。第一は，太陽電池を製造する技術が太陽電池メーカーから製造装置メーカーへと移ったことである。太陽電池産業の発展の初期段階では，半導体や太陽電池のメーカーが主導権を握っていたが，技術移転が進んで，製造装置メーカーが太陽電池の生産ラインを設計し，その生産ラインを導入さえすれば，だれでも太陽電池が生産できるようになった。第二は労働コストの違いである。太陽電池は，2種類の半導体を作って貼り合わせた「セル」を作る工程と，セルをいくつも並べて電線で結合し表面に薄いガラスなどを貼ってフレームに入れた「モジュール」を生産する工程に人手が必要であり，賃金が安い中国が圧倒的に有利であった。第三は，日本企業が大企業の一事業部門として太陽電池を手がけているのに対して，中国では太陽電池専業の独立した会社が担っている。経営判断の速度の違いが，発展速度の違いになって現れたのである。

　太陽電池産業は，前述のように2007年以降，ドイツ，スペイン，イタリアなどヨーロッパ市場の急拡大を受けて急成長を遂げたが，その後は各国政府の補助金政策の見直しなどで，需要が一挙に冷え込み，2012年を境に苦境に立たされることになった。そして，2013年3月にはサンテックの中核企業である無錫サンテックが破産した。国内市場が徐々に拡大しつつあるとはいえ，需要の圧倒的部分を海外市場に依存している中国企業にとって，なお楽観を許さない状況が続いている。

電動自転車産業[3]

　日本で電動自転車といえば，坂道走行を補助するペダル・アシスト型自転車が思い浮かぶが，中国ではより強力なモーターを装備した電動自転車が主流である。中国における電動自転車の生産は，1998年にはわずか5万8000台にすぎなかったが，2010年には2954万台が生産され，一般自転車の国内向け出荷台数を上回った。中国以外の国で生産される電動自転車（ハイブリッド車を含む）の生産台数は76万台だから，いかに中国において電動自転車が普及しているかがわかる。ちなみに，電動自転車の完成車メーカー数は，最盛期の2006年前後には，2000社を超えていたという。

　電動自転車は，ペダル式自転車に電池で動くモーターを装着するものから始まり，後にペダル駆動を想定しないスクーター型も登場した。2000年代後半には，市場の80％がペダルのないスクーター型であったが，近年では，政府の規制政策もあり，ペダル装着型が増えている。

　電動自転車は，要求される技術レベルが低く，参入も容易であるにもかかわらず，中国以外ではそれほど普及していないのはなぜだろうか。電動自転車産業の発展を詳細に研究した駒形哲哉によれば，その一つの要因は，中国における「規制の甘さ，ないしは曖昧さ」にあるという（駒形2011）。第一に，自動車やオートバイと違って，電動自転車は免許が不要である。これは消費者から歓迎される要因である。第二に，オートバイや原付スクーターが増加し，交通事故や渋滞，環境問題を引き起こしたため，ナンバープレートの発給を制限したり，禁止したりする都市が出てきた。電動自転車は，オートバイや原付スクーターの代替品として市場に登場した。第三に，「非機動車」と見なされる電動自転車の規制基準が緩やかなことである。1999年に施行された「国家GB1 1776-1999（電動自行車通用技術条件)」では，最高速度が時速20キロメートル以下であること，制動距離（ペダル漕ぎをしない状態での移動距離）が4キロメートル以下であることなど，34項目にわたる基準が定められているが，このすべての基準を満たす必要はなく，基準違反の項目が規定数以下であれ

---

[3] 以下の叙述は，駒形（2011）を参考にした。

ば，生産が認可されるという仕組みである。本書が注目する「曖昧な制度」の特徴が，電動自転車の規制についても現れているといえるが，こうした参入の容易さが，多様な形態の電動自転車を生み出し，急速にそれが普及する要因となったと考えられる。

電動自転車の今後の発展方向としては，軽量化，電池の小型化，制動距離の延長といった，現行の制度を前提とした上で性能向上を目指す方向と，市場の需要に応じて電気自動車へと展開する方向の二つがある。ただし，後者の場合に想定されているのは，先進国におけるガソリンエンジン車の代替という意味での電気自動車とは異なり，鉛酸電池を使った低速電動四輪車である。このことは，電動自転車の発展の展望が，中国の制度や需要によって制約されているだけでなく，「技術劣位」によっても制約されていることを示している（駒形 2011）[4]。

三つの新興産業に共通する特徴

前記の三つの新興産業には，いくつか共通点がある。第一は，多数の中小メーカーが参入し，激しい価格競争が起きて低価格化が進んだことである。低価格化の進展は，部品ごとでの激しい開発競争によって促進された。後述するように，最先端技術は外部に依存し，実用的な改良を加える技術革新に特化することが，こうした成功をもたらしたのである。第二に，完成品を組み立てるメーカーよりも，部品メーカーが主導する形で技術開発が進んだ。この点は中国におけるイノベーションの特徴の一つであり，次節では，携帯電話産業の事例を取り上げて詳しく説明する。第三に，政府の規制の「緩さ」あるいは「曖昧さ」がある。携帯電話産業では，政府の規制の網をかいくぐってゲリラ携帯が急成長を遂げていた。電動自転車産業については，「非機動車」についての

---

[4] 丸川知雄は，「中国のメーカーらは，日本の電動アシスト自転車にヒントを得ながらも，単にそれを簡略化したというだけではない，独自の製品を生み出した。電動自転車は，中国の交通環境と交通規制のもとで形作られる需要に適応したもので，日本の電動アシスト自転車にキャッチアップしたものではなく，その法律上の位置づけはグレーではあるものの，経済的に大成功を収めたイノベーションだと評価できる」としている（丸川・梶谷 2015：140頁）。

政府の規制の「緩さ」あるいは「曖昧さ」が，急成長のきっかけを創り出した面も指摘できる。

2　中国式イノベーションの独特の「仕組み」

中国式イノベーションを促進した知財保護の「緩さ」

　北京のジェトロ事務所を訪問すると，その一室には日用品，家電製品からスクーターまで，日本企業の製品を模倣した「精巧な」中国製品がところ狭しと展示されている。特許庁が実施した「2013年度模倣被害調査報告書」によれば，2012年の日本企業の模倣品被害総額は，被害額が判明している企業だけで計算しても1001億円にのぼり，そのうち中国における被害額が73.3％と圧倒的シェアを占めている。また，OECDは，国内に流通する被害とインターネット上の被害を除く模倣品・海賊品の貿易被害額は年2500億ドル（およそ25兆円）にのぼると試算し，その大部分が中国からの輸入品であると指摘している。

　このように知財保護という点で，中国の無法ぶりは国際的に見ても大きな問題で，決して看過できるものではない。この点は筆者も同意するところであり，中国政府（少なくとも中央政府）もまた，商標法，著作権法，特許法など，知財保護に関する法律の遵守を唱え，その整備を進めてきた。しかし，現状では，見るべき成果が上がっていないというのが実情だろう。

　ここで強調しておきたい点は，模倣する中国企業の側から見ると，知財保護の「緩さ」がイノベーションに有利に働いたことである。先に見たゲリラ携帯産業でも触れたように，ニセモノ，模倣を前提とした技術革新が，そこでは活発に繰り広げられ，一定の技術水準を保ち，低価格かつ途上国向けに特別の仕様（メッカの方角がわかる，大音量が出るなど）を施した中国製のゲリラ携帯が，アフリカ，中東や東南アジア市場を席巻している。模倣が正しいか否かの価値判断を抜きにすれば，中国式イノベーションが欧米流のパテント・システムの対極にある知財保護の「緩さ」に依存していることを，まず確認しておきたい（欧米流のパテント・システムの優位性との比較については後述する）。

中国式イノベーションの出現

　IT技術に詳しいダン・ブレズニッツと，中国の政治経済システムを研究するマイケル・マーフリーは，中国におけるIT産業の発展の事例研究を通じて，そこに現れたイノベーションの特徴を「第二世代イノベーション」と呼んだ（Breznitz and Murphree 2011）。「第二世代イノベーション」とは，①最先端の技術革新ではなく，その技術をもとに改良を加える実用的な技術革新，②国内市場や発展途上国市場を目当てとした技術革新であり，日本や欧米市場向けの高品質だが高価格の製品に比べて，品質は劣るが価格が安い製品を開発するものをさす。

　他方，中国の技術革新の独自性に注目する丸川知雄は，その特徴を「キャッチダウン型」技術発展と表現した。丸川によれば，先進国が開発した技術の模倣，あるいは知的財産権を侵さないように，技術的には多少異なったアプローチをしているとしても，機能的には同じものをつくることを目指している「キャッチアップ型」技術発展[5]に対して，「発展途上国の嗜好，需要，生産要素賦存，環境に適合するために，途上国の企業が主体となって，先進国の技術発展とは異なる方向に技術のフロンティアを押し広げるような開発行為」を「キャッチダウン型」技術発展と呼んでいる（丸川・梶谷 2015：138頁）。

　第二世代イノベーションやキャッチダウン型技術発展に類似した概念として，「ジュガード・イノベーション」や「リバース・イノベーション」がある[6]。ジュガードとは，ヒンディー語で「革新的な問題解決の方法」や「独創性と機転から生まれる即席の解決法」を意味する。ジュガード・イノベーションは，膨大な資源を投じて取り組むイノベーションではなく，日常生活における不足を補うために，既存の技術を活用しながら創意工夫し，洗練されたよりシンプルな製品を提供することである（ラジュほか 2013）。他方，リバース・イノベーションとは，途上国で生まれた製品が先進国へ「逆流」することを意

---

[5] アジア地域の工業発展パターンを研究して，キャッチアップ型工業化論を提唱した末廣昭は，一部の産業や技術において先進国を上回る速度で進んだキャッチアップの現状を「キャッチアップの前倒し」と呼んだ（末廣 2014）。

[6] 以下の叙述は三竝（2015）を参考にした。

味する。その例としては，インドのタタ・グループが開発し，自動車の購入ができなかった低所得者層の需要を掘り起こした低価格の超小型車「ナノ」を，先進国に輸出する動きなどが挙げられる（ゴビンダラジャン/トリンブル 2012）。

インドのジュガード・イノベーションがそうであるように，中国において生じた新しいイノベーションのあり方は，決して中国だけに特有の現象とはいえない。しかし，中国において生産された製品が世界各地の市場を席巻しているという点で，インドなど他の途上国で生じた同様の現象とは，その規模や影響力に格段の差異が存在する。それに加え，後述するように，中国に存在した独自の制度条件が，それを成功に導いたという意味から，ここでは，それを「中国式イノベーション」と名付けることにする。中国式イノベーションの意味する内容は，第二世代イノベーションやキャッチダウン型技術発展と基本的に同じだが，中国以外の国で起きている同様の現象とは前記の意味で違いがあること，第二世代イノベーションやキャッチダウン型技術発展という表現が，中国におけるイノベーションを表現する概念として必ずしも適切とは思われないという理由から，あえて中国式イノベーションという表現を使うことにした[7]。

中国式イノベーションを可能にした垂直分裂システム

あらためて指摘するまでもないことだが，知財保護の「緩さ」があれば，どこでもイノベーションが生まれるわけではない。最先端技術をもとに改良を加えた実用的な技術革新に資源を集中させる中国式イノベーションを可能にしたのは，丸川知雄がいち早く提起した「垂直分裂」という概念に基づく「垂直分裂システム」である（丸川 2007）。

丸川によれば，垂直分裂とは，「従来一つの企業の中で統合されていた，いろいろな工程ないし機能が，複数の企業によって別々に担われるようになるこ

---

[7] 第二世代イノベーションは，最先端の技術革新を追求する第一世代イノベーションとの対比概念としては有効だとしても，第二世代の後に来るであろう「第三世代イノベーション」とは何かを連想しないわけにはいかない。しかし，その実態がまだない現段階では，第二世代という表現はあまり使いたくない。キャッチダウン型技術発展については，キャッチアップ型技術発展とは異なる技術発展が生じたことを表現したいという意図はわからないでもないが，言葉としていかにも据わりが悪い。

とをいう」（同上書：14頁）。その典型ともいえる産業がコンピュータ産業である。かつてのコンピュータ・メーカーは，基本的な IC チップの製造，コンピュータの設計，OS（基本ソフト）や応用ソフトの開発，製品の販売をすべて自社で行っていた。コンピュータの生産に参入しようとする企業は，これらのすべてを把握している必要があるので，技術力や資金力に乏しい中小企業にとって，参入障壁はきわめて高かった。

　こうした状況を劇的に変えることになったのは，コンピュータ産業における「モジュール型」生産の進展であった。モジュールとは，システムの一部を構成するひとまとまりの機能を持った部品を意味する。モジュール型生産とは，仕様が規格化，標準化されているモジュールを自由に組み合わせて一つの完成品を作り上げる生産方式をさす。こうした方式であれば，コア部品を外部から購入すればよいので，コンピュータの生産・販売への参入障壁は格段に低くなる。

　垂直分裂は，いうまでもなく「垂直統合」の対立概念である。組織の経済学が教えるところによれば，「取引費用」（市場での取引に必要なコスト）を削減するため，組織は垂直統合へと向かう。「関係特殊的投資」（当事者にとっては有益な取引だとしても，その他の取引では価値が無くなるような投資）を行う必要がある場合，取引が事後的に破棄されるとそれまでの投資はまったく無駄になってしまう（いわゆるホールドアップ問題が発生する）ので，企業は投資をためらう。こうした事後的な非効率性が引き起こすリスクが大きいとき，企業は垂直統合を選ぶのである。

　ところが，中国において生じた垂直分裂は，これとはまったく逆の現象である。垂直分裂は，先に見た新興産業において典型的に現れているといえるが，成熟産業においても，同様の事象が生まれている。テレビ産業とエアコン産業における事例研究を通じて，渡邉真理子は，垂直分裂システムの特徴を以下の四点にまとめた（渡邉 2013）。①徹底した社会分業が進む傾向が強いこと。②基幹部品などを内部に抱えることなく，オープンに販売しようとする傾向があること。③技術・流通など参入にかかわる固定費用を広く分担することができ，コスト引き下げを通じて，価格の引き下げができること。④コア技術・部

第6章　中国式イノベーション　**127**

```
         ┌──────────── 技術プラットフォーム ────────────┐
         │   ┌─────┐  ┌─────┐  ┌─────┐  ┌─────┐    │
         │   │ SMT │  │デザイン・│ │成形・金型│ │電子製品│   │
         │   │(表面実装)│ │機構設計│  │     │  │ 組立 │    │
         │   └──┬──┘  └──┬──┘  └──┬──┘  └──┬──┘    │
 ┌────┐  │      ↓       ↓       ↓       ↓        │
 │ベースバンド│→│  ┌──────────┐       ┌──────────┐    │
 │ICメーカー│  │  │デザインハウス│→→→→│インテグレーター│   │
 └────┘  │  │(基板・ソフト設計)│      │         │    │
    │    │  └──────────┘       └──────────┘    │
    │    └─────────↑──────────────↑────────────┘
    │       ┌─────── 取引プラットフォーム ───────┐
    │       │  ┌──────────┐    ┌──────────┐  │
    │       │  │  部品商社   │    │専業市場（卸売り）│ │
    │       │  │(購買資金プラットフォーム)│ │         │ │
    │       │  └────↑─────┘    └────↑─────┘  │
    │       └───────┼──────────────┼────────┘
    │         ┌───┐ ┌───┐ ┌───┐  ┌───┐┌───┐┌───┐
    └────────→│部品│ │部品│ │部品│  │消費者││消費者││消費者│
              └───┘ └───┘ └───┘  └───┘└───┘└───┘
```

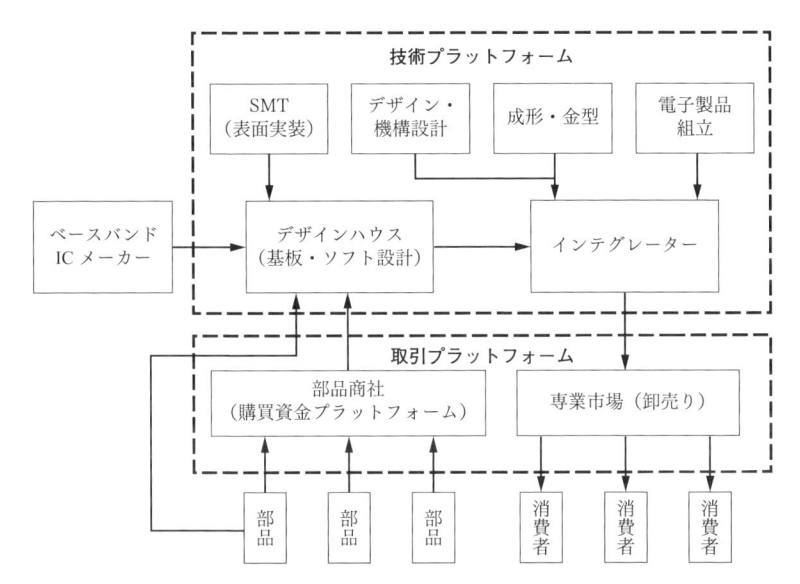

図 6-1　携帯電話産業におけるバリュー・チェーン
出所）丁・潘（2013），丸川（2013b）を参考にして作成。

品の供給者が現れる限りは，プロダクト・イノベーションが可能となること。
　ここで注目すべき点は，コアとなる基幹部品などを外部に依存し，技術・流通などの固定費用を徹底的に引き下げようとする「仕組み」（プラットフォーム）として，垂直分裂システムが利用されていることである。丁可と潘九堂が詳細に分析した携帯電話産業では，この仕組みは「取引プラットフォーム」と「技術プラットフォーム」に分かれる（丁・潘 2013）。以下では，その内容を少し詳しく見ていこう。
　携帯電話産業では，ベースバンド IC メーカー，部品商社（「購買資金プラットフォーム」），デザインハウス（基板・ソフト設計），SMT（表面実装）工場，システム・インテグレーターなどの経済主体が関係した複雑なバリュー・チェーンが形成されている。図 6-1 は，細かく分業された各経済主体の相互依存関係を図示したものである。
　技術プラットフォームでは，ベースバンド IC と各経済主体を結びつける「公板公模」という工夫がある。「公板公模」の「公板」とは，複数の会社に

よって共同で使用されるPCBA（電子回路基板）をさす。デザインハウスは，特定のインテグレーター専用にPCBAを開発するのではなく，リスクを回避するために複数のインテグレーターに同じPCBAを販売する。また同様に，インテグレーターは自社で金型を開発するのをやめ，同じ金型を共有することがある。これが「公模」であり，複数の会社によって共同で使用される金型のことをさす。「公板公模」が可能となるのは，ベースバンドICが共通であるからである。ベースバンドICは携帯電話の基幹部品であり，中国のケースでは台湾メーカーMTKが圧倒的な市場占有率を誇っている。つまり，どのメーカーも共通したMTKのベースバンドICを利用して，それに適合するようなデザインや部品，ソフトウエアを作成しているのである。

　他方，取引プラットフォームについては，専業市場と部品商社（購買資金プラットフォーム）の役割が重要である。専業市場とは，部品や中間部品，完成品を販売する卸売市場を意味する。あらゆる製品が販売されるという意味で，中国（したがって世界）最大の専業市場は，浙江省義烏市にある専業市場だが，携帯電話産業については，深圳市にある「華強北市場」が群を抜いて大きい[8]。同市場は，主に電子部品，携帯電話とその他のデジタル商品を取り扱っており，32のサブ市場と3万店舗を抱えるという（丁・潘2013）。華強北市場は，1988年に設立されたあと，急拡大を遂げ，2010年には年間売上高が1200億元（約2兆2400億円）にのぼる巨大市場に成長した。

　取引プラットフォームのいま一つの柱である部品商社は，「購買力資金プラットフォーム」と呼ばれ，携帯電話産業のバリュー・チェーンにおいて独特の機能を果たしている。すなわち，複数のデザインハウスの代わりに資金を立て替え，数百の部品メーカーから部品調達を行うのである。部品商社を利用すれば，資金力の小さいデザインハウスでも，コストをかけることなく必要な量だけ必要な部品をタイムリーに入手できる。一方，部品商社の方は，複数のデザインハウスを顧客とすることで，大量購入によるコストダウンと，売れ残りのリスクを減らし，利益を確保することができるのである。

---

[8] 浙江省義烏市の専業市場の発展については，伊藤（2012）が詳細に研究している。

重要な点は，垂直分裂システムの下では，技術・部品がプラットフォーム化しても，新しいコア技術が外部から提供され続ける限りは，新しい商品を市場に提供することが可能となることである。ここでいうプラットフォーム化とは，企業にとって固定費となる機能（たとえば，取引の場，金型やコア部品など）を共通化し，利用できる顧客や商品などの範囲を広げて，製品1台当たりの平均費用を下げる仕組みを意味する。通常，新製品の開発にはR&D（研究開発）を行う資金，人材と時間がかかるが，垂直分裂システムの下では，新製品の開発コストを低く抑えたまま（場合によっては開発費を支払わず），つねに新しい製品を市場に出す体制が整っており，資金力のない中小メーカーでもプロダクト・イノベーションが可能となるのである。

　なぜ，中国では垂直統合とは正反対の垂直分裂が生じたのか。その答えは以下の通りである。プラットフォームの機能が十分に働き，固定費が引き下げられ，リスクやインセンティブの問題が解決されれば，垂直統合を必要とする力は弱くなる。さらに低い価格による競争が激しくなると，固定費を回避するために垂直分裂を志向する動きが加速する。こうして，中国では垂直統合とは正反対の垂直分裂が生じたのである。

　ところで，垂直分裂システムは，イノベーションという視点から見ても，きわめて興味深い特徴を持っている。先に説明したように，技術プラットフォームでは部品間の交換可能性や汎用性がきわめて重要である。そのことは，角度を変えていえば，「知的所有権」（intellectual property rights，以下IPRと表記）の保護をほとんど考慮せず，自由に模倣することを前提とした上でのイノベーションが行われていることを意味する。IPRの保護が，イノベーションの進展にとって決定的に重要だと考える常識的理解に対して，中国のイノベーションの仕組みはまったく正反対であるが，垂直分裂システムという独特の仕組みがあって初めて，中国式イノベーションが可能になっていたのである。

3　中国式イノベーションが生まれた理由

　前節では，中国式イノベーションを可能にした垂直分裂システムの仕組みに

ついて論じた。この節では，それがなぜ他の地域ではなく中国において出現したのかを考えてみたい。その理由として筆者は，製造業を取り巻く外部環境の変化と「曖昧な制度」という中国の持つ制度的特質が関係していると考える。

外部環境の変化

　中国式イノベーションが生まれた第一の理由は，製造業を取り巻く外部環境の変化である。輸送と情報通信のコストが劇的に低下し，製造業では部品を組み合わせたモジュール型生産が一般的となり，文字通りにグローバルな生産ネットワークを形成することが可能となった。こうした中で，生産の「フラグメンテーション」（fragmentation）が進展し，資本の希少性が低下する一方で労働の希少性が相対的に高まるといった，過去とは様変わりした外部環境が生まれた。

　フラグメンテーションとは，分裂，破砕をさす言葉だが，ここでいう生産のフラグメンテーションとは，生産工程が細かく分業され，グローバルな規模で生産が行われるようになったことを意味する。コンピュータを例にとれば，CPUは米国，カメラは日本，液晶は韓国，ハードディスクは台湾で生産され，完成品の組み立ては中国で行われるといったケースがこれに当たる。

　過去を振り返ってみると，東アジアにおける分業体制は，かつては日本がまず先を行き，その後を台湾や韓国が追い，さらにその後を東南アジア諸国や中国が追いかけるという「雁行型」発展パターンに従っていた。これは，末廣昭がキャッチアップ型工業化として捉えた現象に他ならない（末廣 2014）。たとえば，白黒テレビからカラーテレビ，カラーテレビから液晶テレビへと需要が変化するにつれ，製造技術が移転し生産基地も移転していったのである。ところが，モジュール型生産が可能になると，必ずしも「雁行型」発展パターンに従う必要がなくなる。なぜなら，部品から完成品までの一貫生産が不必要となったからである。その結果，部品，中間部品ごとに最も安くつくれる場所へと生産基地が拡散し，そうして生産された部品，中間部品が最終組立を行う工場に運ばれる。中国の沿海地域が，それらの部品生産や最終組立の基地に選ばれたのは，政治的な安定が確保されていたこと，交通のアクセスが便利であっ

たこと，安価で質の高い労働力をほぼ無尽蔵に提供できる条件に恵まれていたことが大きい。大量の外資企業の進出は，地元企業への技術のスピルオーバーをもたらし，それが中国式イノベーションを生み出す基礎条件となった側面も指摘できる。

「曖昧な制度」の役割

　中国の沿海地域が持つ製造業の生産基地としての優位性は，必ずしも中国だけのものではない。賃金が安い地域や交通の便がよい地域は世界各地にたくさんある。生産のフラグメンテーションを有効利用するという点では，中国と他の発展途上国との間に決定的な差異があるとは思われない。それではなぜ，中国において，中国式イノベーションが生まれ，隆盛を極めることになったのだろうか。中国式イノベーションを可能にした第二の理由は，本書が注目する「曖昧な制度」と深い関わりがあると考えられる。

　ここではまず，「構造化された不確実性」（structured uncertainty）がIT産業における中国式イノベーションの要因となったとする，ブレズニッツとマーフリーの議論を紹介しよう（Breznitz and Murphree 2011）。ブレズニッツとマーフリーがいう「構造化された不確実性」とは，「広範囲に交差した忠誠心，絡み合った権威のマトリクス，制度化されない無数の組織，個人の権威や人的ネットワークに対する継続的で強力な信頼」（同上書：36頁）と定義される。具体的にいえば，改革の目標の曖昧さ，複雑に絡み合う巨大な官僚組織，組織を超えた人的ネットワークの優位性，絶えず変化に晒される改革の最終目標などがこれに含まれる。

　ブレズニッツとマーフリーによれば，「構造化された不確実性」が大きい制度環境の下では，真に革新的な技術開発という高リスク・高リターンの投資を，企業は避ける傾向がある。そして，確実に結果が現れるような，ちょっとした技術革新や技術改造に多くの企業の投資が集中する。その結果，革新的とはいえない分野での技術進歩が加速して，前記のような特徴的なイノベーションが出現したと捉えるのである。「構造化された不確実性」概念は，本書のキーワードである「曖昧な制度」と重複した内容を持つ。ただし，筆者のいう

「曖昧な制度」は，より広い概念であり，彼らが注目した狭い意味でのイノベーションの方向性に影響を与えたばかりでなく，産業組織の編成や政府と企業との関係など，多方面に影響を与えている。

先に見た携帯電話産業における複雑なバリュー・チェーンは，インテグレーターを中心にさまざまな機能を果たす経済主体が入れ子状に結びついて，一つの製品を生産するシステムを形成している。このシステムは，角度を変えてみれば，垂直統合された巨大企業のような固定的な組織をつくらず（あるいはそれを解体して），相互に関連する組織や個人が自由に結合と離脱を繰り返す中でしだいに形成された，「包」（請負）の連鎖構造と捉えることができる。携帯電話産業におけるこうした細かい企業間分業には歴史的なルーツもあり，すでに宋代には観察される流通業における「分節構造」（仲介者が幾重にも入って形成される分業体制）と類似しているとの指摘もある（村上 2015）。

スマートフォンの生産で急成長を実現した小米の経営管理モデルにも，これに類似した特徴が見いだされる（宋 2015）。小米は，伝統的な企業制度による管理を廃止し，「人を核とした扁平型の管理モデル」を形成している。創業者である雷軍は，7 人の「合伙人」（共同経営者）に権限を任せ，あたかも地方自治のように管理する。共同経営者は比較的大きな自主権を持ち，相互に干渉しない。同時に，業務内部にはクラス分けをする職位をつくらず，すべての従業員が平等である。雷軍自身の説明によれば，共同経営者の下に部門責任者を置き，その下が従業員という三層構造である。共同経営者はそれぞれの得意分野と各人の能力に基づき，2 から 3 の業務を担当する。ある共同経営者は経営戦略を，別の共同経営者は「小米網」（インターネット市場）とマーケティングを，また他の共同経営者は携帯電話のハードと部品供給ネットワークをといった形の水平的分業である[9]。

携帯電話産業の複雑なバリュー・チェーンに見られる「包」（請負）の連鎖

---

9) 宋瑋によれば，小米の経営管理の手法には，アップルとグーグルの影が見て取れる（宋 2015）。しかし，アップルのような高度に中央集権的なモデルの持つ欠陥や，グーグルのような企業内部に作られた自主プロジェクトが多すぎて管理が混乱するという欠陥の両方を克服できていると評価している。

構造や，小米の独特の管理手法に見られる「地方自治のような」管理システムには，「曖昧な制度」の特徴がよく現れているといえる。

4　中国式イノベーションの行方

自主イノベーションを目指す政府

　中国式イノベーションの成功は，コストと時間がかかり失敗のリスクも大きい最先端の技術革新は先進国に任せ，中国はコア技術の提供を受けて，途上国の需要に適合した技術改良を加えたり，徹底したコスト削減による低価格品の生産に特化したりする方がよいということを意味するのだろうか。この問いに対する答えを，すぐに見いだすことはむずかしい。この節では，中国政府がイノベーションに関してどのような考えを持ち，どのような政策を打ち出しているのか，そうした政策をどう評価すべきかを議論する[10]。

　中国政府が意図する中長期的な技術振興政策として提起された政策文書が，2006年に発表された「2006-2020年中長期科学技術発展要綱」である。この発展戦略の指導方針は「自主創新，重点飛躍，発展支援，未来を導く」と表現される。とりわけ注目すべき点は，「自主創新」（自主イノベーション）の強調である。そこでは，「激烈な国際競争の中で主導権を持つためには，自主イノベーション能力を高めること」が決定的に重要であり，そのためには「国際競争力を持つ企業を育成すること」が不可欠であると認識されている。

　独自技術重視の姿勢は，2015年5月に国務院から出された政策文書「中国製造2025」にもよく現れている。そこでは，「我が国の製造業は，規模は大きいが強大ではなく，自主イノベーション能力，資源の利用効率，産業構造の水準，情報化，品質・効率性などの面で，世界の先進水準とは明らかな差異がある」として，「国際競争力を持つ製造業を打ち立てることは，総合国力の向上，

---

10) ここでは議論していないが，企業のイノベーション活動を促進する政府の優遇政策も重要である。伊藤亜聖らは，四川省成都市のデータを使って，中国の「多層的，多ルート」なイノベーション政策体系が企業のイノベーションに効果を持つことを実証した（伊藤ほか 2014）。とくに地方政府レベルの活動が重要であるとする指摘は注目に値する。

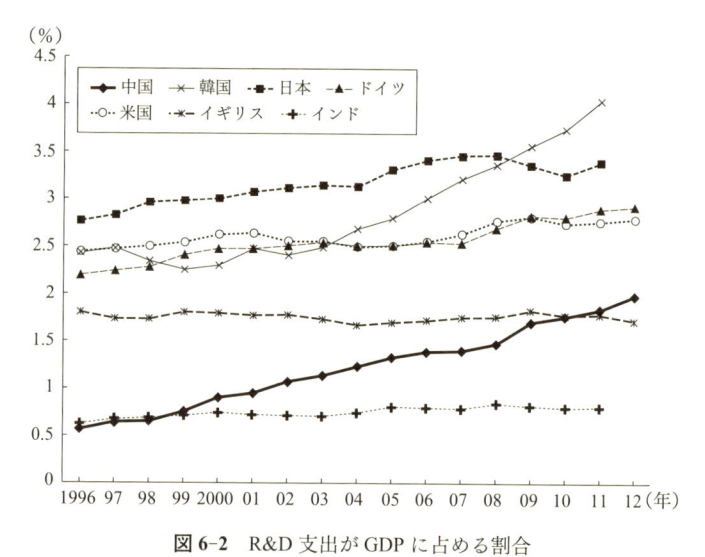

図6-2 R&D支出がGDPに占める割合
出所）World Development Indicators より作成。

国家の安全保障，世界強国建設への避けて通れない道である」と謳われている。

技術革新では，企業が主導的役割を発揮し，政府がそれを導くことが基本であるとされるが，中国におけるイノベーション活動は，急速にその規模を拡大している。図6-2は，GDPに占めるR&D支出の割合の変化を示したものである。2000年代に入って，中国ではR&D支出が急速に伸びており，米国や日本の水準にはまだ届かないものの，2%に接近している。

R&Dの担い手については，政府機関，高等学校（大学など）と企業に3分割すると，企業でのR&Dが70%と圧倒的なシェアを占めている。図6-3は，工業企業のR&Dだけを取り出し，その担い手を所有制別に見たものである。外資企業によるR&Dは約24%で安定している。国内企業では，国有および国有支配企業が38%から25.8%へとシェアを減らす一方，国内民営企業が37%から50%にシェアを増加させている。わずか3年のデータであり，国内民営企業のシェアの増加傾向をどう評価するかは一概に判断できない。むしろ注目すべきは，政府機関，高等学校と国有企業および国有支配企業のシェアを合計

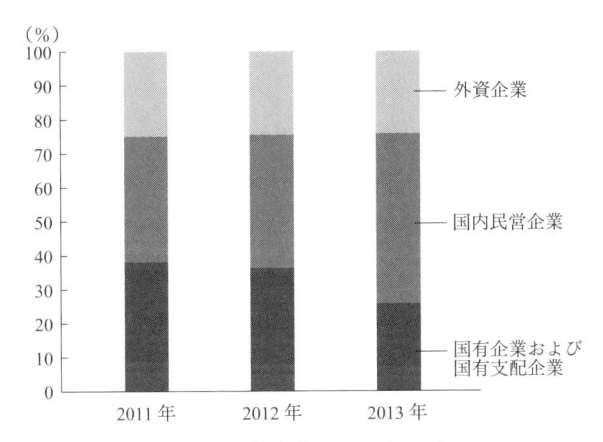

図 6-3　工業企業 R&D の担い手

注）2013 年については，株式有限責任会社の中で国有支配企業の割合が，2012 年と同じとして計算した。
出所）中国統計年鑑（2014），工業企業科技活動統計年鑑（2012，2013）より作成。

すると，2013 年でも中国における R&D の 55.8％が広義の国家（政府）投資によるものだという点である。

政府主導の R&D をどう評価すべきか

　前記のように，中国政府が自主イノベーション重視の方向に進んでいることは明らかだが，それは，はたして望ましい方向なのだろうか。世界銀行の副総裁を務めた米国の経済学者ジョセフ・スティグリッツは，この問いに対する重要な問題提起を行っている（Stiglitz 2013）。

　スティグリッツによれば，西側諸国のイノベーション・システムは高度に生産的だが明らかに限界があるし，開発が歪められている産業もある。たとえば，製薬業では，病気を治療する薬よりも発毛剤の開発に資金が多く投入されるなどの例がある。先進国のイノベーション・システムの問題点としては，①知識がグローバルな公共財だとすれば，それを保護する IPR（知的所有権）は社会的なコストが大きい。②IPR を保護するパテント・システムは，勝者がすべてを得るという仕組みだから，社会的なリターンと私的なリターンとの間の

乖離が大きい。③強力なIPR保護が、かえってイノベーションを阻害することもありえる。たとえば、独占力が強まり、他人のイノベーションを抑圧する可能性や、「パテントの藪」(patent thicket) と呼ばれる、他人のIPRを侵害しているかどうか判然としない状況が存在するため、投資が減少することなどがある。④IPRのコストはしばしば過小評価される一方、その利益は過大評価される。

スティグリッツは、前記の問題点に鑑み、イノベーションにはパテント、表彰、政府の支援という三つのイノベーション・システムの組み合わせが重要であるとし、先進国のそれは、パテントが過度に重視されすぎたシステムであり、必ずしも途上国にとってベストなシステムとはいえないと指摘している。

中国政府が主導するイノベーションを評価するとき、スティグリッツの問題提起は重要である。多くの論者が指摘するように、先進国の過去の経験を見ても、政府主導のイノベーションが成功を収めた事例はきわめて少なく、「官」主導によるイノベーションには限界がある。イノベーションを進める主体はやはり、企業家精神に富む民営企業でなければならないという主張は説得力がある (Naughton 2011)。しかし、スティグリッツが指摘するように、「米国のイノベーション・システムは米国にとって理想的なものではないが、それ以上に他の国にとってはそうである。中国に必要とされているのは、発展志向のイノベーション・システムであり、中国の発展段階に適応したそれである」という主張もまた、説得力がある。

官か民かの二者択一を超えて

中国におけるイノベーションの現状を見ると、先進国のイノベーション・システムを模倣することなく、独自のイノベーション・システムを採用してきたといえる。本章第2節では、携帯電話産業を例に取り上げて、中国独自のイノベーション・システムとしての垂直分裂システムの内容を詳しく見てきた。そこで普遍的に見られた技術や取引のプラットフォーム化とは、米国流のパテント・システムの対極にあるものであり、いわば技術やデザインの模倣を前提とした製品開発の仕組みである。本書のキーワードである「曖昧な制度」に引き

つけていえば，知的所有権をあえて曖昧にしたままで，激しい技術開発や価格引き下げ競争を展開させ，その利益を競争参加者に広く行き渡らせる仕組みと言い換えることができる。そうした仕組みが携帯電話，太陽電池，電動自転車など新興産業の急成長をもたらしたことは，これまで見てきたとおりである。また，成熟産業となったテレビやエアコンなどでも，ほぼ同様のイノベーションが起きていたことも指摘できる（渡邉 2013）。

　中国式イノベーションの行方を考えるとき，次の二つが重要な検討課題になる。第一は，垂直分裂システムの優位性を今後も活かす道を選ぶのか，それとも米国流のパテント・システムを導入して，知財保護を強化する道を選ぶのかの選択である。中国の成功は，知財保護がなければイノベーションは進まないとする常識的理解に対して，貴重な反証を行ったものだと評価できる。さらに中国の場合には，巨大な国内市場を抱えるという優位性がコストダウンの可能性を広げるため，途上国向けの安価で信頼が置ける中国製品の比較優位は，当分揺るがないと考えられる。したがって，コア技術を外部依存したままで，技術や取引のプラットフォーム化を行う垂直分裂システムは，政府が規制を強化しない限り，かなり長い間生き残る可能性がある。

　第二は，コア技術の外部依存という弱点をどう克服するかである。コア部品の外部依存が今後も可能かどうかという問いに対する答えは，それぞれの産業と技術の特性を考慮して，産業ごとに個別に検討する必要があるとするのが正解だろう。しかし，産業技術全体についていえば，常識的に考えたとしても，未来永劫，コア技術の開発を回避して，既存技術の応用に専念することが許されるとは考えにくい。中国式イノベーションが成功したのは，スティグリッツの表現を借りれば，それが「中国の発展段階に適合した」イノベーションであったからである。中国が将来，先進国と同等の発展段階に到達したとき，コア技術の外部依存はもはやできなくなるであろう。その可能性を考慮するなら，現段階から独自技術の開発を提唱している政府の姿勢は，一面では正しいといえる。別の表現を使えば，最先端の技術開発を担う組織や企業が国内に複数生まれ，発展するならば，コア技術の外部依存はもはや不要となる。

　それでは，政府自身が技術開発の中心となることができるだろうか。政府主

導の独自技術の開発にはいくつかの問題点がある。第一は，丸川知雄が指摘する「独自技術の罠」である（丸川・梶谷 2015：第 3 章）。独自技術の罠とは，「技術標準」を獲得するためのグローバルな競争に参加し，それに敗れることによる損失を意味する。ここでいう技術標準とは，①製品の品質，安全性，環境負荷などの最低基準を定めること，②製品の質を表す基準を定めることで企業間や企業と消費者との間のコミュニケーションを円滑にすること，③製品が他の補完的な製品やサービスとの間で互換性を持つようにすること，の三つの役割のうち，少なくとも一つ以上を持つことをさす。

　技術標準を獲得すれば，巨大な市場を獲得できる一方，その競争に敗れると，それまでの開発費用はすべて無駄になってしまう。先に見たスティグリッツが批判したパテント・システムの問題点と同じである。20 世紀末以降，中国は電気製品や通信機器の分野で技術標準獲得の争いに割って入ろうとしてきたが，一部の例外を除いて，その試みはほとんどが失敗に終わったと，丸川は厳しい評価をしている。

　政府主導の技術開発のいま一つの問題点は，民主導のイノベーションを官主導のイノベーションがクラウディング・アウトしてしまう可能性である。政府がリスクをとった R&D 支出を行い，その成果を民間に無償に近い価格で提供するような仕組みがあれば，民営企業はリスクの高い R&D 投資を行う意欲を失ってしまうだろう。ここでもやはり，当たり前のことながら官と民とのバランスが重要である。第 5 章で混合所有企業がナショナル・チャンピオンになる可能性を議論したが，イノベーションについても同様のことがいえる。どの国にとっても必要な基礎研究は政府の研究機関や大学などで行われる必要があるとしても，商品開発と直接・間接に結びつくようなイノベーションは，やはり企業レベルで行われるのが効率的である。その担い手として，民営企業よりも大きなリスクの取れる混合所有企業は大きな可能性を秘めているのである。

第7章

対外援助の中国的特質
――グローバル・スタンダードへの挑戦――

　この章では，中国の対外援助が，国際援助社会とは異なる独自の援助理念を確立できるかを検討する。21世紀に入ると，グローバル不均衡への対応策として，中国は自国企業の対外投資を奨励するとともに，独自の理念に基づく対外援助を大々的に推進し始めた。2国間からマルチな援助へと拡大を見せる中国の対外援助には，資源獲得や市場確保と援助が渾然一体となっているという意味で，本書のテーマである「曖昧な制度」に通じるものがあり，既存の援助手法とは異なる特徴が見いだせる。

　中国の対外援助は，人道支援を重視し，腐敗のない「よき統治」（good governance）を重視する西側の価値基準から見れば問題も多いが，公共インフラが圧倒的に不足している発展途上国には大いに歓迎されている。中国の対外援助には，中長期的な産業育成を目標として一定の成功を収めてきた日本の援助手法に通じる面もあり，日本の経験をうまく取り入れれば，独自の援助手法として評価が確立する可能性もある。また，この章の補論では，国内貧困地域の支援を地方政府が請け負う「対口支援」を紹介する。

1　グローバル化の中の中国経済

グローバル不均衡と中国の対応

　「グローバル不均衡」とは，世界的な貿易拡大の中で，地域間での国際収支

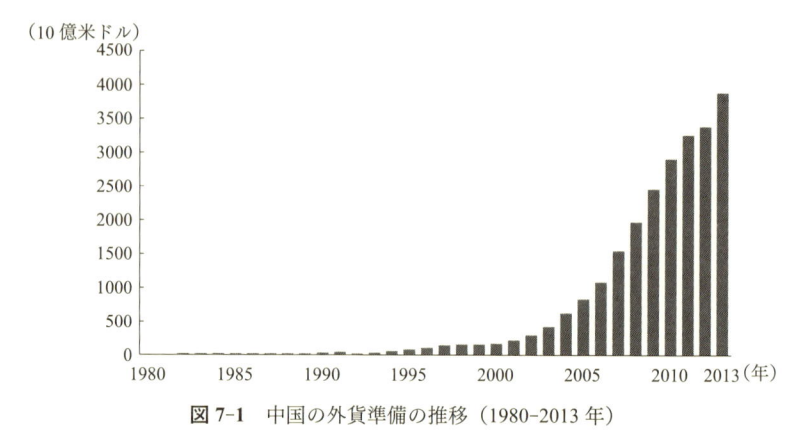

図 7-1 中国の外貨準備の推移（1980-2013 年）
出所）World Development Indicators より作成。

に大きな不均衡が生じる現象をさす[1]。とくに 21 世紀に入って以降，米国の貿易赤字が拡大する一方で新興国や産油国が米国に対して大きな経常収支の黒字を計上している現象をいう。新興国の中でも中国の対米黒字の拡大は急激であり，中国の外貨準備はいまや 3 兆 7000 億ドルを超えている（2015 年 3 月現在）。中国の外貨準備の推移を示した図 7-1 を見ると，いかに急速に外貨準備が増えたかがわかる。

新興国が豊富な外貨準備を使って米国債などドル建て資産を購入し続けるなら，グローバル不均衡はある種の固定相場制を意味することになり，「新しいブレトン・ウッズ体制」とも呼ぶべき安定的な状態を作り出しているとして，是正は不要とする議論がある。しかし，かつてのブレトン・ウッズ体制において米国資産を購入していた日本やヨーロッパの先進国とは異なり，新興国が米国資産を購入し続ける保証はどこにもないし，米国がドル価値を維持し続けることが可能かどうかも不透明である。こうした観点に立てば，グローバル不均衡は経済の不安定要因であり，是正すべき対象となる。

グローバル不均衡を是正すべきとする立場の論者の中でも，問題は主として米国の過剰消費と貯蓄不足にあるとする立場と，新興国の為替制度の硬直性に

---

[1] 以下の叙述は丸川・梶谷（2015：第 1 章）を参考にした。

問題があるとする立場に分かれる。中国に引きつけていえば，中国政府が人民元の対ドル相場を人為的に低く設定していることが問題であり，人民元の切り上げ，あるいは人民元の為替レートの自由化が必要であると，この立場の論者は中国を批判する。

近年の人民元の対ドル為替相場の動向を見ると，長年，事実上の固定相場制（ドル・ペッグ制）を採ってきた中国政府は，好調な輸出を背景として，2005年に管理フロート制への移行を果たし，じりじりと元の対ドル為替レートを切り上げるようになった。その結果，2015年末までに，元はドルに対して約33％切り上がった。しかし，輸出が成長の重要なエンジンの一つであることを考えると，為替レートの自由化に踏み切るには，まだしばらく時間がかかると考えられている。

別の角度から見れば，巨額の外貨準備を保有することは，中国にとってドル価値の減価という巨大なリスクを抱え込むことを意味している。胡錦濤国家主席（当時）は，2011年初頭，「現在の国際通貨制度は過去の遺物だ」として，ドルが基軸通貨となっている現行の金融システムを批判し，米国の金融政策が中国の国内経済にも大きな影響力を及ぼしかねない現状に強い不満を表明した（『日本経済新聞』2011年1月17日付）。しかし，現行の金融システムにいかに中国が不満だとしても，人民元をドルに置き換えることがすぐにできるわけではない。

中国企業による対外投資

グローバル不均衡に対して中国が採用した政策が，「走出去」（対外進出を表す中国語表現）と呼ばれる積極的な対外投資と対外援助の拡大である。米ドルと人民元の為替相場を安定的に保とうとすれば，外貨の「還流」，すなわち，政府開発援助（ODA）や対外直接投資などで外貨を海外で使うことが求められる。外貨の「還流」は，外国経済を活性化させ，低迷する国内消費が吸収できない過剰な生産能力の捌け口にもなる。

中国の対外進出を研究した大橋英夫によれば，「走出去」という表現は，1997年12月に江沢民国家主席（当時）が全国外資工作会議代表と会見した時

図 7-2　中国の対内・対外投資の推移（1970-2013 年）
出所）UNCTAD より作成。

に，外資導入の「引進来」と不可分の概念として使用したのが最初であるという（大橋 2008）。その後，「走出去」戦略は五カ年計画に組み込まれ，範囲を拡大し，内容を深化させていった。

　中国政府は，自国企業の対外投資を積極的に支援するようになった。図 7-2 は，フローベースで見た中国の対外・対内直接投資の推移を見たものである。2004 年頃から，対外直接投資はうなぎ登りに増加し，数年以内に対内直接投資を凌駕する勢いである。この動きは，外国に投資する際の手続きが簡素化され，対外投資に対するいくつかの奨励策が打ち出されたことと連動している。具体的にいえば，かつて対外直接投資を行う企業は，政府の各部門に複数の書類を提出し，認可を得る必要があったが，2004 年に出された政策文書によれば，書類提出は義務づけられているものの，政府の認可は不要となった。また，海外での現地法人からの配当収入に対する法人税の課税が，5 年間免除されるという税制面での優遇措置も導入された。ただし，丸川知雄は，これらの優遇措置は特別のものではなく，どの国でも採用されている一般的な措置にすぎないとして，対外投資を求める自国企業の強い要望を，規制で抑えていたものを緩和したことが，対外投資急増の原因であったと評価している（丸川・梶

谷 2015：第 2 章）。

フローベースで見ると急増している対外投資だが，ストックベースではまだ先進国の水準とは距離がある（中華人民共和国商務部ほか 2013）。2012 年末，ストックベースで見た中国の対外直接投資額は 5319 億ドルであり，世界第 13 位であった。これは米国の 10.2％，日本の 50.4％に当たる水準でしかない。対外投資先の地域分布を見ると，米国の 22％，EU の 41.7％を合計すると 60％を超える。前著で詳しく検討したように，エネルギーや鉱物資源など資源獲得を目指した国有企業による投資が活発であったのに対して，華為技術やレノボなど，ごく少数の例外を除いて民営企業の対外投資は必ずしも活発であったとはいえず，大きな成功を収めたともいえない。民営企業の対外投資の相当部分が，タックス・ヘイブンを経由した「迂回投資」や海外への資産逃避に利用された側面も指摘できる（加藤 2013）。

政府系ファンドによる対外投資

自国企業の対外投資を奨励するとともに，中国政府は政府系ファンドによる対外投資にも着手し，その規模を拡大させている。

2007 年 9 月，外貨準備 2000 億ドルを登記資本とする 100％国有の中国投資公司（CIC）が設立された。SWF 研究所によれば，これに加えて，国家外貨管理局，国家社会保障基金，中国アフリカ発展基金の合計四つの政府系ファンド（SWF：Sovereign wealth funds）が存在する。

CIC は設立以来，米国の金融機関の株式投資を中心としたハイリターン追求型の投資戦略を展開したが，リーマン・ショック後の国際金融危機で巨額の含み損を出した。2008 年の対外投資 48 億ドルは 2.1％の損失を出し，2009 年までにモルガン・スタンレーへの投資 56 億ドルのうち 4 割を失い，ブラックストーン・グループの所有株 30 億ドル相当については 7 割を失ったとされる（シャンボー 2015：243 頁）。その後は，株式比率を減らし，エネルギー・資源，不動産・インフラなど，長期資産投資を強化する方針へと転換した[2]。金融市

---

2) ただし，CIC の北米投資については，いまだ直接投資とポートフォリオ投資が中心であり，CIC 全体の収益にも大きな振幅を与えている。2009 年と 2010 年には，それぞれ

場が低迷する中で，中国の政府系ファンドへの警戒感が後退し，長期・安定資金としての運用が期待されるようになっている（加藤ほか 2013）。

中国の政府系ファンドは，その実体は明らかでないものの，日本の株式市場の動向にも一定の影響を与える存在になっている。中国系ファンドと見られる「OD05 オムニバス」は，2012 年 9 月末時点で，日本企業の 145 社に約 2 兆3000 億元を投資していた。具体的にいえば，ホンダの株式の 2.2%（株主順位7 位），武田薬品工業の 2.2%（同 5 位），ソフトバンクの 2%（同 7 位），トヨタ自動車の 1.8%（同 9 位）などである（『日本経済新聞』2012 年 11 月 22 日付）。ただし，その後の OD05 オムニバスの動向を見ると，トヨタやパナソニックなど 127 社で上位 10 位の株主から名が消えた。売却の理由は明らかにされていないが，別名義の大株主が一方で浮上している例が多く，市場では名義の移し替えとの見方が有力視されている（『日本経済新聞』2013 年 11 月 20 日付）。

2　対外援助の実績とその評価

対外援助の理念の変遷

中国の援助理念は，国際環境や外交戦略の変化によって，大きく変化してきた（下村ほか 2013）。援助理念の違いから，1950 年代から 70 年代半ばまでの時期と，1978 年の改革開放以降の時期に二分することができる。

1950 年代から 70 年代半ばまでの時期は，国際共産主義の観点から，世界各地の革命闘争を支援することが，援助の主たる目的とされた。援助の対象国・地域は，北朝鮮，ベトナム，モンゴル，アルバニアなどの「兄弟国」と，「反植民地・民族自決運動」を行っているアジア・アフリカ諸国であった。とくに，「兄弟国」への援助はこの時期の重点とされた。1960 年代初めに中ソ対立が起きると，旧ソ連への対抗を意識して，中国の対アフリカ援助の規模はむしろ増大した。

この時期のアフリカ援助を象徴するのが，タンザニアとザンビアを結ぶタン

---

416 億ドルと 515 億ドルの利益を上げたが，2011 年には対外投資ポートフォリオが4.3％の赤字を出したとされる（シャンボー 2015：244 頁）。

ザン鉄道の建設プロジェクトである。1970年7月に調印された後，中国はタンザニア，ザンビア両国に無利子で計4億320万ドルの借款を与え，約2万人の中国人労働者と3万人以上の現地労働者を動員して，1976年7月にタンザン鉄道は完成を見た。中国の国内では，1966年に毛沢東がプロレタリア文化大革命を発動し，紅衛兵による奪権闘争が国内の政治経済に破壊的な影響を与え，1971年には毛沢東の後継者とされた林彪がモンゴル国境で墜落死を遂げた。こうした政治的混乱が残る1970年代前半期にもかかわらず，タンザン鉄道の建設が粛々と実施されたことを考えると，当事者ならずとも感慨深いものがある。この時期の対外援助額は，現時点から見るとそれほど巨額とはいえないし，被援助国への影響力も限定されたものであった。しかし，貧しい農業国にすぎない当時の中国にとって，それは国力に見合わないほど大きな負担を国民に強いるものでもあった[3]。

急拡大した対外援助

　改革開放以降，中国は日本や国際機関からの援助を受け入れる一方で，社会主義時代の対外援助の理念を修正し始める。対外援助を行う目的が，革命運動の支援といった政治目的のものから，貿易や投資を通じた相互利益の拡大に移るようになり，輸出市場の拡大や自国企業の途上国への進出を後押しする手段として，対外援助を積極的に利用するようになっていく。しかし，改革開放の初期段階に当たる1980年代においては，中国はどちらかといえば被援助国であり，対外援助は低調であった。援助理念の転換が実質的な意味を持つようになるのは，中国が輸出志向型の発展パターンへと転換した時期以降のことであり，1990年代半ば以降，中国は本格的に対外援助供与国として登場することになる。

　図7-3は，このような変化を確認するために，時期を区切った対外援助額の平均値を示したものである。この図に示されているように，タンザン鉄道の建設が本格化した1971年～1973年をピークとして，援助額は低下し，援助額が

---

[3] 1973年の対外援助額は約58億元であったが，この額は同年の国家財政の7.2％に相当したという（下村ほか2013：33頁）。

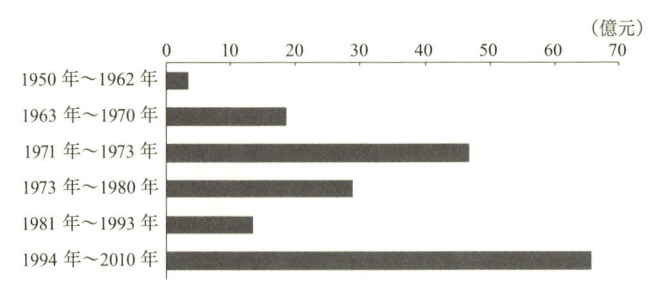

図7-3 中国の時期別年平均対外援助額の推移（1950-2010年）
出所）張郁慧（2012）180頁の表から作成。

再び飛躍的に増加することになるのは，1990年代半ば以降のことである。

国務院新聞弁公室が発表した『中国の対外援助（白書）』（2011年版，2014年版）によると，2012年末の時点で，中国の対外援助累計額は3456億元（無償援助1385億元，無利子借款838億元，優遇借款1233億元），約558億ドルにのぼる（国務院新聞弁公室2011，国務院新聞弁公室2014）。2010年から2012年の3年間のデータによれば，地域別では，アフリカ地域への援助が51.8%と半数を超えていること，援助資金の分布では，社会インフラ（病院，学校など）と経済インフラ（交通，通信，電力など）を合計すると72.4%と圧倒的な割合を占めていることが目を引く。

これとは別に，中国に特徴的な経済協力の形態として「対外経済合作」がある。これは対外工事請負，労務協力，設計コンサルティングを含む経済活動を意味する。2013年末までの対外経済合作の完成営業累計額は7899億ドルにのぼる（『中国統計年鑑2014』）。2013年の地域分布を見ると，アジア地域が47%，アフリカ地域が35%，ラテンアメリカ地域が10%で，合計すると92%となり，発展途上国向けが圧倒的なシェアを占める。アジア地域の中では，インド，インドネシアに加えて，イラン，イラク，パキスタンなど中東・西アジア地域が多い。労務協力については，2013年末の時点で，およそ50万人の労働者が在外活動をしているが，その82%はアジア地域である。

以上のように，中国の対外援助・経済協力はDAC（経済協力開発機構の開発援助委員会）諸国と異なり，資金と技術に加えて，労働者を派遣して具体的プ

ロジェクトの建設・施工に当たるところに特徴があるといえる。なお，対外工事請負の上位企業は，中央政府直属の国有企業だが，単なる建設会社や労働者派遣会社ではなく，特定分野の技術・ノウハウ，資金・機材供給能力を有し，プロジェクト建設・運営能力を持つコングロマリットでもある（下村ほか 2013）。

中国の対外援助に対する評価

　中国の対外援助・経済協力に対しては批判も多いが，被援助国からの支持も根強い（下村ほか 2013）。批判の論点としては，①中国は経済力を背景に発展途上国の取り込みをはかっており，「内政不干渉」の原則を隠れ蓑にして独裁政権や「ならずもの国家」（rogue state）を支援している。②中国は対外援助を通して官民一体となって国家利益の追求に向けて協調行動をとっている。たとえば，中国の「ひも付き」援助は，実質的には輸出振興の補助金となっている。③中国は対外援助・経済協力の名のもとに，大量の中国人労働者を派遣し，現地企業・産業に打撃を与え，現地資源の乱開発や環境破壊に関与している，などが挙げられる。

　一方，被援助国である発展途上国の間では，中国の対外援助・経済協力に対して根強い支持がある。①援助に政策条件を付す先進国と比べると，中国の「内政不干渉」の原則や平等互恵・自力更生の方針を支持する発展途上国は少なくない。②先進国の「援助疲れ」と国際金融危機が続くなか，中国は貴重な資金供給源となっている。しかも中国の援助プロジェクトは，先進国と比べると迅速性，実行性，経済性に優れており，限られた予算内で援助を効率的・効果的に実施できるという。③「ミレニアム開発目標」や貧困緩和など，先進国・国際機関が社会開発やガバナンス改革（民主化，汚職撲滅など）を強調するのに対して，発展途上国の間では経済インフラや生産部門に根強い援助ニーズがある。中国が得意とする援助プロジェクトは，まさにこの分野である。

　アンゴラにおける中国の対外援助の特徴を分析した稲田十一によれば，石油の長期輸入契約と借款契約がセットになり，借款の返済を石油輸入代金で行うバーター取引（「アンゴラ方式」と呼ばれる）が，資源以外の貿易・投資関係の

活性化をもたらし，アンゴラのマクロ経済に良好な影響を与えた（稲田 2013）。稲田は，こうした中国の援助の拡大が，西欧諸国が中心となって作り上げてきた国際協調援助の枠組みを改変する可能性を示唆するものであると指摘する。

これに対して，ザンビアにおける中国の対外援助を検討した児玉谷史朗は，2000 年代以降の援助については，貿易，投資，援助の境界が不明確であり，その連携をはかることで開発に貢献すると中国が正当化をはかっていると見ている（児玉谷 2015）。また，援助と直接・間接に結びついた中国の直接投資には，労働者を低賃金で雇ったり，安全を軽視したり，法令遵守に欠けるなどの問題点があり，ザンビア国内からも批判されているという。児玉谷は，中国方式を日本の対アジア援助に見られた特徴であると評価する議論があることを認めつつも，対アフリカ援助については，日本は一度もそうした手法を取ったことがないとし，欧米方式と中国方式の橋渡しをすることが，日本に求められていると結論づけている。

日本の対外援助から中国が何を学ぶべきかについては，次節であらためて取り上げるが，正反両面を含む中国の対外援助が，アフリカに強い影響を与えたことだけは間違いない。とりわけ重要な点は，アンゴラを研究した稲田が示唆したように，長年アフリカに経済援助をしてきた先進国，とりわけ旧宗主国に対する痛烈な批判となっていることである。ザンビア出身のエコノミスト，ダンビサ・モヨは，次のように述懐する。「西側諸国はアフリカに援助を贈り，成果を気にしなかった。このことが，利権集団をつくり，膨大な数の人々を富から排除したために，政情不安を引き起こした。一方中国は，現金をアフリカに送り，見返りを求めた。その見返りによって，アフリカの人々は仕事や道路や食糧を得て生活を向上させた」（モヨ 2010：219 頁）。中国の援助に問題が多いことを批判する論者でさえも，モヨの率直な指摘を否定できないだろう。

3　中国の対外援助はグローバル・スタンダードへの挑戦か

二国間援助からマルチな援助へ

二国間援助が中心であった中国の対外援助は，1980 年に世界銀行と IMF に

加盟し，1985年にアジア開発銀行（ADB）に参加して以降，マルチな国際機関を通じた開発援助という手段も持つようになった。21世紀に入ると，世界銀行やADBのメンバーの一員として活動することに飽き足らず，中国は開発援助の領域でも独自色を出し始めた。中国自らが主導するマルチな国際援助組織をつくるという方向を模索するようになったのである。2014年7月には，ブラジル，ロシア，インド，中国，南アフリカの5カ国によるBRICS開発銀行と外貨準備基金の設立が決まった。また，2015年6月には，アジアインフラ投資銀行（AIIB）が設立された。

　AIIBとは，2020年までにアジア地域に生じる巨大なインフラ投資需要（アジア開発銀行の試算で7300億ドル）の充足を目的として，中国が設立を目指す，マルチな開発銀行である。57カ国が創設メンバーとして加わり，1000億ドルにのぼる当初資本金の多くを中国が負担する予定だという。AIIBの設立は，それまでの二国間援助の枠組みを超え，中国が，独自の対外援助の方向を打ち出そうとしているように見える。

新しい発展戦略と結びついた対外援助

　日本と米国は，AIIBのガバナンスの透明性や，投資供与国の政府との中立性の確保などに懸念を示し，創設メンバーへの参加を見送った。しかし，援助を受けるアジアの途上国はもとより，イギリスやドイツなど先進国も創設メンバーに加わり，AIIBはADBに匹敵する広範囲な支持を得た。米国はAIIBへ参加しないよう各国に働きかけを行ったが成功しなかった。G7メンバーや米国依存の強い韓国さえもAIIBへの参加に踏み切ったことは，国際社会での米国の地位低下を物語るものであり，米国一極集中の構造が多極化へと向かう予兆であると見なす議論も現れた。

　AIIBがその資金源となるべく期待されている中国の開発計画は，創設メンバーに名をつらねた国々にとって，大きな期待を抱かせるものである。援助を受け入れる途上国にとっては，世界銀行やADBに加えて，AIIBが新たな「貸し手」として登場することは，諸手を挙げて歓迎すべきことである。また，先進国にとっては，インフラ投資プロジェクトに，自国企業の参入が期待でき

る。さらに中国自身にとっても，中国が主導する新たな開発計画が必要とするインフラ投資資金を，マルチな国際援助機関である AIIB から獲得できることは願ってもないことである[4]。

　中国が新たに狙いを定めた発展戦略とは，2015 年の全人代における政府活動報告で提起され，その重要性が強調された，「シルクロード経済ベルト」に「海のシルクロード」を合わせた「一帯一路」戦略である。これは，中国から中央アジアのカザフスタン，ウズベキスタンを経由してオランダまで伸びる「シルクロード経済ベルト（一帯）」と，インドネシアから，インド，スリランカ，ケニア，ギリシャを経てオランダにいたる「21 世紀の海のシルクロード（一路）」という，中国を中心とした新たな経済圏建設の方針を総称したものである。とくに中国政府が重点を置いているのが，インフラ建設の遅れた「シルクロード経済ベルト」をつなぐ高速鉄道の建設である。

　「一帯一路」構想に象徴される資本輸出型の経済発展戦略は，成長率の低下が避けられない情勢となった中国経済にとって重要な意味を持っている。これらの経済発展戦略は，過剰な国内資本や外貨準備を，海外に「還流」させ，従来型の経済成長パターンの中で顕在化した供給能力の過剰を緩和するという側面も併せ持っているからである。

　言うまでもなく，「一帯一路」構想の実現可能性を現時点で論じることは時期尚早であろう。「一帯一路」構想は，中央政府が計画したグランドデザインという側面と，すでに進行中の具体的なプロジェクトの「寄せ集め」という側面を併せ持っており，その評価はなかなか定まらない（伊藤 2015）。むしろここで強調しておきたい点は，ひとまず大きな構想を提起し，細部は後から詰めればよいとする手法が，「一帯一路」構想においても取られていることである。この手法は，「曖昧な制度」に特徴づけられた中国独自の制度の設計思想に基づくものである。

　先に指摘したように，日本や米国は「AIIB のガバナンスの不透明さ」を根拠に創立メンバー入りを見送ったとされるが，創立メンバーに加わらないこと

4）以下の叙述の一部は，加藤（2015b）による。

への単なる理由付けでなく，中国流のやり方への本心からの危惧の表明だとすれば，苦笑を禁じ得ない。中国側の立場を代弁するなら，現段階で細部まで決められた実施プランがないのも，ガバナンスの手法が流動的であるのも，いつものことであり，AIIB 設立にかかわる今回だけが特別でも何でもないからである。中国の出資比率がどれだけになるのかが曖昧にされたり，500 億ドルとされた当初資本金が 1000 億ドルに増額されたりした経緯にも，中国一流の運営手法が垣間見られるように思われて，実に興味深い。

日本の経験から見た中国の対外援助の評価

多数の先進国を創設メンバーに加えた AIIB を，中国はうまくガバナンスできるだろうか。AIIB が主たる資金源となることが期待されている「一帯一路」構想は，はたして成功するだろうか。現時点では，その成否の判断を保留するしかないが，中国が学ぶべき先例として，日本の開発援助の経験は大きな参照価値があると考えられる。

中国がこれまで実施してきた対外援助と AIIB を通じて強化しようとしている対外援助の内容を子細に検討すると，かつての日本の対外援助と重なる部分が少なくない。日本は 1961 年から DAC メンバーとして，50 年以上の開発援助の歴史を持つ。日本の ODA の特徴を一言でまとめるとすれば，「長期的な視点に立ち，人材育成，技術供与，インフラ投資を通じて産業を育成すること」にある。

日本の支援がアジア各地で産業発展に大きく寄与したことは高く評価すべきだが，財政再建が課題の今日，限られた予算の有効活用をはかり，「ビッグ・ドナー」から「スマート・ドナー」への転換が，いま日本に求められている。日本が進むべき道は，貧困救済や人道支援に傾斜した欧米先進国の後追いではなく，これまでの開発援助の経験をもとに「人材育成，技術供与，インフラ投資，裾野産業の育成，金融支援，民間企業の直接投資の有機的な連携」をはかる独自の開発戦略である（黒崎・大塚 2015）。

日本の経験に照らしても，途上国支援におけるインフラ投資の重要性は揺るがない。しかし，インフラさえ整えれば，民間企業が投資できる環境がすぐに

形成され，工業化が成功するというのはドナー側の単なる願望にすぎない。日本の援助によって工業化に成功したタイやインドネシアの経験が示唆するように，人材育成，技術供与，裾野産業の育成，金融支援などをインフラ投資と有機的に組み合わせることによって，初めて工業化の展望が開けるのである。

AIIB がどのような性格の「貸し手」になるのか，現時点（2015 年 9 月）ではまだよくわからない。中国が主導するマルチな国際機関として AIIB が認知され，世界銀行や ADB とは異なる援助理念に基づく援助組織としての評価が確立するのは，まだ先のことになるだろう。とはいえ，AIIB が成功を収めるために，日本の開発援助の経験と教訓を中国が十分に検証し，その理念と手法を学ぶことは大いに役立つはずである。欧米諸国とは異なる援助手法として，十分な援助実績とノウハウを蓄積しながら，日本が対外発信に失敗した産業育成型の援助手法が，中国の援助手法に反映されることになるなら，日本の援助関係者にとっても喜ばしいことだし，中国と日本が協力して対外援助を実施することも，大いに可能性があると筆者は考える。

補論　「曖昧な制度」としての「対口支援」[5]

「曖昧な制度」は中国のさまざまな産業や地域，その他の領域で観察できるが，ここで「対口支援」を取り上げてみたい。対口支援とは，「包」（請負）を利用した地方政府による貧困地域への援助手法をさす。この補論の目的は，対口支援がどのように生まれ，制度として定着してきたのかを整理した上で，四川汶川大地震の事例を取り上げてその特質を明らかにし，日本の援助政策への啓発を得ることにある。

「対口支援」の起源と形成

対口支援とは，「区域，業種あるいは部門の間で展開される，境界を越えた協力と交流の効果的な手法であり，国家がマクロ政策を実施するとき，特定地

---

5) 補論の初出は，黒崎・大塚（2015）に掲載したコラムである。

域や特定業種を支援するため，異なる地域間，業種間で支援関係を取り結ぶこと」と定義される（鐘 2013）。

対口支援には大きく分けて，①辺境地域への支援，②災害地域への支援，③大型建設プロジェクトへの支援，の三つがある（趙 2011）。辺境地域への支援は，チベットや新疆など辺境地域に位置する貧困地域への支援を目的とするが，これらの地域には少数民族が多数居住しており，少数民族支援の意味も込められている。災害地域への支援は，地震や洪水などの被災地への支援をさす。近年では，2008年の四川汶川大地震の被災地域への支援が代表的である。大型建設プロジェクトへの支援は，プロジェクトの実施により，地域経済や生態環境に深刻な影響が及ぶケースへの支援であり，長江三峡ダム建設による水没地域への支援などが含まれる。

対口支援の直接の起源は，1960年までさかのぼることができる（鐘 2013）。その嚆矢となったのは，1960年3月20日の『山西日報』に発表された「工場が公社を対口支援する——工業が農業の技術改造を支援する新しい形勢を論ず」と題した社説である。この社説では，山西経緯紡織機械工場と曙光人民公社の間で，工場が公社の農業機械の修理や農具の供給，技術人材の訓練などを「包」（請負）する協力関係が結ばれ，大きな成果が上がったことが高く評価されている。その後，工業による農業支援，都市による農村支援，さらに経済発展が進んだ沿海地域による立ち後れた内陸地域の支援というように，経済条件に恵まれた組織や地域が，相対的に立ち後れた組織や地域を一対一の「対口」関係を取り結んで支援する方式が，非公式な形で徐々に広がっていった。

改革開放時代に入ると，対口支援は中央政府公認の援助政策として公式に認められることになった。1979年4月25日に開かれた中共中央全国辺防工作会議において，中央政府は，「辺境地域と少数民族地域の建設を強化するため，資金と物資の投入を増加し，内地の省市による辺境地域と少数民族地域の支援を組織する」として，初めて対口支援を援助政策として明確に掲起した。この会議で初めて，東部沿海地域にある省市と，五つの自治区（チベット，新疆，寧夏，甘粛，広西）と少数民族が多く住む三つの省（雲南，貴州，青海）との「対口」関係が具体的に規定された。

少数民族地域への対口支援は，国家の政策からさらに進んで法律として制度化されることになった。1984年10月に施行された「中華人民共和国民族自治区域自治法」の第61条には，「経済発達地域が民族自治区域と経済・技術協力を展開し，民族自治区域が経営管理水準と生産技術水準を向上させるのを援助し促進することを，上級国家機関は組織し支持する」と明確に規定された。さらに，2001年2月に改定された同法では，第61条が「経済発達地域が民族自治区域と経済・技術協力を展開し，多層的，多面的な対口支援を実施し，民族自治区域が経済，教育，科学技術，文化，衛生，体育事業を発展させることを援助し促進することを，上級国家機関は組織し支持する」と修正され，対口支援という文言が加えられた（圏点筆者）。

　以上のように，対口支援は，1958年に始まった大躍進政策の失敗で経済が混乱した時期に，一企業が実施した農村支援策を出発点とするが，改革開放時代に入ると，中央政府が公認する少数民族地域への援助政策に格上げされ，さらに民族自治区振興を目的とした法律の一部として制度化された。一般的にいえば，地方政府間での横向きの協力関係は，制度化にそぐわないものだが，中国ではそれが法律として制度化されているところに特徴がある。

四川汶川大地震での経験

　対口支援は，地震や洪水など突発的な災害からの復旧・復興にも大きな力を発揮する。四川汶川大地震を例に取ろう。2008年5月12日に地震が発生すると，中央政府は直ちに災害復興を目指した一連の政策に着手した。その有力な手段の一つが，「一省一重大災害県の支援」を原則とする対口支援の実施であった。

　早くも5月20日，民生部は「四川汶川特大地震災害区工作の実施に関する緊急通知」を発布し，江蘇，浙江，山東，河南，湖北，広東の民政庁に対して，それぞれ四川の被災州市への対口支援を実施するように要請した。22日には，同じく民生部が「四川汶川特大地震災害区への対口支援に関する緊急通知」を発布し，四川の21重大災害県および甘粛，陝西の災害地区への支援を強化するように指示を出した。

さらに，6月8日に国務院は「汶川地震災害区復興再建条例」（国務院令第526号）を発布した。この条例に基づき，6月11日には国務院弁公庁が「汶川地震災害区復興再建対口支援方案」を策定して実施細目を定めた。「方案」では，「『ハード』と『ソフト』の結合，『輸血』と『造血』の結合，短期と長期の結合を目指し，人力，物力，財力，智力など多方面での力を総合し，優先的に被災地域の基本生活条件の解決をはかること」が目標とされている。また，19の支援省市が18の被災県市と2地区に3年の期限で対口支援を実施することが具体的に記されている。興味深い点は，各省市の毎年の支援量（物的，人的支援を含む）が，当該省市の前年度財政収入の1％を下回らないようにすると，具体的に規定されていることである。

　3年間で総額710億元（およそ1兆3300億円）にのぼる財政支援額の内訳を見ると，財政力のある江蘇，広東，上海，浙江などの支援額と，財政力が相対的に小さい吉林，広西，黒竜江などの支援額には4倍を超える大きな差がある（花・周2014）。他方，受け入れ県市の状況にも大きなバラツキがあり，一人当たり受け入れ額が最も大きい汶川県とそれが最も小さい剣閣県では30倍以上の差がある。支援省市の財政力，当該地域の財政力（経済水準）と被災状況などを勘案した上で，実行可能性がありかつ公平な「対口」関係を決定するのは決して容易なことではない。素早い「対口」関係の決定は，裏返してみれば，公平性をある程度犠牲にして実行可能性を最優先する政策志向の表れと見ることができる。

日本の援助政策への啓発

　先に見たように，対口支援の第一の特徴は，その圧倒的な対応の速さである。四川汶川地震の事例では，わずか1週間あまりで対口支援の緊急通知が出され，1ヵ月足らずで対口支援の具体案が国務院弁公室から出されるという常識外れの速さである。このような素早い対応は，官僚の能力の高さというより，対口支援という援助手法の優位性を示すものである。もし仮にインフラ，教育，衛生など，部門ごとに対策が行われるとすれば，（被災地域が広範囲に及ぶ場合にはとくに，）このような素早い対応はとうてい望めない。対口支援は，

いわばすべての部門への支援を特定の支援省市に「包」（請負）させるという手法である。具体的な支援内容（支援額や支援対象）を決める権限を省市に大幅に委譲することで，初めてこのような素早い対応が可能となっていたのである。

　対口支援の第二の特徴は，地域間での財政収入のアンバランスを調整する役割が付与されている点である。先に見たように，財政力のある省市の負担は大きく，相対的に財政力の弱い省市の負担は小さい。また，受け入れ県市の一人当たりの受け入れ額にも大きな地域差が存在する。中国では，1994年に分税制が導入されて以降，中央財政と地方財政とを明確に区分する財政制度の規範化が進められるとともに，中央財政から地方財政への移転支払い制度が徐々に整備されてきた。その結果，地域間での財政力のアンバランスは縮小傾向にあるが，依然として地域間格差はきわめて大きいのが実情である（内藤 2014）。対口支援は，地域間での財政不均衡を是正する移転支払い制度の補完として利用されているのである。

　対口支援の第三の特徴は，官僚の再教育や地元企業の進出の一手段として積極的に利用されている点である。受け入れ県市にとって対口支援が利益をもたらすのはいうまでもないが，支援省市にとっても対口支援は利益があると考えられている。その理由の一つは人材育成の側面である。貧困地域に支援プロジェクトといっしょに若手官僚を派遣し，その実施を担わせることは，地域間での人材交流の重要な手段となり，若手官僚の教育，訓練に大きな意味があると考えられている。また，対口支援は単なる「輸血」ではなく「造血」であり，長期的な「互恵互利」の関係を取り結ぶことが目的とされている。支援省市の企業が資源の獲得や市場の開拓を進める付随的な効果も期待されているのである。

　こうした特徴を持つ対口支援は，日本の援助政策にどのような啓発を与えているだろうか。対口支援は中国独自の「曖昧な制度」と密接な関連があり，制度環境が異なる日本において同じ手法がそのまま使えるわけではない。とはいえ，日本の援助政策，とりわけ地方自治体による援助政策にとって，それは一定の参照価値があると考えられる。

その一つは対応の圧倒的な速さである。東日本大震災の復興過程で露呈したように，中央政府による復興の一元的管理はかえって復興対策の遅れの原因となっている。対口支援という手法は，対応の素早さやきめ細かさなどの面で一定の有効性を持つと考えられる（瀬口 2011）。いま一つは，中長期的な協力関係の形成というメリットである。地方自治体が援助地域と中長期的な協力関係を取り結ぶという手法は，自助努力を支援するという日本の援助政策の基本理念に合致するものであり，若手官僚の再教育，地元企業の進出にも直接・間接の効果が期待できる。地方自治体レベルでの経済協力の試みは，北九州市による大連市への環境協力などの先駆的な事例があるものの，本格的な協力関係の構築にまでは至っていない[6]。中国の経験は大いに参考にすべきだろう。

6） http://www.city.kitakyushu.lg.jp/kankyou/file_0272.html を参照。

第 III 部

課 題 篇

第 8 章

腐敗の政治経済学
——「曖昧な制度」がもたらした成長と腐敗——

　第 II 部では,「曖昧な制度」が機能している具体例を取り上げてきたが,続く第 III 部では,中国経済が直面する課題に焦点を当てて,「曖昧な制度」の抱える問題点やその行方を展望してみたい。まずこの章では,政治経済学的な視点から,腐敗の要因分析と現政権による腐敗撲滅の取り組みの評価を行う[1]。
　腐敗が成長を促進する「開発型腐敗」とは異なり,改革開放後の中国の腐敗の大半は,いわば「収奪型腐敗」に区分できるものであり,政府・党官僚に大幅な自由裁量権を与えて,腐敗さえもインセンティブに変えてしまうという,中国独自の「曖昧な制度」によるところが大きい。深刻化する腐敗に対して,習近平政権は 2013 年から腐敗撲滅を目指した政策を実施し,一定の成果を上げているように見える。しかし,現行の腐敗取り締まりには問題も多く,腐敗だけをなくして成長を維持することは簡単ではない。近い将来を展望するならば,成長と腐敗が並存する現状が続く可能性が大きい。

1　深刻化する腐敗の実態

腐敗の定義
　腐敗（corruption）とは,「私的利益のためになされる公務員・公的機関によ

---
1) 本章は,平成 23 年～26 年度科学研究費補助金（基盤研究 A）「中南海研究 II」（代表：菱田雅晴［法政大学］）の研究成果の一部である。

る権力の誤用・乱用」と定義できる（中兼 2010）。厳密にいえば，①個人的腐敗（「口利き」や「袖の下」を取るなどの小規模なものから巨額の収賄までさまざまなケースがある），②行政的腐敗（既存の法律や規定を国家ないし民間人に便宜を提供できるように意図的にねじ曲げる），③政治的腐敗（政治家や役人に働きかけて法律や規定を変えたり，あるいは作らせたりして私的利益を実現する），の3種類の腐敗が存在する。

　他方，腐敗に近い概念として「レント・シーキング」(rent seeking) があるが，これは「政治や官僚に働きかけることによって規制を生み出し，経済主体が自分の活動環境を有利なように変えていく行為」であり，競争市場では生まれない「超過利潤」（レント）を獲得するための行為と定義される。レント・シーキングは，上記の政治的腐敗の一種ということになる。

　本章では，改革開放後に深刻化した腐敗に焦点を当てるが，あらためて指摘するまでもなく，帝政時代や民国期の中国に腐敗がなかったとは決していえない。むしろ，市場経済が未発達であった時代には，財・サービスの配分メカニズムとして市場が有効に機能しない分だけ，「関係」（コネ）が入り込む余地が多くあり，腐敗はかえって深刻であったともいえる。市場経済が機能しないという意味では，集権的な社会主義が行われた毛沢東時代も例外ではない。当時の腐敗と改革開放以降の腐敗との決定的な違いは，経済水準の違いである。経済水準が低い非市場社会では，「権」と「銭」との交換にはおのずと限界があるし，規模も小さいが，市場経済化が進んで，分配できるパイがかつてとは比べものにならないほど大きくなった今日，後述するように，腐敗の規模も範囲も飛躍的に大きくなったのである。

マクロ数字に表れた腐敗の現状

　今日，腐敗はどの程度深刻なのだろうか。腐敗は増加しているのか減少しているのか。腐敗が増加しているとすれば，どのようなタイプの腐敗が増えているのか。腐敗の全体像を把握することは必ずしも容易ではない。腐敗の摘発件数が増えたとしても，それだけでは腐敗が増加しているのか，単に摘発の頻度が増しているだけなのかを判断できない。また，個人レベルの腐敗と組織ぐる

みの腐敗とを案件数で単純に比較することはできない。こうした制約を念頭に置きながら，まずは公式発表や新聞報道に現れた腐敗の現状を整理しておくことにする。

中国共産党中央規律検査委員会の活動報告によれば，2007年11月から2012年6月までの約5年間に，汚職や職権乱用など腐敗問題で処分された党員は66万8000人に上り，あらためて腐敗の深刻さを浮き彫りにした。同報告によると，5年間で立件した贈収賄事件は8万1391件，賄賂は総額222億300万元（約4200億円，1元＝18.7円として計算）に及んだ。5年間で摘発した公的機関の裏金は，総額315億8600万元（約5900億円）に達したという。

1987年から2010年までの23年間について，120人の省レベル以上の高級官僚の汚職案件を分析した陳暁舒と徐凱によれば，腐敗事案は主として三つの段階に区分できるという。第一期（1987-1992年）では，商品流通にかかわる腐敗案件が主であった。第二期（1993-2002年）では，不動産，都市開発など資本ストックにかかわる腐敗案件が主となった。第三期（2003年～）では，腐敗案件が多様化，複合化し，最も劣悪な腐敗として「官を売る」行為が目立つという（陳・徐2010）。

他方，涂謙は，2003年から2011年6月の間に失脚した72人の省レベル幹部の腐敗案件を研究し，最初の腐敗から腐敗が発覚するまで平均して8.5年が経過していること，80％の腐敗幹部が（腐敗行為の中で）昇級していること，72人中50人が地方（の職務中の腐敗），20人が中央（同左）であることを見いだした（涂2011）。

腐敗の規模も巨大である。中国におけるレント・シーキングの規模を計測した研究によれば，中国のレント総額がGDPに占める割合は，1987年が20％，1988年が30％，1992年が32.3％であった。新たに作り出された財のおよそ3分の1がレント・シーキングの対象となり，賄賂を受ける官僚の収入になる計算である（呉2015：119頁）。

党や政府の官僚が，海外に持ち出した資産も桁外れに大きい。不完全な統計だが，2008年に中国人民銀行が発表した内部報告書（「腐敗分子の海外資産移転の経路および観測方法についての研究」）によれば，2008年6月までに海外に逃

亡した官僚は1万6000人から1万8000人と推定され，中国から持ち逃げされた金額は8000億元（約15兆円）にのぼるという。一人当たりに単純換算しても，4400万元から5000万元（約8億2000万〜9億3500万円）という巨額となる。腐敗の取り締まりがいかに厳しくとも，これほどの利益が得られるわけだから，腐敗予備軍は後を絶たないわけである。

腐敗の国際比較

腐敗は，どの国・地域のどの時代にも存在する人類社会の普遍的現象といってよい。しかし，その現れ方には，その国・地域の個性や発展段階の違いに応じて差異がある。ここでは，中国の腐敗の特徴を国際比較の中で明らかにしよう。

図8-1は，腐敗・汚職の国際比較を行った国際的な非政府組織「トランスペアレンシー・インターナショナル」（Transparency International）が発表した2012

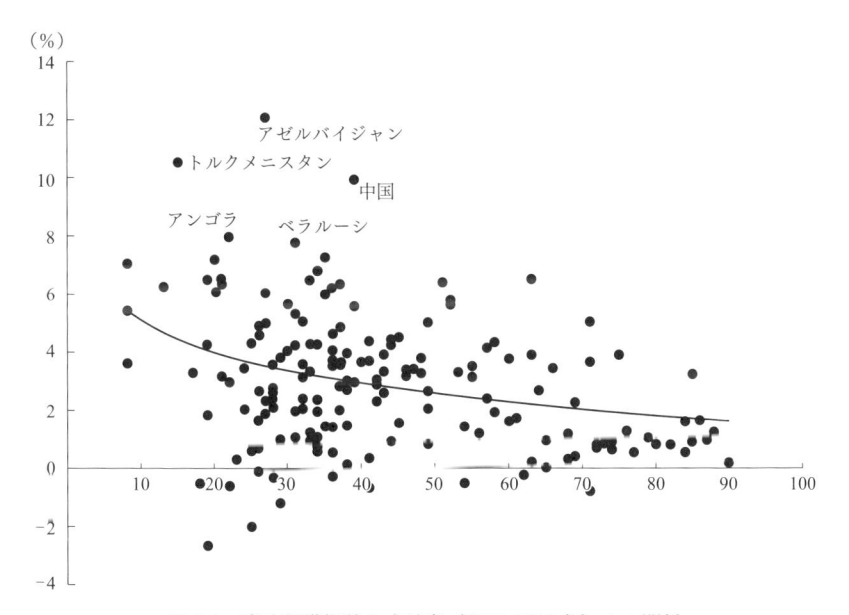

図8-1　腐敗認識指数と成長率（2000-2012年）との関係
出所）Transparency International のホームページと World Economic Outlook より作成。

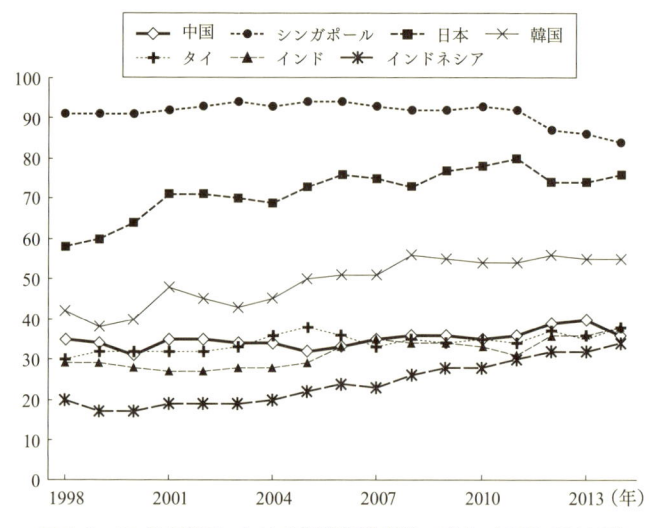

図8-2 アジア諸国における腐敗認識指数の変化（1998-2014年）
出所）Transparency International のホームページより作成。

年の腐敗認識指数（corruption perceptions index）と，2000年～2012年のGDP（国内総生産）の年平均成長率の関係を示したものである。腐敗認識指数は0から100の指数で示し，右に進むほど腐敗が少ないことを表す。図に示したように，腐敗が減るに従い，緩やかに成長率が減速しているように見える。しかし，腐敗が少なくなると成長が鈍化するというのは誤った理解である。高所得国になれば自ずと成長率は減速するから，この図は，高所得国になれば腐敗は減ると読むべきだろう。他方，相対的に腐敗している低・中所得国は成長率に大きなバラツキがある。アゼルバイジャン，トルクメニスタン，アンゴラ，ベラルーシなど石油・天然ガス，ダイヤモンドなど鉱物資源が豊富な途上国を例外とすれば，同等の腐敗水準の国の中で中国は突出して成長率が高いことがわかる。

　他方，図8-2は，同上の腐敗認識指数の1998年から2014年までの推移を，アジア諸国で比較したものである。この図からわかることは，①高所得国（シンガポール，日本，韓国）と低所得国（中国，インド，インドネシア）を比較すると，高所得国は腐敗が相対的に少ない。②所得の伸びが大きくても腐敗認識

指数にほとんど変化が見られない。この間，高度成長を続けてきた中国だが，1998年の腐敗認識指数は35（52位），2014年のそれは36（100位）とほとんど改善が見られず，順位はむしろ大きく後退している。③大国と小国を比較すると，小国（シンガポール）は比較的腐敗が少なく，大国（中国，インド，インドネシア）は腐敗が多い。

2 腐敗は成長を阻害したか

東アジアのパラドクスとレフ゠ハンチントン仮説

　前節で見たように，経済成長率が高く，直接投資の受け入れも多い東アジアの国々において，腐敗が深刻な国は少なくない。腐敗があっても成長が必ずしも妨げられていないという現象は，何によって説明できるだろうか。

　世界銀行のインダーミット・ジルとホミ・カラス（Gill and Kharas 2007）は，腐敗はほとんどの途上国，とくに小国の成長を遅らせ，投資を減少させるが，規模が大きなアジアの新興国（中国，インドネシア，タイ）では腐敗とともに成長が続いたことを指摘した。そして，腐敗が必ずしも主要なビジネスの障害となっていない現状を「東アジアのパラドクス」と名付けた。

　東アジアのパラドクスを説明する仮説として，「[ある程度の] 腐敗は，成長にとって有効である」とするレフ゠ハンチントン仮説がある。米国の経済学者ナサニエル・レフ（Leff 1964）は，「賄賂は成長促進的な活動に対して政府がより好意的になるように仕向ける。なぜなら賄賂を受けた官僚はより企業家のためになる行動を取るからだ」という。また，米国の政治学者サミュエル・ハンチントンは，「経済成長にかんしては，硬直し過度に集権した誠実さのない官僚制よりも悪いものは，硬直し過度に集権化してはいるが誠実な官僚制を有する社会である」として，腐敗がある種の成長促進効果を持つ可能性を示唆した（ハンチントン1972：65頁）。

　腐敗についての各国の実証研究をサーベイした中兼和津次は，ほとんどの実証結果はレフ゠ハンチントン仮説を否定しているが，それは一般的な趨勢であり，その趨勢に従わない例外，つまり中国を含めた東アジア諸国も存在すると

指摘する。しかし，それは発展段階に依存するのであり，発展の初期段階ではレフ=ハンチントン仮説は妥当するが，ある段階から当てはまらなくなり，全体を見れば統計的に否定的な結果が得られるという（中兼 2010）。腐敗の逆 U 字仮説とでも呼ぶべき中兼の議論は，改革開放後の中国をどの程度うまく説明しているのだろうか。

　腐敗と経済発展との関係について，改革開放後の中国に限定した実証研究を概観すると，前記の逆 U 字仮説を支持するものもあれば，そうでないものもある。周黎安と陶婧は，1989 年～2004 年の省レベルデータを使い，腐敗と政府規模，外国直接投資には正の相関が見られる一方で，輸出入比率の高さは腐敗を引き下げる効果を持ち，民営化の水準と腐敗との間に明確な関係は見いだせなかったとしている（周・陶 2009）。また倪星と原超は，2006 年～2010 年のある省の地区級市データを使い，腐敗と経済発展，政府規模，公務員の相対賃金との間に正の相関があるのを見いだした（倪・原 2014）。これに対して，姜琪は，2002 年～2011 年の省レベルデータを使い，経済発展と腐敗との間に統計的に有意な結果は得られなかったと結論づけた（姜 2014）。他方，陳剛らは，1998 年～2006 年の省レベルデータを使い，腐敗の程度が 1% 上昇すると，経済成長率は 0.4%～0.6% 低下するとして，腐敗が成長を妨げているという結果を引き出した（陳ほか 2008）。

　以上のように，腐敗と経済発展との関係について，必ずしも一致した結論が得られたわけではない。そもそも省レベルや地区レベルの腐敗案件の集計データが腐敗の深刻さをどの程度反映しているかは不明であり，たとえ腐敗と成長の並存が観察されたとしても，両者の間に明確な因果関係が存在するか否か，つまり腐敗が成長を促進したかどうかはわからない。さらにいえば，クズネッツの逆 U 字仮説を頭に描いて，経済発展が進めば必ず腐敗は減少するという確信を持つこともむずかしい[2]。中国が過去 35 年にわたり，深刻な腐敗と経済成長を両立させた謎はいまだブラック・ボックスのまま残されている。

---

2) クズネッツの逆 U 字仮説に対するトマ・ピケティの全面的な批判は，第 9 章で詳しく取り扱う（ピケティ 2014）。

腐敗の2類型

　腐敗と成長との関係について，レフ＝ハンチントン仮説や逆U字仮説とは別の角度から興味深い分析を行ったのが，米国の政治学者アンドリュー・ウィードマン（Wedeman 2012）である。ウィードマンによれば，腐敗には大きく分けて次の二つの類型がある[3]。その一つは「開発型腐敗」（developmental corruption）であり，いま一つは「略奪型腐敗」（predatory corruption）である。「開発型腐敗」とは，政治家とビジネスエリートとの相互依存関係を示す。ウィードマンによれば，韓国，台湾では政治的な腐敗は「黒」ではないという。なぜなら，ビジネスエリートから政治家に渡るお金は「賄賂」として支払われるのではなく，特別の政策，特定のルールを変更するための「購入」代金として支払われるからである。一方，「略奪型腐敗」とは，政治家に支払われた賄賂が外国銀行の口座や，酒や女に消えていくようなタイプの腐敗である。ウィードマンによれば，中国の腐敗には一部「開発型腐敗」も含まれるが，大部分は後者に属する。なぜなら，共産党が政治的支配を維持するために，ビジネスエリートによる支持を得る必要はないからである。

　ウィードマンのいう「開発型腐敗」は，腐敗に成長促進効果があるとするレフ＝ハンチントン仮説とほぼ同じと考えてよいだろう。問題は，「略奪型腐敗」と高度成長とが並存するいま一つのパラドクスをどう解釈するかである。前出の中兼は，「開発型腐敗」仮説に基づき，逆U字仮説を主張していると思われるが，問題にすべきは「略奪型腐敗」と成長の並存である。

　これに対するウィードマンの解答を要約すると次のようになる。①農村改革から始まった第1ラウンドの改革（1985-1995年）は，中国経済の潜在力を解放し，パイが大きくなったおかげで腐敗が激増した。②都市部へと改革の重点が移動した第2ラウンドの改革（1996年〜）では，過小評価され十分に利用されていなかった政府保有の資源が民間へ移され，それが成長を促進したが，この過程で腐敗の機会も増加し，深刻化した。③腐敗が深刻になるにつれて，政府は腐敗撲滅活動を展開した。それは不完全あるいは部分的にしか有効ではな

　3）以下の叙述は加藤（2014b）による。

かったが，腐敗がより高次のコントロール不能の領域にまで広がることを防いだ。

「曖昧な制度」と腐敗の関係

　成長が原因で腐敗はあくまでも結果にすぎないとするウィードマンの解釈は，中国と他の「略奪国家」に本質的な違いは何もないという立場に立つものである。ウィードマン自身の比喩を借りれば，「中国では，キツネが金のタマゴを盗む前に，成長というニワトリが出現した。（中略）中国における腐敗官僚は，他の腐敗システムにおける『ニワトリ小屋のキツネ』という同類とほとんど区別がない。略奪国家のキツネは数少ないタマゴしか生まない痩せこけた雌鳥を餌食にするが，中国では雌鳥はどんどん強くなり，キツネが盗むよりも多くのタマゴを生んでいた」(Wedeman 2012：184 頁)。図 8-1 で示しておいたように，豊富な天然資源を持つ国では，中国同様に腐敗が深刻でも成長率は高い。問題は，腐敗が成長を阻害しなかったとすれば，その要因は何かである。どんなに腐敗が深刻でも石油が湧き出てくる国と，製造業を中心とした産業発展が起きた中国とでは，結果は同じでも中身は異なると考えるべきだろう。

　筆者は，中国における腐敗と成長との並存は，より中国の本質に根差した特徴を持っていると考える。以下では，中国の経済システムの持つ「曖昧さ」に注目して，腐敗と成長との並存を，ウィードマンとは異なる角度から検討してみよう。

　第一に，中国の経済システムには，独自の「曖昧さ」が内包されており，それが腐敗の増加と密接に関係している。「曖昧な制度」の下では，グレーな経済空間が広範囲に存在し，才覚次第ではいくらでも個人的利得（灰色収入）を増やすことができる。

　第二に，制度の精緻化の進展が腐敗を一時的に増加させた側面が指摘できる。「曖昧な制度」は，伝統経済から市場経済への移行と，計画経済から市場経済への移行という「二重の移行」過程において顕著に現れた制度的特質である。「二重の移行」過程は，それまで制度の精緻化が不十分であった領域がしだいに規範化され，正規の制度として定着していく過程でもある。したがっ

て，制度の精緻化が進むと「曖昧な領域」はしだいに小さくなる（完全になくなることはない）が，その過程で，かつては腐敗とは見なされなかった行為が，腐敗の取り締まり対象となる（あるいは過去の行為が取り締まりの対象として再浮上する）といったことがしばしば起きる。逆説的だが，制度の精緻化が一時的に腐敗を増加させたのである。

　一例を挙げよう。長者番付のリストに載ったり，大々的な企業買収で有名になったりした企業家が贈収賄で逮捕されるといった事例が，中国では後を絶たない。その典型例が，エアコン新興企業「グリーンクール」の創業者・顧雛軍のケースである。顧雛軍は，広東省の家電メーカー科龍の買収を完了させると，同じく経営困難に陥っていた冷蔵庫メーカーの美菱電器，さらにはトラックメーカーの亜星客車，自動車部品メーカーの襄陽ベアリングといった上場国有企業の買収を展開した。しかし，2005 年 7 月に突然，資本金不足，企業資金の不正占有，そして重要事項開示義務の怠慢という三つの罪で逮捕され，投獄された（加藤ほか 2013）。

　この事例のように，かつては腐敗と認知されなかった行為が，いまでは腐敗として糾弾されるようになったこと，「曖昧な制度」の下では，捜査当局が腐敗を取り締まる基準もまた曖昧であるということが腐敗の増加と関係している。

　第三に，「曖昧な制度」の下では，一定数の腐敗が経済成長にビルトインされている側面がある。第 4 章で見たように，地方政府の官僚に大きな自由裁量権を与え，昇進競争をさせることは，「曖昧な制度」の特徴の一つだが，彼らが地域発展を目指すとき，つねに直面する問題は，経済発展にとって有効だと考える独自の政策や経済行為が，国家が定めた法規や中央政府の政策に合致するかどうかを判断するのがむずかしいことである。たとえば，ある地方政府が開発した工業団地に外資を呼び込むために，特別の優遇税制を適用したり，外資の誘致に成功した官僚に特別ボーナスを支給したりするケースを考えよう。もし官僚が腐敗の摘発を恐れてリスクを冒さないとすれば，新しい試みが行われることもなく，経済発展にとってマイナスの影響が生じることが考えられる。

この点に関して，下記のような「小さな鍋に分けて湯を沸かす」体制のメリットが，腐敗と成長との関係についても当てはまる。浙江大学の曹正漢は，「中央政府が地方政府を管理し，地方政府が民衆を管理する」間接的な統治システムを，中国の中央－地方関係の特徴であると捉えている。「小さな鍋に分けて湯を沸かす」体制とは，この統治システムを暗喩しており，「単純な集権体制ではなく，巧妙に執政のリスクを分散するメカニズム，権力集中の程度を自動調整するメカニズムを内包した制度」を意味する（曹2010，曹2014）。

　いま1000トンの湯を沸かすことを考えよう。ここで二つの仮定を置く。仮定1は，湯が沸いたらすぐに火を止めないと鍋が暴発する。仮定2は，技術・情報制約のため，湯が沸いたかどうかは経験にたよるしかない。この判断はつねに正確とは限らず，たとえば90％の可能性で正しいと仮定する。すなわち，10％の確率で鍋は暴発する。暴発を避けるためには，一つの大鍋で湯を沸かす代わりに，1000人の管理員で1000個の小型鍋で湯を沸かし，湯を大鍋に移すという方法をとる。こうすれば，小型鍋のうち100個は暴発するが大鍋は終始安全である。ここでいう「湯を沸かす」とは，経済発展の実現を意味し，鍋の暴発とは「群体性事件」（民衆の政府に対する抗議行動）発生の寓意である。

　同じような構図は腐敗と成長との関係にも当てはめることができる。ある一線（たとえば収賄の金額や社会的な影響の度合い）を超えれば，腐敗として摘発される。それがどのレベルかはわからないと仮定しよう[4]。腐敗行為をしなければ，もちろん摘発されることもないが，官僚が管轄する地域や産業の成長は見込めないし，自分も昇進や個人的な利得が得られない。こうした環境において何が起きるかといえば，注意深く周囲の状況に目を配りながら，官僚は自分が許されると考える範囲内で，腐敗を行う。そのうち一線を超えた不運な官僚が摘発されることになる。「小さな鍋で湯を沸かす」たとえに倣えば，10％の官僚が腐敗で摘発されるとしても，残りの90％の官僚は生き残ることができ，腐敗が深刻でも経済成長が停滞することはないのである。

　以上のように，中国において「略奪型腐敗」と経済成長が並存したのは，

---

4) つまり，この一線を超えたものが略奪型腐敗ということになるが，開発型腐敗との線引きはむずかしい。

「曖昧な制度」と深くかかわっている。「曖昧な制度」の下で中国は高度成長を実現したが，他方でそれは腐敗を増加させる要因ともなった。腐敗と成長との関係についていえば，ウィードマンと同様に因果関係を逆転させて，「曖昧な制度」の下では，成長が続く限りは一定数の腐敗が必ず起きると筆者は考える。あるいは成長が止まったとしても，それは腐敗が原因ではない。成長が鈍化すれば，腐敗も減少すると考えるのである。

3 習近平政権の腐敗撲滅の取り組みをどう評価するか

習近平政権の腐敗撲滅の取り組み

　習近平政権は，「トラ（老虎）もハエ（蒼蠅）も叩く」として，2013年から大々的な腐敗撲滅キャンペーンを展開した。習近平政権による腐敗撲滅キャンペーンは，どの程度成功したのか。かつての政権と比べて，どこに特徴が見られるのだろうか。

　2014年1月10日，中央規律検査委員会は，2013年の1年間に腐敗案件を17万3000件立件し，18万2000人を処分したと発表した。それぞれ前年度比11.2%，13.3%の増加であった。また，最高人民法院院長・周強は，2014年に各レベルの法院が立件し，結審した腐敗案件は3万1000件（前年比6.7%増），4万4000人（同5.2%増）であったと報告した（『中国網』2015年3月12日付）。ちなみに，その中には庁（市）レベル幹部99人，県レベル幹部871人が含まれるという。さらに，中央規律委員会監察部部長・黄樹賢は，米国，カナダ，オーストラリアなどの国と協力して，500人の海外逃亡者の逮捕と30億元（約560億円）の国有財産の回収に向けた取り組みを強化すると言明している（『新華網』2015年1月7日付）。これらの報道から判断する限り，キャンペーンは一定の成果を上げたと評価することができる[5]。

　習近平政権の腐敗撲滅キャンペーンのこれまでにない特徴の一つは，それま

---

5) もっとも，腐敗撲滅キャンペーンのせいで不正を働く党関係者への賄賂が高くつき，逆に商売の打撃になったとする，北京の不動産デベロッパーの談話を紹介し，腐敗はむしろ悪化しているという報道もある（『日本経済新聞』2014年12月10日付）。

でタブーとされてきた党・軍の最高幹部に摘発の範囲を広げたことである。2012年11月から2014年11月までに，国家指導者級幹部3人，党指導部の党中央委員3人を含む，少なくとも57人の政府機関や地方政府の指導者級の幹部が失脚したとされる（『日本経済新聞』2014年12月7日付）。その象徴が，かつて共産党中央政治局常務委員を務めた周永康の逮捕・起訴である。党の最高指導部にあたる政治局常務委員の経験者が収賄容疑で摘発されるのは，1949年の人民共和国成立以来，初めてのことである。また，人民解放軍も腐敗摘発の例外ではない。軍制服組の元最高幹部，徐才厚・前中央軍事委員会副主席ら4人が賄賂を受け取っていたとして，党籍剝奪処分を受けた。さらに，前党統一戦線工作部長で全国政治協商会議副主席の令計画が，2014年12月22日に「規律違反」で党の取り調べを受けたことが報道された[6]。いずれの事例も，派閥や地位に関係なく，徹底した腐敗撲滅キャンペーンを展開しようとする習近平政権の強い意志を感じさせるものである。

　腐敗撲滅キャンペーンのいま一つの特徴は，石油閥，機械工業閥，電力閥など，党中央に形成された経済閥と関わりが深い，国有企業や合弁企業に腐敗の摘発が及んだことである。石油閥の人脈は前出の周永康と，機械工業閥のそれは江沢民元総書記と，電力閥のそれは李鵬元首相とそれぞれ深い人的関係があるとされる。この点に注目して，国有企業をターゲットとした今回の措置は，党の長老の後ろ盾が国有企業改革を阻んでいる現状を打破することに，真の目的があるとの見方もある（田村2014）[7]。

問題の多い腐敗撲滅の取り組み

　習近平政権の腐敗撲滅の取り組みは，まだ始まったばかりだが，北京大学の

---

[6] 令計画の失脚に連座して，令の出身地である山西省では多数の政府高官が逮捕・起訴され，正常な行政業務の執行が危ぶまれる異常事態も生まれた。同省書記・王儒林によれば，2014年9月から12月の4ヵ月に規律違反で7367人が処分され，うち388人が司法機関に送られた。その結果，300近いポストが空白のままだという（『時事通信』2015年3月6日付）。

[7] 具体的にいえば，第一汽車の董事長である徐建一が中央紀律委員会による調査対象になっていることが明らかにされた（『日本経済新聞』2015年3月15日付）。

張維迎は，現行の腐敗取り締まりには問題が多いと批判する（張 2013）。

その理由の一つは，腐敗摘発が権力闘争の手段に使われているからである。自分も相手も腐敗しているときに行われる権力闘争ゲームでは，「先手必勝」が鉄則であり，どちらの腐敗がより深刻なのかはゲームの勝敗とは無関係である。また，殺人犯が口封じのために殺人を繰り返すのと同様に，腐敗の場合でも，後ろ盾になる上級レベルの官僚に十分な賄賂を贈らなければ保護が得られず，失脚する可能性が大きくなる。贈賄の金額が増えれば増えるほど，買収した人が多ければ多いほど（つまり腐敗すればするほど），かえって腐敗で摘発されるリスクが減るわけである。

第二は，過去の腐敗でいつ摘発されるかもしれないという不安が，腐敗を助長している側面がある。「打黒」（黒社会＝暴力団を打倒する）をスローガンとして，政府が個人財産を任意に没収した薄熙来（重大な規律違反で失脚）が党書記だった時期に重慶市で起きた事例が典型的に示すように，現行の政治経済システムの下では，企業家は私有財産の保護に確信を持てない。また，現在はまっとうな商売をしていても，蓄財の過程で多少やましいことをしていたという後ろめたさを完全に消し去ることはむずかしい。この点は腐敗官僚も同じであり，妻子と財産を海外に移す「裸官」が減らないのは，過去の腐敗が摘発されるかもしれないという不安と深い関係がある。こうした環境の下では，短期的な蓄財に励み資産の海外逃避を加速したり，腐敗摘発のリスクを減らすために，より多くの関係者を買収したりする行動に走りがちとなる。

第三は，腐敗を取り締まる主体も腐敗しているという現実である。張維迎が紹介した推計によれば，2009 年の県レベル幹部の 48％，庁（市）レベル幹部の 40％，省レベル幹部の 33％が腐敗しているという。この数字は高すぎる印象を受けるが，張は，直感的な判断ではなお控えめな推計であると断定している。このように腐敗がかなり普遍的な現象だとすれば，腐敗を取り締まる官僚も程度の差はあれ腐敗していると考えるべきだろう。腐敗した官僚が，徹底した腐敗の取り締まりを実施できないとしても驚くに値しない。

腐敗を減らす現実的な(?)方法

　成長の実現に貢献した「曖昧な制度」をすぐに改変することはできないし、現行の腐敗取り締まりにも問題が多いとすれば、他に腐敗を減らす効果的な手段はないだろうか。前出の張維迎はきわめてユニークな提案をしている。すなわち、「2012年の中国共産党第18回党大会を境として、それ以前の腐敗については一律不問とし、それ以降に腐敗した場合にはそれ以前の腐敗と合算して摘発する。同時に、政府官僚の財産の公示と登記を義務づけ、合理的な収入を超える部分については没収するか特別税を課したあと、残りは本人のものとする」。

　官僚の財産公示については、偽りの公示をした場合には罰則を強化する。たとえば、持ち家が10軒あるのに2軒しか申告せず、調査により不正が明らかになれば残りの8軒を没収する。このようにすれば嘘の申告をするリスクは大きいので、正直に自己申告する官僚が増えるだろう。財産公示をしたくない官僚には、官職を離れる自由を与えることにすればよい。こうした措置に加えて、これまで実施してきた腐敗撲滅キャンペーンを継続し、さらにメディアによる摘発や世論の監督を強化すれば、腐敗を効果的に減らすことができると張維迎は主張する。

　過去の腐敗を帳消しにするという主張は、とても乱暴な議論のように聞こえるかもしれないが、必ずしもそうとばかりはいえない。この論点は、1990年代半ばから中国が国有企業の民営化を積極的に進めたとき、香港中文大学の郎咸平がそれを「国有資産の流出」と激しく批判して、大きな論争になったことを思い起こさせる。張維迎は郎咸平とは正反対の立場で、この論争に加わっていた。

　その当時、郎咸平は、国有企業の資産処理に関する法律環境が整備されていない現状では、国有企業における所有権改革、なかでもMBO（経営者による企業資産の買い取り）という手段によって、国有資産を個人財産に変えることはやめさせるべきであると主張した。これに対して張維迎は、個別案件を見ると、たしかに国有資産の流出はあるかもしれないが、国有企業が民間資本を侵食している現状を改善できること、国有資産の流出は既得権を持つ利益集団の

改革への抵抗を和らげることができることなどを根拠として，郎咸平への反論を行っていた（関2004）。

　過去の腐敗を帳消しにして腐敗を減らすという主張と，たとえ国有資産の流出が起きても国有企業改革を進めるメリットは大きいとする主張は，対象は異なるが中身は同じである。「革命」とは，持てる者からすべてを無償で奪い，持たざる者に配分することを意味する。これに対して，「改革」とは，持てる者の利益を一定程度保証しながら，持たざる者の取り分を増やすことである。既得権者の利益を適切に保証するのが理にかなった「改革」なら，新しい腐敗は厳しく取り締まるが，過去の腐敗は帳消しにするという方法もまた，腐敗を減らす現実的な「改革」手法と評価できるかもしれない。

　もっとも，この手法が実行に移される可能性は，それほど高くない。過去の腐敗を不問とし，過去の不正蓄財に免罪符を与えるという手法は，資産を持つ富裕層には支持されるとしても，国民の大多数を占める資産を持たない一般大衆は大いに不満だろう。また，指導者が替われば政策が変更されるかもしれないという疑念が残る限り，富裕層がこの政策を全面的に支持するかどうかもわからない。

4　成長と腐敗の並存は続く

　そもそも腐敗の蔓延に抜本的な解決をはかろうとするなら，共産党の一党独裁という政治システムと国有企業が大きなウエイトを占める経済システムを改革する必要がある。前出の中兼和津次による「腐敗＝独占＋裁量－説明責任」という方程式が，腐敗の抑制メカニズムを端的に表している（中兼2010）。すなわち，「独占」に代わって競争メカニズムを導入し，官僚の「裁量」の範囲を狭め，「説明責任」を高めることによって，腐敗を抑制することができるというわけである。

　中兼が予測するように，制度の精緻化が進んでいけば，腐敗は一時的に増加したとしても，その後は減少するはずである[8]。なぜなら，市場移行の過程とは，政府（国家）から民間への資源移転の過程であり，国有が縮小し私的所有

が拡大すれば，政府や官僚が支配できる資源が少なくなり，腐敗の機会が少なくなると考えられるからである。したがって，問題とすべきは，中国において制度の精緻化が着実に進展しているかどうかである。

現状では，制度の精緻化への歩みは遅いといわざるを得ない。その一つの根拠を，中国共産党第18期3中全会（2013年11月）において採択された「改革の全面的深化における若干の重大問題に関する中共中央の決定」（以下「決定」と略記）からも見いだすことができる。「決定」は「改革の全面的深化」を謳っているものの，国有企業の民営化について明確な方針を示すことなく，「国有経済の主導的な役割を発揮させ，国有経済の活力・コントロール力・影響力を不断に増強させる」として，むしろ国有経済の増強を目指している（関 2014）。第5章でも詳しく論じたように，国有と民営とが並存する混合体制は，「曖昧な制度」の特徴の一つであり，腐敗の温床となる官僚の自由裁量権を多く認める制度である。腐敗の抑制という観点から見る限り，この「決定」が制度の精緻化に寄与すると評価することはできないだろう。

中国が，徹底した市場化改革を実行に移して腐敗を減らすという道を選ばず，「腐敗がコントロール不能の高次の領域に広がる」ことを避けようとするならば，腐敗の取り締まり強化は避けて通れない。腐敗の取り締まりが一定の効果を上げ，ウィードマンのいう「略奪国家」に陥るのを防ぐことができれば，腐敗が成長の制約要因となるのを当面は避けることができるだろう。腐敗と成長が並存するという現状は，今後も続く可能性が大きいといえる。

8）制度の精緻化は，測定がむずかしい概念である。法律・規制が整備され，それを執行する機関としての警察や司法機関が確立しているとしても，それだけでは必要十分とはいえない。法律があってもそれが守られているかどうか，それに違反した者を厳しく処罰する組織・機関が有効に機能しているかどうかは，別ものだからである。

第 9 章

中国の格差問題を考える
——「曖昧な制度」は格差を拡大したか——

　前章では，腐敗と成長の並存が「曖昧な制度」と深くかかわっていることを明らかにした。このように「曖昧な制度」には正と負の両方の側面がある。そこで次に，改革開放後，拡大傾向で推移してきた所得格差について，「曖昧な制度」が貧富の格差を拡大したのではないかという問いに答えておきたい。この章では，トマ・ピケティがその著書『21世紀の資本』で展開した議論と実証結果を参照しながら，中国における格差拡大のメカニズムとその対応策について議論する[1]。

　改革開放後の中国における格差拡大には，グローバルなトレンドの中で生じた側面と，社会主義から資本主義への移行段階にある中国自身の内部要因による側面の両面がある。徹底した市場化改革が格差を縮小する方策だとする主流派経済学者の主張は，格差の後者の側面からいえば正しいとしても，前者の側面に注目すれば，格差への対応策としては不十分といわざるを得ない。国有資産を多く保有する中国の政治経済システムの特徴を活かして，民間資本の膨張を適切にコントロールする制度を構築できるかどうかが問われているといえる。

---

1) 本文中でも触れるように，中国の格差問題については数多くの先行研究がある。本章の目的は，そうした先行研究のサーベイをもとに格差を全面的に論じることではなく，資産格差に注目するピケティの議論を参照枠とすれば，いまの中国の格差問題について何がいえるかを論じることにある。

1 格差の歴史的トレンドを読む

経済学は格差をどう見てきたか[2]

　格差の問題は成長の問題でもある。19世紀を代表する二人の経済学者，デヴィッド・リカードとカール・マルクスは，成長の持続可能性について悲観的な見方に立っていた。リカードは1817年に出版した『経済学および課税の原理』で，地価と地代の長期的な推移に注目し，人口と産出がどちらも安定成長に入ると，希少な財である土地の価値が上昇し，地代も継続的に上がっていく。その結果，地主の受け取りが増えていく分だけ，他の階層の人々の取り分は減ってしまうと論じた。他方，マルクスは1867年に出版した『資本論』（第1巻）で，資本蓄積が進むにつれてますます多くの資本が少数の資本家に集中することになり，資本収益率の低下が資本家どうしの暴力的な紛争を引き起こすか，そうでなければ労働者と資本家の階級対立が激化して革命が起きるか，いずれにせよ分配をめぐる争いが不可避だと主張した。

　二つの世界大戦を経験した後，世界は旧ソ連を中心とした社会主義圏と米国を中心とした資本主義圏とが対立する冷戦期に入るが，1955年にサイモン・クズネッツが出版した『経済成長と所得格差』は，資本主義圏の未来に明るい展望を与えるものとなった。クズネッツによれば，格差は「釣り鐘型の曲線」（後にクズネッツの逆U字仮説と呼ばれる）に従って変化する。すなわち，工業化の初期段階では格差は拡大するが，その後は縮小に向かう。なぜなら，工業化の初期段階では，工業化がもたらす富から利益を得る人は少数だが，発展が進んだ段階では，経済成長の恩恵にあずかる人は増えるので，格差は自動的に減るからである。クズネッツは，1913年～1948年の米国のデータに基づいて，この推論を「実証」してみせた。クズネッツとほぼ同時期の1956年に，ロバート・ソローが発表した論文では，「技術の公共財的性質」（技術普及への制約がなく誰でも利用可能）という仮定を受け入れれば，①より低い一人当たり所得の水準から出発した国ほど速く成長し，②すべての経済は定常状態に「収

---

2) 以下の叙述は，ピケティ（2014），祝迫（2000）を参考にした。

束」（Convergence）し，③均斉成長状態では，一人当たり産出量は一定の成長率で増加することが示された。ソローのいう均斉成長とは，あらゆる変数が同じペースで進み，あらゆる社会集団が同じだけ成長の恩恵を蒙るというものであり，クズネッツ曲線が想定したのと同様に，資本主義圏の楽観的な将来予測を理論面で支持するものとなった。

　ソローの成長モデルは，その後，ポール・ローマーらによる「内生的成長理論」に引き継がれ，経済成長をもたらす要因として，アイデア・知識の重要性や，教育などの人的資本の重要性が指摘されるなどの方向へと発展を遂げる[3]。実際に，1980年代からインドや中国など新興経済国が台頭し，1990年代から2000年代にかけて，米国で起きたIT革命や金融工学の発展が先進国にもたらした高い成長率は，世界は成長を続けることができるし，実際に成長は起きているわけだから，格差は縮小しつつあるという確信を，多くの人々とりわけ経済学者にもたらすことになった。

　ところが，2008年に起きたリーマン・ショックが，米国で発展を遂げた金融工学の「胡散臭さ」を暴露した頃を境として，先進国での高い成長率が途上国との格差をむしろ拡大したこと，高度成長を続けていた新興経済国の成長に陰りが現れたこと，先進国とりわけ米国における富裕層と貧困層との巨大な格差構造が明らかになったことなど，資本主義圏が共有していた揺るぎない成長への確信がしだいに揺らいできた。19世紀のリカードやマルクスの悲観論はその後の歴史が示すように誤りであったが，21世紀の最初の10年が過ぎ，経済学にとって格差問題が再び重要な課題として浮上してきたのである。

　それでは，格差縮小の平和な時代は過去のものとなり，格差拡大の時代が始まったといえるだろうか。グローバルな格差の今後の行方を予測するのはむずかしい。統計学者のブランコ・ミラノヴィッチは，次の三つの要素が格差に影響を及ぼす力として働くという（ミラノヴィッチ 2012：141 頁）。①国内の不平

---

3) ソローの収束仮説については，その後の実証研究によると，ソローが想定した「無条件収束」は支持されないものの，貯蓄率などの外生変数によって決定されるそれぞれの国の定常状態に達するという「条件付き収束」仮説の実証が，バローやサラ・イ・マーチンらによって強力に推進された（祝迫 2000）。

等が拡大しているのか，いないのか，②平均的に成長が速いのは，貧しい国か，それとも豊かな国か，③中国とインドは，豊かな国よりも速く成長しているのか。ミラノヴィッチは，これらの諸影響のもつれを解きほぐすことは，ほとんど不可能であり，（経済学者の間に）コンセンサスは存在しないと結論づけている。しかし，国内の不平等が拡大し，貧しい国の成長が鈍化し，中国とインドの高度成長が終わるとすれば，格差拡大の時代に突入することは，大いにあり得ることである。中国に引きつけていえば，過去35年の高度成長がグローバルな格差縮小に貢献したことは疑いないが，その人口規模の大きさを考えると，中国国内の不平等の拡大が，グローバルな格差縮小への動きを反転させてしまう可能性さえあり得るのである。

トマ・ピケティの『21世紀の資本』

ところで，フランスの経済学者，トマ・ピケティが2013年に出版した『21世紀の資本』が世界的なベストセラーになったことは記憶に新しい。この本は，①格差拡大という多くの人が関心を持つテーマを選んだこと，②注意深く集められた膨大なデータをもとに，経済学の素人でもわかる平易な言葉で格差拡大の歴史的トレンドを解説したこと，③格差縮小のための大胆な具体策を提案したこと，などに特徴がある。

しかし，それだけではベストセラーが生まれる理由にはならない。米国，EUや日本を含めた先進国でも，中国やインドなど新興国でも，民主主義と資本主義が経済成長をもたらし，明るい未来が見通せると考えることが次第にむずかしくなり，貧富の格差が拡大して，生活がますます苦しくなっていると考える人たちが増えていることが，『21世紀の資本』をベストセラーに押し上げた本当の理由だろう。

『21世紀の資本』は，経済学以外の分野から多くの支持を得た一方で，経済学の内部から数多くの批判に晒されている[4]。経済学者の猪木武徳は，「読ませる経済書として（本書を）興奮気味に読了した。と同時に，社会科学書とし

---

4) ピケティの『21世紀の資本』の内容とそれに対する批判の論点については，加藤（2016）においてより詳細に議論した。興味のある読者はそちらを参照してほしい。

ての評価は難しいな，というアンビバレントな読後感を持った」と正直に告白している（猪木 2015）。

　筆者の見る限り最も包括的な批判を行ったダロン・アセモグルとジェイムズ・ロビンソンは，ピケティの最も重要な欠点は，「ある種の制度や政治に言及しているものの，制度的，政治的要素が不平等の形成において果たした役割や，それらの要素の内生的な変化を認めていないこと」だと批判する（Acemoglu and Robinson 2014）。アセモグルとロビンソンが共著『国家はなぜ衰退するのか』で全面的に議論したように，制度，とりわけ政治制度の果たした重要な役割について，筆者も認めるにやぶさかではない（加藤 2014a）。しかし，ピケティも制度や政治の重要性についてはよく認識しており，それを無視して資本主義の一般法則を論じたわけではない。たとえば，比較的平等であった米国が，格差が最も大きな国に変化したことを，ピケティは歴史や制度を踏まえて説得的に説明している。アセモグルとロビンソンの批判は自説を強調するあまり，ピケティに厳しすぎる評価となっている。

二つの基本法則と一つの一般法則

　ピケティは膨大な歴史データを積み重ねて推論し，二つの「資本主義の基本法則」と一つの一般法則を導出した。資本主義の第一基本法則は，$\alpha = r \times \beta$ で表される（ただし，α は国民所得に占める資本のシェア，r は資本収益率，β は資本／所得比率をさす）。また，資本主義の第二基本法則は，$\beta = s/g$ で表される（ただし，s は貯蓄率，g は成長率をさす）。いま一つピケティが提起した一般法則は，$r > g$ という不等式である。

　標準的な経済モデルでは，g が変化すれば r と s も内生的な変化を遂げると考えるが，ピケティは r と s がほぼ一定（あるいは g ほどには変化しない）と考えるので，g が低下すると資本シェア α は拡大する。常識的に考えれば，s が一定だとしても，g が低下すれば，資本／所得比率 β は上昇する。そのとき，収穫逓減を前提とすれば，資本の限界生産性に等しい r は低下するはずである。もちろん，ピケティも r の低下を認めるが，資本の労働に対する弾力性が高いため，r の低下は一定レベルに止まるので，α はかえって増加したと考え

る。ピケティは，超長期では資本の代替弾力性は1よりも大きかったようだと推論している[5]。また，r＞gという不等式は，「絶対的な論理的必然ではなく，さまざまなメカニズムによって決まる歴史的現実として分析する必要がある」とも指摘している。

　経済学の理論家から見れば，ピケティの三つの法則はかなり重要な仮定を前提としない限り成立しないという意味で，理論モデルとしては精緻さを欠く荒削りなものである。また，その法則に基づく「格差拡大メカニズムのモデル分析」としても成功しているとはいえない（猪木2015）。さらに，格差問題の深刻さは富裕者がいかに高所得や高資産を保有しているかという問題よりも，貧困者や資産ゼロの人々の存在によって鮮明になっているとして，ピケティが議論していないことにこそ格差問題の重点があるという批判もある（橘木2014）。

　前記の批判の一部については，ピケティ自身が反論をしているが，ここではその内容を検討することはあえてしないでおく。理論モデルとしての厳密さよりも，ピケティが重視したのは歴史的な事実として存在するトレンドを示すことにあったと，筆者は考えるからである。こうした観点から筆者は，少なくとも以下の3点において，経済学がこれまで正面から扱うことが少なかった格差問題に対して，ピケティは重要な貢献をしたと考えている。

クズネッツの逆U字仮説への批判

　ピケティの貢献の第一は，クズネッツが提起した格差と経済発展に関する逆U字仮説を批判的に検討していることである。クズネッツの逆U字仮説は，経済学者には広く受け入れられてきたが，クズネッツが実証に利用したデータは，限られた期間の米国一国のみのデータであり，ピケティ自身が収集した19世紀から21世紀にかけての欧米諸国の長期データに基づくと，この仮説は成立しない。ピケティは次のように指摘する。

---

5) 前出のアセモグルとロビンソンの研究では，短期の実証研究では代替弾力性は1より小さく，長期でも通常は1より小さい。長期の代替弾力性が1より大きい場合は，技術を内生化したときのみである。このように両者の間には明確な認識の違いが存在する（より正確にいえば，ピケティの主張は資本の代替弾力性が1より大きいという条件をつけなければ成立しない）。

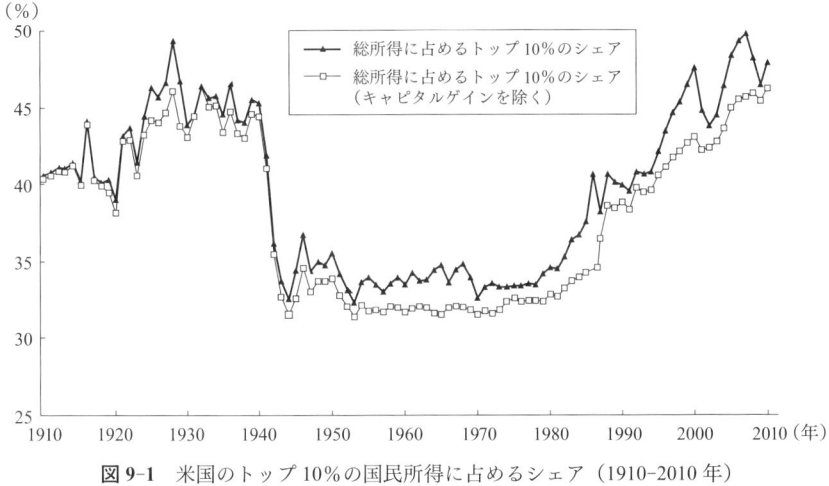

図 9-1　米国のトップ 10％の国民所得に占めるシェア（1910-2010 年）
出所）ピケティ（2014）図 8.1 を引用。

　魔法のようなクズネッツ曲線理論は，相当部分がまちがった理由のために構築されたものであり，その実証的な根拠はきわめて弱いものだった。（中略）成長が自動的にバランスのとれたものになるなどと考えるべき本質的な理由などない。格差の問題を経済分析の核心に戻して，19 世紀に提起された問題を考え始める時期はとうに来ているのだ。

（ピケティ 2014：17-8 頁）

　図 9-1 は，1910 年から 2010 年の米国のトップ 10％の国民所得に占めるシェアを示したものである。1910 年から 1970 年までのトレンドを見る限り，たしかにクズネッツの逆 U 字仮説が妥当するように見えるが，2010 年まで延長すれば，クズネッツ仮説が疑わしいことは明らかである。もっとも，これほど明確に表れるのは米国だけであり，ヨーロッパや日本では，1970 年代以降の格差の上昇は緩やかである。なお，20 世紀初頭からの半世紀あまり，格差が拡大しなかった理由は，二度の世界大戦と大恐慌によって，物的資産が破壊され，資産価値が減少し，政府による高い税率が富の収益率を押し下げる一方で，生産性と人口の急増が成長率を押し上げたからだと，ピケティは説明して

いる[6]。

人的資本論への疑念

　ピケティの第二の貢献は，人的資本論に対する強い疑念を提示し，超高所得者の報酬に正当性がないことを明確に指摘した点である。これは労働の限界生産性の解釈ともかかわる重要な論点である。

　経済学の教科書が教えるところでは，賃金は限界生産力に等しい水準に決まる。生産ラインに並んだ労働者の列に一人追加すると，どれだけ生産が伸びるか（限界生産力）を計算し，賃金に見合うだけの生産増加がなければ，経営者は労働者を追加しない。この考えは，単純労働の場合には正しいとしても，より複雑な労働にも当てはまるだろうか。単純労働者より技能労働者や管理労働者（経営者）の賃金が高いのは，そうした技能を持つ者が相対的に不足していることに加え，教育や訓練を通じて，高い人的資本を獲得したからだと説明する。しかし，これは本当だろうか。ピケティは次のような疑念を呈する。

> 教育と技術は長い目で見ると重要な役割を果たしている。しかしながら，労働者の賃金は常にその人の限界生産力，つまり主にその技能で完全に決まるという考えに基づいたこの理論モデルは，各種の面で限界がある。
>
> （ピケティ 2014：320 頁）

　ピケティがとくに注目し，批判の対象としているのは，米国に典型的に見られる「スーパー経営者」の台頭である。近年における米国での超高所得者の激増は，所得上位 0.1％への富の集中をもたらして，格差拡大の最大の要因の一つとなっている。図 9-2 を見てほしい。この図は米国，イギリス，フランス，日本でのトップ 0.1％の所得シェア（1910-2010 年）の推移を示したものである。この図から明らかなように，米国とイギリスではトップ 0.1％のシェアの伸びが著しく，とくに米国はほぼ 20 世紀初頭の水準に戻っている。これに対

6）ピケティによれば，二度の戦争の影響は物的資産の破壊以上に，財政と政治に影響を与えた。一つは外国ポートフォリオの崩壊であり，いま一つは企業の混合所有と規制で生じた資産価値の低下である（ピケティ 2014：156 頁）。

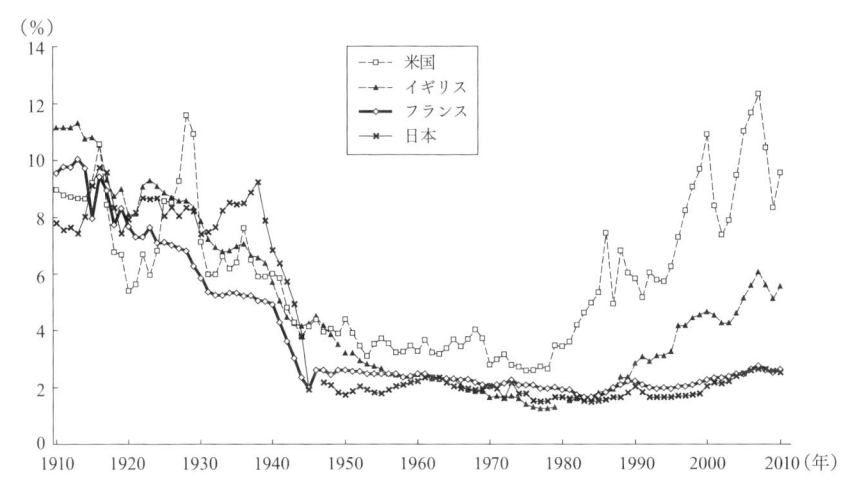

図 9-2 米国，イギリス，フランス，日本のトップ 0.1% の所得シェア（1910-2010 年）
出所）ピケティ（2014）図 9.5，図 9.6 より作成。

して，フランスと日本では，格差の伸びは緩やかである。

両地域に現れた変化が何を示すかといえば，「スーパー経営者」の報酬が限界生産力理論や人的資本論で決まるという議論が疑わしいということである。もし，そうした理論が正しいとすれば，国や企業に関わりなく経営者の報酬はほぼ同一レベルになり，それがトップ 0.1% のシェアの変化にも反映するはずである。そうなっていないということは，経営者の報酬がその社会の規範や価値基準から自由になれないということを意味している[7]。

資産格差の重要性

第三に，ピケティの貢献として注目したい点は，資産（資本）から得られる所得を労働所得と区別して取り上げ，資産格差に注目したことである。

---

7) ただし，ピケティは，「賃金格差が公正な報酬に対する社会規範によって決定されると主張したいのではない」と述べ，限界生産力理論や人的資本論（技能と教育の格差）からもある程度は説明可能だが，それでは説明できないごく少数の（おそらく 1% 以下）の被雇用者について，社会規範の説明力が増すとしている（ピケティ 2014：346-7 頁）。

通常，格差を測る尺度であるジニ係数やタイル尺度などが計測に用いる所得データは，労働と資本というまったく異なる要素を混ぜ合わせた，いわば総合所得である。したがって，それでは格差の多様な様相とそこで働いているメカニズムをはっきり区別できないと，ピケティは批判する。ピケティによれば，所得格差は，労働所得の格差，所有資本とそれが生む所得の格差，そしてそれら二つの相互作用の三つによって決まる。先に検討したように，今日では「スーパー経営者」の台頭により労働所得にも大きな格差が存在する。しかし，労働所得の格差と資産所得の格差を比較するなら，どの国も例外なく所有資本が生む格差の方が格段に大きい。所得分配が比較的平等であった1970年〜1990年のスカンジナビア諸国でさえも，所得のトップ10%が総賃金の約20%を受け取る一方，最も富裕な10%が富の50%を所有していたのである。

　所得下位50%はほとんど何も資産を保有していないが，所得上位にいくほど，資産から得られる所得が大きいのは，資産は規模が大きくなればなるほど高い収益を生む傾向があるからである。ピケティは，1980年〜2010年の米国の私立大学が保有する大学基金の運用収益率を比較して，このことを明らかにしている。基金規模が150億ドルを超えるハーバード，イェール，プリンストンの収益率が平均10.2%であったのに対して，1億ドル未満の大学のそれは，平均6.2%であった。有能なファンド・マネージャーを雇うことができるほど基金規模が大きければ，高い収益率が期待できるのである。

　資産規模が大きいほど，そこから高い収益を得ているという事実は，とくに目新しい発見とはいえない。しかし，今後，人口増加率が低下し，低成長が続けば，19世紀がそうであったように，世襲資産の重要性が次第に高くなるとピケティは考える。ここに資産格差に注目する理由がある[8]。

---

8) 19世紀は，資産の有無が豊かな生活を保証するかどうかを決める重要な要素であった。バルザックの『ゴリオ爺さん』を引用しながら，ピケティは，「勉強，才能，努力で社会的成功を達成できると考えるのは幻想にすぎない」と19世紀的世界の現実を描いてみせた（ピケティ2014：249頁）。20世紀的世界では，この主張は誤り（あるいは誇張）かもしれないが，21世紀的世界では再びこれが真実に近づくとピケティは説くのである。

2 中国における格差の実態

格差のトレンド

　中国の所得格差の動向については，すでに多くの実証研究がある（薛ほか2008，李ほか2008，李ほか2013，三浦2013）。多くの研究が共通して導き出した結論は，改革開放後の中国では，所得格差が拡大傾向で推移してきたとするものである。比較可能性を考慮して，図9-3は，中国を含む新興経済国におけるトップ1％の所得シェア（1921-2010年）の推移を，ピケティ自身のデータに基づいて示したものである。統計の連続性に難があるものの，先に見た先進国のトレンドと同じような動きをしていることが確認できる[9]。

　他国との比較可能なデータとしては，1986年以前の中国の格差の実態はい

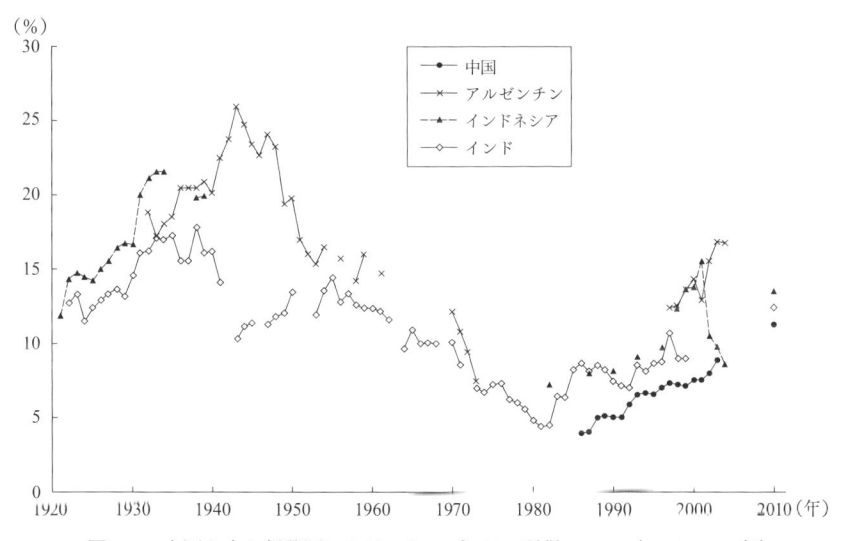

図9-3　中国を含む新興国におけるトップ1％の所得シェア（1921-2010年）
出所）ピケティ（2014）図9.9を一部修正した。

---

[9] ピケティが収集・作成したデータベースは，主に納税額の政府資料に基づくが，中国についてはそのデータがないため，家計調査に基づくデータベースであり，厳密な意味では欧米諸国のトレンドと比較可能とはいえない。

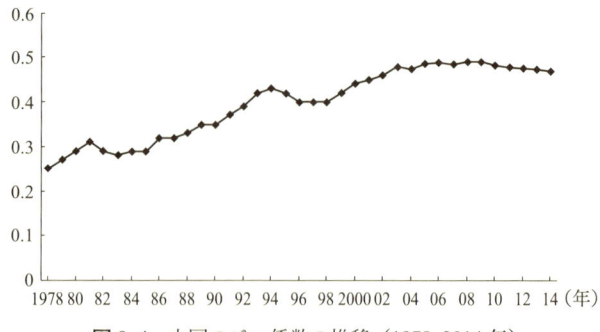

図 9-4　中国のジニ係数の推移（1978-2014 年）
出所：1978 年～2002 年は薛ほか（2008），2003 年以降は国家統計局提供。

まのところよくわかっていない。しかし，1978 年の改革開放以来の格差の動向は，ある程度明らかになっている。図 9-4 は 1978 年から 2014 年までの中国のジニ係数の推移を見たものである。ピケティのデータを裏打ちするように，改革開放後，市場化の進展とともに中国では格差が拡大していることが見て取れる。ただし，21 世紀に入ると，格差は高止まりの傾向を示し，国家統計局の公式見解によれば，2008 年から格差は縮小傾向にあるという。

地域間格差から階層間格差へ

　前記の二つの図とこれまでの分析から，何がいえるだろうか。第一に，格差の拡大は，改革開放後の中国が抱える問題点としてしばしば指摘されるが，図 9-3 に示したように，格差が拡大しているのは中国だけの問題ではなく，程度の差はあれ，他の新興経済国にも共通している。格差拡大がグローバルな現象であるとすれば，中国の主流派経済学者が主張するように，市場化を徹底すれば格差は自ずと縮小するはずだという確信は，誰も持てないはずだ。

　第二に，図 9-3 と図 9-4 とを総合すると，大きなトレンドとして，中国における格差問題が地域間格差から階層間格差に移りつつあることが見えてくる。1999 年から 2012 年における 31 省・市・自治区の都市と農村における住民一人当たり実質可処分所得の格差の動向を詳細に研究した星野真によれば，地域間の所得格差の 8 割は，都市・農村間の所得格差で説明できる。それは基本的

に拡大を続けてきたが，2004年以降緩やかな拡大に変化し，2009年以降は縮小に転じた（星野2012，星野2013）。

星野の計測結果は，ジニ係数で測った格差縮小という前記の国家統計局の計測結果と整合的である。すなわち，改革開放以来続いていた，都市・農村間の所得格差の急速な拡大が緩やかなものに変化したことが，ジニ係数で測った格差の動向に影響を与えたのである。しかし，そのことは，主として階層間格差に影響を受けるピケティのデータ（所得上位1％が占めるシェア）が示す結果が誤りであることを意味しない。地域間格差は縮小しても階層間格差が拡大することはあり得るからである。

星野の指標は省ごとの一人当たり所得という集計数字を使ったものであり，階層間格差はまったく反映されていない。また，国家統計局が計測したジニ係数は家計調査に基づくものであり，所得の最上位層は統計の母集団から漏れている可能性が高い。さらにいえば，ジニ係数はサンプルの取り方によっても大きな差異が生じる。西南財経大学中国家計金融調査・研究センターが独自に実施した家計調査をもとに計算した2010年のジニ係数は，全国レベルが0.61，都市部が0.56，農村部が0.6であった（西南財経大学中国家計金融調査与研究中心2010）。これは，国家統計局の数値を大幅に上回っている[10]。

3　格差を引き起こした要因を考える

公式統計では格差は高止まりし，その後縮小に転じたとする数字が現れたものの，改革開放後の35年を見通すなら，格差が拡大傾向で推移したことは疑いない。また，地域間格差が縮小していても，階層間格差はむしろ拡大傾向を示している。これらの点について，議論の分岐はほとんど見当たらないが，その要因が何かについては大きな意見の相違が存在する。一つの観点は，市場化の進展が格差を拡大させたとするものである。これと対立するいま一つの観点

---

10) 北京大学社会科学調査センターが発表した「中国民生発展報告2014」によれば，資産所有をもとに計測した2012年のジニ係数は0.73であり，上位1％が全国の資産の3分の1以上を占めるという。資産所有の格差は階層間の所得格差を上回っている。

は，市場化の不徹底が格差を拡大させたとするものである。前記のピケティによる格差問題についての三つの貢献に即して，中国の格差問題に隠された要因について検討しよう。

中国における「スーパー経営者」問題

　ピケティが米国の格差拡大を引き起こした要因として注目した「スーパー経営者」の問題は，中国にも当てはまる。『フォーブス』が初めて富豪ランキングを発表した 1987 年では，億万長者は世界に 140 人超いたが，2013 年には 1400 人超と 10 倍に増加している（ピケティ 2014：449 頁）。この四半世紀に起きた億万長者の急増に最も貢献したのは，中国人の超高所得者の急増である。2015 年版の長者番付によれば，10 億ドル以上の個人資産を持つ富豪は全世界に 1826 人おり，国籍別では米国の 536 人が最高だが，中国（香港を除く）は 213 人で第 2 位となっている（ちなみに，香港も 55 人で第 6 位にある）。

　中国の大富豪とは，どのような人たちだろう。表 9-1 は，2015 年の中国の億万長者のトップ 20 を示したものである。このリストには，インターネットや不動産などで財をなした創業者が並んでいる。中国の大富豪も，最上位に注目する限り，世界の大富豪とあまり変わるところがない[11]。ただし，中国の億万長者については，次の 2 点に注意が必要である。

　第一は，所得にカウントされてない「灰色収入」の多さである。灰色収入とは表に出ない，つまり課税の対象とならない収入を意味する言葉だが，国民経済研究所の王小魯の推計によれば，2011 年の灰色収入は 6 兆 2000 億元（約 116 兆円）にのぼり，国民所得の 12％に相当する水準であった（王 2013a）。高所得者ほど灰色収入が多いことも，その特徴であり，2008 年の灰色収入総額の 62.5％を最高所得層（年収 40 万元以上）が占めたという（王 2013b：131 頁）[12]。資産を隠そうとするのはどの国の金持ちも同じだが，灰色収入の規模

---

[11] ピケティの次の指摘は，中国についても当てはまるだろう。「大まかにいうと，資本収益はしばしば，本当に起業家的な労働，まったくの運，そして明白な窃盗の要素を分かちがたく結びつけたものだというのが実情だ。富の蓄積の恣意性は，相続の恣意性よりもっと幅広い現象なのだ」（ピケティ 2014：463 頁）。

[12] 王小魯は，2008 年の灰色収入 5 兆 4000 億元（約 101 兆円）が過大評価だとする羅楚亮

表 9-1　2014 年版『フォーブス』中国富豪ランキング上位 20 位

順位	氏名	資産（億元）	富の源泉	業種区分
1	馬雲	1193.4	アリババ	インターネット
2	李彦宏	899.6	百度	インターネット検索
3	馬化騰	881.3	テンセント	インターネット
4	王健林	807.8	万達	不動産
5	李河君	795.6	漢能	太陽電池
6	宗慶后	673.2	娃哈哈	食品
7	王文銀	612	正威国際集団	鉱業
8	雷軍	556.9	小米	スマートフォン
9	何享健	459	美的	家電
10	劉強東	434.5	京東	インターネット通販
11	劉永行	397.8	東方希望集団	飼料・アルミ
12	王靖	391.7	信威通信産業集団	インフラ・鉱業・通信
13	陳麗華家族	373.3	長安倶楽部	不動産
14	魏建軍	367.2	長城汽車	自動車
15	許家印	361.1	恒大地産	不動産
16	魯冠球父子	330.5	万向集団	自動車部品
17	許栄茂	330.5	世茂房地産	不動産
18	張志東	318.2	テンセント創業者	インターネット
19	丁磊	299.9	網易公司	インターネット
19	楊恵妍	299.9	碧桂園	不動産

出所）「2014 年福布斯中国富豪排行榜」（2014 年 10 月 27 日発表）。

の大きさは，中国の制度環境がそうした資産隠しを容易にさせていることをうかがわせるものである。

　第二に指摘すべき点は，国有企業の経営者（しばしば共産党の高級幹部と重なる）の高給である。近年，国有企業の経営者の給料は政府のコントロールを外れ，うなぎ登りに上昇している。

　『フォーブス』中国語版によれば，上場国有企業 CEO の中で，2013 年の年収が最も高かったのはコンテナ製造会社，中国国際海運集装箱集団（CIMC）の麦伯良総経理で，869 万 7000 元（約 1 億 6300 万円）だった。上場国有企業 CEO の平均年収は 77 万 3000 元（約 1450 万円）で，都市労働者の平均年収 5

　らの批判に対して，「新浪網」でのアンケート調査の結果を引用して反論している。それによれば，7918 人の回答者のうち，83.7％が過大評価ではない，10.3％が過大評価，6％がどちらでもないと回答したという（王 2013b：228 頁）。

万 2000 元の約 15 倍という高さである。2011 年の実績では，年収が 100 万元を超えた上場企業経営者 294 人のうち，民営企業 CEO は 151 人，国有企業 CEO は 143 人で，平均年収は国有企業 CEO が民営企業 CEO を上回るという（『朝日新聞』デジタル版 2012 年 8 月 7 日付）。

　グローバル化が進む中で，優秀な経営者を確保するためには，経営者の報酬も国際水準に従わなければならないという，もっともらしい議論がある。しかし，先に見たように，米国の経営者の高給に正当な根拠がないなら，この議論も疑わしいといわざるを得ない。ピケティが皮肉まじりに指摘したように，「最も稼ぐ者が自分の給料を自分で決めるなら，その結果，格差はどんどん大きくなりかねない」（ピケティ 2014：347 頁）のである。

　もちろん，中国政府も決して無策であったわけではない。遅ればせながら政府は，「中央管理企業責任者の給与制度改革方案」を 2015 年 1 月 1 日から施行した。それまでの給与制度は基本給と業績給の 2 種類からなるものだったが，新しい「方案」では，これに任期奨励給を加えた 3 種類からなる。基本給は，在職職員の平均給与の 2 倍に設定されている。また，業績給は五つのレベルに分けられ，最高レベルの A ランクだと，基数の 2～3 倍となる。さらに，任期奨励給は任期考査評価結果に基づき決定されるという。この制度改正により国有企業 CEO の高給に歯止めがかかることが期待されている[13]。

中国における「資産」を考える

　中国の富豪ランキングには，一世代で財を築いた民営企業家が並んでおり，この時期に生じた格差は，主に労働や才覚による差異を反映したものだったといえるだろう。人民共和国の最初の 30 年，中国では集権的な社会主義体制の下で，資産を保有することが厳しく制限されていたわけだが，1970 年代末の改革開放後，いわば無一文からの経済復興が始まった。前出の富豪ランキング

---

13) 新しい「方案」が施行されると，現行では 10～15 倍あると推定される CEO と平均給与との格差は，7～8 倍に縮小すると予想されている（労働政策研究・研究機構ホームページ「中央管理企業責任者の給与制度改革方案」を施行：http://www.jil.go.jp/foreign/jihou/2015/02/china_01.html）。

は競争に勝利した者のリストでもある。

　ただし，他国にはない中国の特徴として，「関係」（コネ）と呼ばれる「非物的資産」が，資産形成に一役買ったことも指摘しておく必要がある。香港科技大学のカールステン・ホルツによれば，「［2006年現在］中国には1億元（約19億円）を超える財産を持つ富豪が3220人いるが，このうち2932人は共産党幹部の子弟である。五つの最も重要な工業部門，金融，外国貿易，不動産開発，大型建設プロジェクトと国家安全にかかわる部門において，85％から90％の核心的ポストは共産党幹部の子弟の手にある」（Holz 2007）。ホルツの推計がどの程度信頼できるかは別にして，市場移行段階にあった中国においてビジネスで成功するためには，党や政府官僚との「関係」が有利に働いたと想像することは，それほど大きな誤りではないだろう。この点に注目するならば，物的資産だけではなく，「非物的資産」にも十分な注意を払う必要がある。

　共産党の一党独裁体制が維持されるかぎり，「非物的資産」の重要性は変わらず維持されることになる。呉敬璉などの主流派経済学者が主張するように，徹底した民営化はそうした「非物的資産」の価値を減らすことになる。この点からいえば，呉敬璉らの主張を支持したいが，やや皮肉を込めていえば，すでに資産を形成し終わった富裕層（党の子弟や経済学者を含む）にとって，もはや「非物的資産」の価値はそれほど重要とはいえない。現政権が強調する「依法治国」（法によって国を治める）も，見方によっては，富裕層の財産保全を後押しするものになっている。

　以上のことから，「スーパー経営者」の出現と「関係」（コネ）の存在が，中国における所得格差の形成において，それがすべてではないにせよ，決して無視できない重要な役割を果たしたことがわかる。それでは，最初の問題設定に戻って，市場化の進展が格差を拡大したのか，それとも市場化の不徹底が格差拡大の要因になったのかを考えてみよう。スーパー経営者の出現は，米国やイギリスにおいて典型的に見られる現象であり，それが中国でも現れたと考えるのが妥当だとすれば，市場化の進展がもたらしたものだと推論することができる。他方，「関係」に注目するなら，市場経済への移行期において，共産党の高級幹部がさまざまな特権を利用し，非正規のルートを通じて富を蓄積してい

たことが想像される。また，主要産業では国有企業の支配的な地位が維持され，それがある種の利権を共産党の高級幹部にもたらしている構造は，しばらく変わりそうにない。したがって，この面に注目するなら，市場化の不徹底が格差を拡大させたといえる。要するに，市場化の進展が格差を拡大させた側面と，反対に市場化の不徹底が格差を拡大させた側面の両面を，中国は併せ持っているということである。

4 「曖昧な制度」と格差の行方

そもそも，格差はなぜ問題なのだろうか。サンタ・フェ研究所のサミュエル・ボウルズは，平等主義悲観論（平等性と効率性はトレードオフの関係にある）を疑う重大な理由として，それがもたらす経済的コストの大きさを指摘している。ボウルズのいう経済的コストとは，「賃金労働者のインセンティブの鈍化，起業家志望者の信用市場からの排除，職場・近隣・グローバルな問題への協調解を見つけ出すうえで本質的に重要な信頼と相互関心の阻害，そして，持てる者と持たざる者からなる社会に固有の対立を封じ込めるコストの増大」などである（ボウルズ 2013b：181 頁）。

ボウルズの問題提起は，「貧しくても平等」であった中国社会が改革開放によって格差社会へと大きく変動を遂げつつある今日，とりわけ重要な意味を持っていると考えられる。増大する「群体性事件」，安全対策を怠ったために多発している炭鉱事故，外資企業で連続した農民工の自殺，国防予算を上回る社会治安維持の予算など，中国でも不平等の経済的コストが急増していることが見て取れる。

これまでの分析が明らかにしたように，所得格差の拡大には，「曖昧な制度」と密接に結びついている側面がある。市場経済の移行段階においては，市場経済の担い手も不足し，市場にかかわるフォーマルなルールも未整備である。こうした制度環境の下で，各種の請負制度を導入するなどの工夫が行われ，地方政府が経済主体の役割を発揮するなど，「曖昧な制度」は中国に高度成長をもたらす原動力となった。他方，第 8 章で詳しく論じたように，「曖昧な制度」

は腐敗の蔓延というマイナス面を包含するものであった。ただし，パイが急速に拡大する中で生じた腐敗は，成長を妨げるほど深刻なものにはならなかった。

　格差拡大にかかわって，今後重視すべき点は，35年の改革開放の中で形成された物的資産がすでに相当規模になり，中国においても物的資産の有無が格差の大きな要因になる時期がすでに始まっていることである。これに対して，これまでのところ，対応策はきわめて限定されたものである。相続税は全人代で議論されたもののいまだ導入されず，個人の不動産保有は課税されない。また，所得税の最高税率は45％，その他雑収入（不動産の売買などへの課税）は20％という低率である。

　一方，呉敬璉らの主流派経済学者は，徹底した民営化を実施して，党や政府官僚が保有する「関係」という「非物的資産」の価値を減らすべきだと主張する（呉2015）。たしかに，共産党の高級幹部の特権が小さくなれば，その分だけ格差は縮小することが期待できる。しかし，前記のように，「非物的資産」と少なくとも同等の価値を物的資産が持つようになっている今日では，徹底した民営化の推進を謳うだけでは，格差問題の解決にはほど遠いといわざるを得ない。たとえば，土地所有にかかわる規制緩和や大型国有企業の民営化が進めば，一時的に不平等が縮小しても，資産保有の不平等はさらに悪化する可能性が大きいだろう[14]。このように，徹底した民営化は格差問題に対する有効な抑制手段にはならない。格差拡大に歯止めをかけるためには，資産課税にかかわる税制度の整備が急がれるが，税制度をつくり，実行する主体である政府官僚は資産保有者と重なる部分が大きいので，資産課税による格差縮小への貢献に過度な期待を寄せることは禁物である。

　グローバル化が進む中，格差拡大もまたグローバルな過程だとすれば，最も望ましいのは，一国だけではなく各国が協調して格差是正措置を取ることであ

14）農民に土地私有を認めたり，国有企業の株式をすべての国民に平等配分したりすれば，一時的に資産格差は縮小するかもしれない。しかし，1992年〜1994年にロシアが実施した国有企業のバウチャー方式民営化を思い起こしてほしい。旧国有企業の株式を購入する権利であるバウチャーを数本のウォッカと取り替えたりした愚か者が多数出現した結果，国有企業は短期間に少数の新興財閥の手に集中したのである。

る。ピケティも，国際協調による資産累進課税の導入の必要性を説く。この点は，実現可能性が低いと多くの論者の批判が集中する論点であり，筆者もその実現可能性に悲観的である。

しかし，同時にピケティは，歴史の重要性にも注目している。かつてはヨーロッパより平等であった米国が，今日では先進国の中で最も格差が大きい国になっている事例が示すように，格差は，国ごとの歴史によって異なる様相を呈している。したがって，格差への対応策も，それぞれの国が自らの歴史の中から見つけ出す必要があると，ピケティは指摘する。グローバル化が進むなか，一国だけで資産課税をしても（課税逃避などのため）効果が薄いのは間違いないが，一国でもある程度の効果が期待できる大国もある。米国がそうだし，中国もそうである。

中国は，国の規模が大きいこと以外に，いま一つ米国にない優位性がある。それは中国の政治経済システムの独自性である。中国は，資本の自由な活動を制限し，土地は国有（もしくは集団所有）で，主要な産業分野では国有企業が支配的な地位を占めている。こうした特異な政治経済システムはしばしば批判の対象とされるが，裏返してみれば，このシステムには先進国とは異なる方法で格差拡大を防ぐ手段が備わっていると見ることができる。格差をいかに効果的にコントロールするかについて，以下に示されたピケティの将来展望は，中国の格差問題を考えるときにも大きな参照価値を持つといえるだろう。

> 今後最も重要な問題のひとつは財産の新しい形態や，資本への新たな民主的コントロール形態を開発することだ。（中略）市場と投票箱という手段は，単に二つの両極端でしかない。新しい参加とガバナンスの形態はまだ発明されていない。（中略）民主主義がいつの日か資本主義のコントロールを取り戻すためには，まずは民主主義と資本主義を宿す具体的な制度が何度も再発明される必要があることを認識しなくてはならない。
>
> （ピケティ 2014：599-600 頁）

ピケティが主張するように，市場メカニズムには格差を自動的に調整する能力は備わっていないし，その欠陥を補うはずの政治制度も，先進国でさえ必ず

しもうまく機能しているわけではない。中国に引きつけていえば，政治経済システムの特徴を活かして，民間資産の膨張を適切にコントロールし，国有資産を有効に利用する制度を構築することができるかどうかが，いま厳しく問われているのである。

終　章

中国経済学の展望

　この章では，前章までの議論を踏まえて，資本主義の類型化という視点から，その多様性にかかわる議論を整理した上で，「中国的なるもの」をめぐる議論に焦点を当てて中国型資本主義の行方を論じる。

　筆者は，「曖昧な制度」に特徴づけられる中国型資本主義が，35年間の高度成長を経た今日，大きな転換点に差し掛かっていると考えている。中国型資本主義がどこに向かって進もうとしているのかを展望するとき，考慮すべきは「曖昧な制度」の行方である。これまでの分析が明らかにしたように，中国に高度成長をもたらした制度的な要因である「曖昧な制度」は，形を変えながら頑強に生き残っている。この点に注目するならば，「曖昧な制度」は，たとえ変化を余儀なくされるとしても，そのコア部分は何らかの形で継承され，中国型資本主義の特質を形成し続けるに違いない。その行方を研究することが中国経済学に課せられた重要な課題の一つなのである。

1　資本主義の多様性，再論

　これまでの章において筆者は，「曖昧な制度」をキーワードにして中国の経済システムの独自性をさまざまな側面から議論してきた。資本主義の多様性をいわばアプリオリに前提とし，中国型資本主義もまたその一つとして議論を展開してきたわけだが，中国の独自性をより明確に示すためには，資本主義の類

型化の議論に基づいて，中国型資本主義が他の資本主義の類型とどこが，どのように違うのかを明らかにする必要がある。

筆者は前著において，資本主義の類型化という視点から，その多様性を議論し，中国型資本主義がどこに位置するかを明らかにしようと試みた（加藤2013）[1]。その内容を簡単に振り返っておこう。

フランスで保険業に携わった実業家であるミシェル・アルベールによれば，米国に代表される「アングロサクソン型」資本主義を一方の端として，ドイツ，フランスなどに代表される「ライン型」資本主義をもう一方の端とする直線上に，すべての資本主義の類型が並ぶ（アルベール2011）。それぞれの資本主義国は，自国の発展段階，民主主義の成熟度，国民が重視する価値といった，さまざまな要因の組み合わせにより，アングロサクソン型に近いタイプになるか，それともライン型に近いタイプになるかを，選択することになる。

また，フランスの経済学者ブルーノ・アマーブルは，青木昌彦らの比較制度分析の観点に基づき，因子分析の手法を使って各国の資本主義の構成要素となる複数の指標を計測し，資本主義を「市場ベース型」モデル，「社会民主主義型」モデル，「大陸欧州型」モデル，「南欧型」モデル，「アジア型」モデルの5類型に区分した（アマーブル2005）。

さらに，エラスムス大学のスレイマン・I・コーヘンは，①伝統的な家計の行動特性に基礎を置く「家計本位システム」（household intensive system），②企業の行動様式に基礎を置く「企業本位システム」（firm intensive system），③国家の行動様式を基礎とする「国家本位システム」（state intensive system），の3類型に区分し，経済システムをより広い範囲で捉えようとした（コーヘン2012）。

それぞれ異なる類型化の視点から見ると，いま中国に存在する資本主義はどう見えるのだろうか。結果は三者三様である。アルベールの類型では，中国は「アングロサクソン型」資本主義にあこがれる発展途上国として描かれている。またアマーブルは，中国を東アジアの周辺国と共通点を持つ「アジア型」資本主義に区分した。他方，コーヘンは3類型から外れた第4の類型を中国とイン

---

1) それぞれの類型論については，前著でも議論したのでここではその詳細は省略する。興味のある読者は前著を参照してほしい。

ドに適用して「多極的社会経済システム」（multi-pole system）と捉えた。いずれも，中国型資本主義の特徴の一面を捉えているといえなくもないが，本書で検討してきた「曖昧な制度」を本質とする中国の経済システムの独自性を表現する類型として，筆者はもの足りなさを感じる。

もの足りなさの原因を考えると，アマーブルについては，アングロサクソン型とライン型という狭い幅のスペクトラムの間に，すべての資本主義の類型を位置づけようとする問題設定に，そもそも限界があるのではないかと思われる。5類型を想定したアルベールにおいても，アジア型を例外とすれば，アマーブルの枠組みと大きな差はない。さらに，コーヘンについては，途上国の経済を念頭に置く家計本位システムやロシアを念頭に置く国家本位システムを，多様な資本主義の類型に影響を与える要素として加えたことは，主として欧米先進国の資本主義の類型化を考えるアマーブルやアルベールよりも幅が広いといえる。しかし，コーヘンは，3類型とは別に中国を第4類型とした。コーヘンは，3類型とその派生型としてすべての国の経済システムを捉えようとしたが，中国とインドを例外にせざるを得なかったのである。

前記の類型化の議論に，新たに以下の二つの議論を追加したい。その一つは，米国の経済学者ウィリアム・ボーモルらによる類型化である。ボーモルらは資本主義を，①国家主導型資本主義，②オリガルヒ的資本主義，③大企業資本主義，④起業家資本主義，の4類型に区分した。そして，起業家資本主義が最も望ましい資本主義のタイプであると主張した（ボーモルほか 2014）。起業家の役割に注目した点は，既存の類型化論には欠けていた視点だといえるが，国家主導型も，大企業型も，起業家型もすべての要素を内に含む中国型資本主義を分析する概念としては，必ずしも有効な類型化とはいえない。

いま一つの類型化の議論として，資本主義の多様性を強調するレギュラシオン学派のロベール・ボワイエの議論を取り上げよう。ボワイエは，資本主義の多様性に関する諸理論を網羅的に整理した上で，レギュラシオン学派の類型化を提示した。レギュラシオン学派は，戦後資本主義の標準的な形態，とりわけ米国において典型的に見られた「フォーディズム」を出発点として，資本主義の歴史的な発展段階を展望するという分析視角から，フォーディズムの後に来

表終-1　制度の5形態：中国の配置

制度の形態	主要な特徴	規制方式への影響	蓄積体制への影響
①競争の形態	多数かつ様々な経済主体（企業，地方政府）による激烈な競争	生産コスト，価格の継続的低下の傾向	蓄積の原動力
②賃金・労働関係	都市・農村間での二重構造 分断され，細かく分けられた仕事内容 労働者自身の集団組織の不在	農村労働者の大規模なプールが競争的賃金形成に強く影響	所得の不平等：低下傾向にある労働分配率
③金融・信用体制	大規模な分権化とマクロレベルでのコントロールの必要性との矛盾	国内/国際経済の急激な変化への適切な調整的反応	高度成長を維持する手段
④国家・経済関係	実利主義的で先取り的な中央政府 多層レベルでの複雑なガバナンス	不均衡への反応の早さ	制度形態の頻繁な再配置
⑤国際経済への接合	選択的接合 　―直接投資への制約 　―外部の経常収支のコントロール 　―独特の国内標準	国内信用の変化に対応し，外的ショックを和らげる鍵となる政治的変数としての為替レート	国内需給のアンバランスの結果としての貿易黒字

出所）Boyer（2012）193頁の図を一部簡略化した。

るべき資本主義の類型を検討した。そして，資本主義は一つの類型に収斂するのではなく，多様な類型を保持するとの結論に到達した（田中 2015b）。

　ボワイエは，①競争の形態，②賃金・労働関係，③金融・信用体制，④国家・経済関係，⑤国際経済への接合，の五つのサブシステムを取り上げ，資本主義の特徴を整理した（ボワイエ 2005）。ただし，「制度補完性」があるため，この五つの制度形態の異なる組み合わせがすべて資本主義の類型として成立するのではない。結局のところ，ボワイエの出した結論は，他の類型論と大差なく，①市場型（代表は米国――以下同じ：市場の役割重視），②メゾ・コーポラティズム型（日本：大企業や業界団体の役割が重要），③社会民主型（スカンジナビア諸国：政・労・資の三つが結合），④国家主導型（フランス，ドイツ：政府の公共政策の役割重視），の4類型の資本主義が存在するというものである。ちなみに，ボワイエ自身がこの基準で整理した中国型資本主義の制度的特徴は，表終-1に示しておいた。

中国型資本主義が4類型のどれに属するか，あるいはどの類型に一番近いのかについて，ボワイエは明確には語っていない。五つのサブシステムの一つである激しい市場競争の存在に注目すれば，市場型に属するように見えるし，多層レベルでの複雑なガバナンスは，経済主体は異なるがメゾ・コーポラティズムを連想させる。他方，不均衡への中央政府のすばやい対応，国際経済への選択的接合は，国家主導型の特徴のようにも見える。結局のところ，社会民主型ではないことがわかったとしても，他の3類型のどこに入れてもおかしくない特徴を中国は併せ持っているのである。

　以上のように見てくると，既存の資本主義の類型化の議論を応用して，中国型資本主義の全体像を捉えるのはむずかしいことがわかる。結局のところ，答えは中国の外側にはなく，中国の独自性がどこにあるのかは中国の内側から探し出す以外に方法はない。ここであらためて，中国の独自性を捉える基本的な分析視角として序章で指摘しておいた点，すなわち，中国経済の特徴の一つ一つを個別に分析するのではなく，相互依存の関係の中で「全体的」（holistic）に捉えることの重要性を強調しておきたい。中国に類型化の議論をあえて当てはめるなら，それは中国型としか呼べない類型であると筆者は主張したい。

2　「中国的なるもの」をめぐって

　中国の独自性がどこにあるのかという問いは，本書を通底する本質的なものだが，この点とかかわって，第2章では，広義の請負を意味する「包」が民国期特有の現象ではなかったかと筆者を批判した木越義則の議論を取り上げた。木越の議論には以下の問いが続く。すなわち，筆者の主張する「曖昧な制度」が，「中国特殊論」の再論なのか，それとも「中国特殊論」からの訣別なのかという問いである（木越 2014）。さらに木越は，もしそれが「中国特殊論」からの訣別だとすれば，『曖昧な制度』は比較制度分析によって説明・解明できるのか，それとも実証研究に耐えるだけの内実がないのかという，より本質的な論点を付け加えている。

　本書を通じて検討してきたように，筆者は，中国には他国にはない独自性が

あると考えているが，中国が特殊だと思ったことは一度もない。誤解を招く恐れがあるので，「中国特殊論」という表現はあまり使いたくないが，「中国特殊論」からの訣別を中国の独自性の探究と同じ意味で木越が使っているとすれば，この問いに答えることは，きわめて今日的な課題に答えることになると考える。

　中国史を専門とする岸本美緒は，柏祐賢の「包」の倫理規律や村松祐次の個別主義などを取り上げ，「中国史における『発展』のシェーマが自明のものではなくなった今日，柏や村松の『中国的なるもの』のモデルをどのように受け止めるか」がいまあらためて問われていると指摘した（岸本 2006）。岸本がいう「中国史における『発展』のシェーマ」とは，ごく単純化して整理するなら，人民共和国の成立以来，中国は社会主義体制の下で着実に発展を続けているとする考え方に基づき，それに結びつける形で歴史を解釈しようとする考え方である。こうした考え方が一時期学会の主流派を占めたため，中国的特質が中国経済の停滞の要因であると見なす柏や村松の議論は，ほとんど顧みられることがなくなってしまった。ところが，改革開放後に高度成長が始まると，柏や村松が停滞要因と考えた中国的特質が実は高度成長に貢献しているのではないかとする，「中国的なるもの」の再評価の議論が提起されるようになった。こうした岸本の問題意識は，筆者や木越とも共通している。

　木越の問題提起は，日本資本主義論や日本型経済システム論との比較を念頭に置き，中国研究を相対化して捉える視点からのものであり，別の表現をすれば，かつて隆盛であった日本型経済システムをめぐる議論がほとんど顧みられなくなったように，中国型資本主義の独自性を説く筆者の議論も，時代が進めば中国自身によって破棄され，アングロサクソン型のシステムに収斂していくのではないかとする大方の予測に対して，筆者はどう答えるのかという本質的な問いかけでもある。

　木越の問いかけに対して筆者は，「中国的なるもの」の探究は決して一時的な隆盛に終わらないと答えたい。筆者がそのように考える理由の第一は，制度の重層構造を想定しているからである。制度には 10 年や 20 年のタイムスパンで変化するものもあれば，100 年やそれ以上にわたって不変のものもある。こ

うした視点に立てば，中国の独自性は，一部は消滅するかもしれないが，長期にわたって存続する部分もあるはずである。それが何かを追求する試みとして，筆者は「曖昧な制度」に注目してきたのである。

　第二の理由は，「曖昧な制度」を前提とした制度の精緻化の動きが見られるからである。改革開放以降，農家経営請負制，企業経営請負制，地方財政請負制など，さまざまな形で復活した「包」（請負）を，筆者は「曖昧な制度」を具現化したものと捉えた。たしかに，分税制の導入により地方財政請負制が廃止されたように，制度の精緻化が進めば「曖昧な制度」の一部は規範化されたものに置き換えられていく。しかし，すべてがそうなるわけではない。その一例が，第3章で詳しく検討した土地の集団所有という「曖昧な制度」である。土地私有化という方向ではなく，集団所有を前提とした上で，土地の有効活用のため耕作権の流動化をどう進めるのかが議論され，それに沿った試みが各地で行われている。こうした試みは，まだ試行段階のものが多いとはいえ，「曖昧な制度」を前提とした制度の精緻化の動きと捉えることができる。

　第三の理由は，近年では顧みられることが少なくなった「日本的なるもの」の探究が，再び脚光を浴びる可能性があると考えているからである。系列，談合，企業集団，メインバンク・システムなど，日本型経済システムの特徴として指摘されたものは，いまから振り返ってみると，高度成長期についてはよく当てはまるとしても，バブル崩壊と「失われた20年」の間に，その優位性を指摘する議論がすっかり影を潜めてしまった。日本型経済システムの特徴は，欧米諸国にキャッチアップする段階には有効だったが，キャッチアップが終了すれば，グローバル・スタンダード（アングロサクソン型資本主義）を日本も受け入れるしかないという考えが主流となり，メガバンクの誕生など，さまざまな規制緩和が行われて今日に至っている。「日本的なるもの」の探究の衰退は，日本経済の停滞と軌を一にしていたと同時に，グローバル・スタンダードへの接近という動きとも連動していたといえる。

　木越が指摘するように，日本経済史における実証研究の進展が，従来，「日本的なるもの」と考えられてきた現象が必ずしも日本独自のものではないことを明らかにしたという点で，「日本的なるもの」の探究の学術的価値を減らし

た側面があるのは事実である。しかし，日本型経済システムはキャッチアップ段階にしか適用できないシステムなのか，グローバル・スタンダードへの接近を進めたことが，かえって日本経済の長期停滞をもたらした可能性はないのかを，あらためて問う必要がありはしないだろうか。

　プリンストン高等研究所のダニ・ロドリックは，①グローバリゼーション，②民主主義，③国家主権，の三つは同時に成立しないという，グローバリゼーションの政治的トリレンマの議論を提起した。グローバリゼーションを追求するなら，民主主義か国家主権のどちらかを放棄しなければならないし，国家主権を維持しようとするなら，民主主義かグローバリゼーションのどちらかを諦めなければならない。ロドリックは，守るべきは民主主義と国家主権であり，そのためにはグローバリゼーションを適切に制限すべきという問題提起を行っている（ロドリック 2013）。

　ロドリックの問題提起は，日本や日本の経済システムの行方を考えるときに重要な視点を提供している。同じことは中国についてもあてはまる。ロドリックによれば，中国はグローバル経済が克服すべき主な問題をすべて抱えている。なかでもとくに重要な問題は，開かれた経済と，低コスト国との貿易が引き起こす分配や調整の困難とをどう整合させるかという問題である。ロドリックは次のように指摘する。「中国ほど制度が独特で，世界の市場に巨大な存在感を示している国はない。この問題に対処する適切な方法は，よくいわれるような，国際ルールや国際協調を中国に厳しく適用することではない。独自の経済的，社会的政策を行う余地を認めつつ，国境を越えることによる負の影響を減らすようなやり方は，中国を含めて，すべての国に当てはめることが可能だ」（同上書：310頁）。ハイパー・グローバリゼーションは望ましいものでもないし，避けがたいものでもないとするロドリックの主張に筆者も賛同したい。日本や中国が進むべき望ましい発展の方向は，グローバル・スタンダードを受け入れ，欧米型の経済システムに自国のシステムを収斂させることではなく，それぞれのシステムの独自性を保持したままで，自国にとって最も望ましい形でグローバル経済への接合をはかることなのである。

　最後に，再び木越の問いかけに戻ろう。筆者の考える「曖昧な制度」は，時

代を超えた中国の独自性が制度に埋め込まれているという意味で，木越のいう「中国特殊論」の再論と捉えることもできなくはない。しかし，筆者のいう「曖昧な制度」は，決して不変の構造を意味するものではなく，時代の変化に応じて変化を遂げ，いまもその過程にある。したがって，中国の経済システムの持つ特質を比較制度分析の視点から説明・解明すること，すなわち，中国の独自性を探究することは，「中国特殊論」の再論ではなく，「中国特殊論」からの訣別を意味しているのである。

3　中国経済学の到達点と展望

中国型資本主義はどこに向かっているか

　本書を通じて検討してきたように，「曖昧な制度」を内に含んだ現行の経済システム（中国型資本主義）は，過渡的な側面と中国独自の側面とを併せ持っている。そして，低所得国から抜けだし，中所得国への入り口にさしかかった21世紀の現段階では，これまで有効に機能してきた経済システムの持つマイナス面が次第に顕在化してきたことも指摘した。現行のシステムを維持するだけでは，中国は前に進めないという点で，筆者は他の多くの改革論者と同じ立場に立つものである。

　それでは，どこに向かって中国は進もうとしているのか。あるいは，進むべきなのだろうか。一つの有力な考え方が，呉敬璉など主流派の経済学者が主張するものであり，徹底した市場化改革を進めて先進資本主義国の経済システムに近づくことが，中国が持続的な発展を実現する唯一の方法であるとする議論である（呉2010）。第1章で紹介した「包括的な制度」の優位性を主張するアセモグルとロビンソンの議論も，呉敬璉らの議論を基本的に支持している。しかし，中国の目指す目標モデルを先進資本主義国の経済システムと同じと考えることに問題はないだろうか。この点にかかわって，筆者は前著において次の3点を指摘した。重要な論点なので，ここであらためて述べておきたい。

　第一に，もし仮に先進資本主義国の経済システムへの収斂が望ましいとしても，制度には経路依存性があり，システム全体の転換には時間がかかる。ま

た，利益集団などの既得権者による抵抗も予想される。したがって，相当長い移行期間を想定しなければならず，その間，中国型資本主義の現行の特徴は保持されると見なければならない。

　第二に，経済システムを構成する各要素は相互に密接に関係しており，その一部だけを改変することは，システム全体の機能不全をもたらす恐れがある。たとえば，官僚の腐敗に対して厳しい取り締まりを実施すれば，腐敗から何の利益も得ていない広範な大衆の支持を受けるだろう。しかし，第8章で検討したように，官僚にインセンティブを与える手法として，少なくとも腐敗の一部（灰色収入など個人的利得の増大を含む）は現行制度にビルトインされている。したがって，腐敗の取り締まり強化が，経済発展に対する官僚のコミットメントを低下させ，経済発展の鈍化をもたらすかもしれない。このように，腐敗の取り締まり強化は官僚へのインセンティブ・メカニズムの改革（たとえば，昇級の仕組みや業績評価の手法の改革など）と連動していなければ，経済発展に対してマイナスの影響を与える可能性がある。

　第三に，中国の「国情」はこれからも変えようがない。中国は，国土が大きく多様性に富み，13億人を超える人口を擁する大国である。この「国情」は，中国が統一国家を続ける限り，これからも長い期間にわたって中国を特徴づけることになり，変えたくとも変えようがない要素である。この「国情」は，長い時間をかけて中国が「曖昧な制度」を形成することになった重要な要因の一つだが，「国情」が変わらない以上，「曖昧な制度」も何らかの形で継承されていく可能性が大きいと筆者は考えている。

「曖昧な制度」はどう変化してきたか

　以上のように考えると，先進資本主義国の経済システムへの収斂がいかに望ましいとしても，すぐに現行のシステムを変えることはできないし，当面は，「曖昧な制度」を維持しその内容を望ましい方向へと改善していくことで，前に進む以外に道はない。本書では，第3章から第7章まで，「曖昧な制度」が機能している複数の事例を取り上げ，「曖昧な制度」が変化を起こしつつも，頑強に生き残っていることを見いだした。そして第8章と第9章では，「曖昧

な制度」が引き起こした二つの問題点を取り上げ，その解決策を論じた。以下では，その結論をまとめておこう。

第一に，土地の集団所有を基礎とした集団経済が，新たに復活しつつある。人民公社が解体され，農家請負制度が導入されると，土地の配分をめぐる調整や郷鎮企業の収益配分について郷村幹部は大きな権限を持つようになり，集団経済が実体を持つようになった。郷鎮企業の民営化や農民の持つ耕作権の長期保証という法整備が進むと，集団経済の力は一旦弱まったが，耕作権の流動化を進めるために，土地株式合作社が成立するといった形で，集団経済が再び前面に表れてきた。土地の集団所有は進化を続けているのである。

第二に，地方政府間・官僚間の競争メカニズムは，一面では高度成長に寄与したものの，地方債務の累積など成長至上主義の弊害も深刻化してきた。成長至上主義から脱却し，地方政府は公共サービスの提供に徹するべきだとする議論がある一方で，一つの河川の水質管理に一人の官僚が責任を持つ「河長制」の試行など，地方政府間・官僚間の競争メカニズムを，環境保護や技術導入など多様な目的に利用しようとする根強い志向も見られる。市場なき市場競争のメカニズムは決して廃れているとはいえない。

第三に，競争的市場から国有企業は撤退するという大方の予想は裏切られ，2003年頃から，中国政府は明確に国有企業の増強を目指す政策へと転換した。競争的市場における混合所有企業は，一定の競争力を保ち，いくつかの産業では中国を代表するナショナル・チャンピオンに育つ可能性がある。

第四に，新興産業が急成長を遂げる過程で，多数の組織や個人が複雑に絡み合った産業組織が形成され，技術やデザインの模倣を前提とした独特のイノベーションの仕組みが実現していた。この仕組みは，今後もしばらくは中国におけるイノベーションの中心的手段であり続けると考えられる。しかし，中国が先進国にキャッチアップすれば，コア技術の開発を外部に依存し続けることはできなくなるだろう。新たなイノベーションの担い手を考えると，官か民かの二者択一ではなく，官民一体型のイノベーションの仕組みが有効性を発揮しそうである。

第五に，1990年代半ば以降，新興ドナーとして活発に対外援助を行うよう

になった中国だが，中国の対外援助には国際援助社会の常識とは異なる側面が多く含まれ，援助受け入れ国からは歓迎される一方，国際援助社会からは批判も受けている。中国の対外援助の手法は日本の過去の援助経験とも重なる点が多く，日本の経験から十分に教訓を学べば，欧米とは異なる独自の援助手法として評価が確立する可能性もある。

第六に，「曖昧な制度」の問題点として指摘されることが多い，腐敗と格差の問題については，一方的に「曖昧な制度」に原因を押しつけ，それがなくなれば，腐敗も格差もなくなると考えるのは，過度な単純化である。「曖昧な制度」は，たしかに腐敗の要因の一つだが，成長の源泉でもあった。腐敗だけなくして成長を維持するというのは，そう簡単ではない。格差についても，市場化の進展が格差をもたらした面と，市場化の不徹底が格差をもたらした面の両面がある。利益集団化した党・政府官僚の既得権構造が維持されているという意味で，「曖昧な制度」が市場化の不徹底の要因の一つだとしても，市場化を徹底すれば格差が縮小するという考えは，格差の前者の側面を見逃している。

中国経済学が目指す目標

以上見てきたように，「曖昧な制度」は社会主義から市場経済への移行が進み，法整備や組織の規範化が進んできた今日においても，消滅するどころか，なお頑健にその存在を主張し続けている。50年先，100年先の遠い将来については，もちろん，どのような変化が生じるかわからないが，当面は，「曖昧な制度」の特徴を包含した中国型資本主義が存続することになりそうである。

「曖昧な制度」がどのように機能しているかを明らかにすることは，中国型資本主義をよりよく理解するために必要だとしても，他国にとっての参照価値が低いとする批判もあり得るだろう。たしかに，「曖昧な制度」は長い文化的伝統の下で中国が継承し，発展させてきたものだから，他国にそのまま適用できるものではない。おそらく他国への適用はむずかしいだろうと筆者も考える。しかし，「曖昧な制度」は，他国にとっての参照価値以上に重要な価値を含んでいると，筆者は考えている。それは，これまでとは異なる枠組みで経済学を捉え直す，ある種の糸口を「曖昧な制度」が与えているのではないかとい

う点である。

　本書の第1章において，制度の役割に注目したサミュエル・ボウルズが，既存の経済学の大前提となっている，ワルラス的パラダイムの超克を目指し，意欲的な試みを行っていることを紹介した。ボウルズの依拠する新しいパラダイムの三つの仮定を思い出してほしい。それは，①契約によらない社会的相互作用，②適応的かつ他者考慮的な行動，③一般化された収穫逓増，の三つであった。ボウルズは，理論面から既存の経済学への挑戦を行っているわけだが，本書で検討してきた中国の「曖昧な制度」は，実践面から既存経済学の枠組みに対する挑戦をしていると捉えることはできないだろうか。

　筆者は，中国の経験が，ボウルズの三つの仮定と整合的であると主張したいわけではない。ボウルズの①の仮定は「暗黙の契約」としての「包」がある種の普遍性を持つことを示唆しているように見えるが，直感的に見ても②の仮定は，「自己中心主義」を特徴とする中国の経験とは整合的でないように見える。しかし，ボウルズの挙げた三つの仮定のうち，どれかが誤りで，正しい仮定が他に存在する可能性も，現時点では否定できないだろう。一方が理論面から，他方が実践面からと，トンネルの両側から掘り進んで，ちょうど中間でトンネルが開通するように，理論と実践とが合致したとき，ボウルズの考える新たなパラダイムが完成するのだとすれば，「曖昧な制度」に注目して中国の独自性を探究することは，経済学の進歩に多少なりとも貢献できるのではないだろうか。それは，筆者の考える中国経済学が目指す最終目標であり，本書はそのささやかな第一歩なのである。

付　論

若き中国研究者へ
　　——赤の女王の走りと異邦人のまなざし——

　　　　道に迷わないためには，顔に風をいっぱいうけ，鼻でにおいを嗅ぐ。風には雪
　　　　のにおい，草のにおい，砂のにおい，硝石のにおい，アルカリのにおい，オオ
　　　　カミのにおい，キツネのにおい，馬糞のにおい，営地のにおいとか，いろいろ
　　　　あるんだ。たまに，なんのにおいもしないときがある。そのときは耳と記憶力
　　　　にたよるしかない。　　　　——姜戎『神なるオオカミ』上巻，講談社，295 頁。

1　自分自身の研究史を振り返る[1]

　「赤の女王の走り」（run of Red Queen）仮説を，皆さんは知っているだろうか。ルイス・キャロルの寓話小説『鏡の国のアリス』の中で，「赤の女王」はアリスにこういう。「ここでは一カ所にとどまっていたいと思ったら，力の限り走り続けなきゃならないのだよ」。このエピソードを語源とする「赤の女王の走り」は，生物学の分野では進化し続けなければ種は滅んでしまうとか，イノベーションの分野では最先端の技術革新を続けなければ企業は倒産してしまうとか，さまざまな分野で使われるようになった。

　自分自身の四半世紀の研究歴を振り返ると，「赤の女王の走り」は中国研究にも当てはまるところがあったように思う。私が大阪外国語大学中国語学科を卒業して，神戸大学大学院経済学研究科に入学したのは 1979 年 4 月のことだから，改革開放の出発点となった共産党第 11 期 3 中全会（1978 年 12 月）とほぼ時期が重なっている。単なる偶然の一致にすぎないけれど，私の中国研究は改革開放の開始と同じ時に始まったわけである。

---

1) 加藤（2012a）をもとに加筆・修正した。

改革開放後に私たちが目の当たりにした中国経済の大躍進については，ここで詳しく述べない。しかし，この時期，中国が世界の中でも最も激しい変動を経験した国であることは疑いない。私たちは，そうした大変動をリアルタイムで観察するという幸運に恵まれたわけである。しかし，いまから振り返ると，そのことは研究者にたいへん厳しい要求を突きつけるものだったともいえる。

　第一に，情報量の急増である。それまでの中国研究（主として現代中国経済研究を念頭に置く，以下同じ）のスタイルは，『人民日報』，『光明日報』などの新聞報道をもとに，社会主義中国の運行メカニズムを観察するというものだった。当時の関西では，藤本昭先生（神戸大学名誉教授）と河地重蔵先生（大阪市立大学名誉教授）を中心に院生や若手研究者が集まり，靱公園近くにあった日中経済協会関西本部の会議室で月一度の研究会を開いていた。その内容は，先月分の『人民日報』を丹念に読み，主要な経済記事をまとめて皆で議論するというものである。工業生産額が何％伸びたとか，小麦の生産量が何割減ったとか，断片的に得られる統計数字をいくらひっくり返してみても，計量的な研究など望むべくもない。それでも続けていると，だんだん中国の動きがおぼろげながら見えてくるから不思議だった。とはいえ，油断すると新聞が山のように積まれ，「今日」にキャッチアップするのがたいへんとなる。ちょっと大げさだが，これが私の研究歴における最初の「赤の女王の走り」体験であったが，後から振り返ればこれはたいしたことではなかった。

　丹念に新聞を読むという研究スタイルは，中国からの生の情報が爆発的に増加することにより，たちどころに修正を余儀なくされた。『中国統計年鑑』が1981年に刊行され，地方ごとの統計年鑑も続々と公開発行されるようになり，統計データが継続的に手に入るようになった。また，中国社会科学院経済研究所の機関誌『経済研究』をはじめ膨大な量の経済雑誌が復刊，あるいは新たに刊行された。そうした膨大な資料やデータの中から重要な情報だけを取り出し，自分なりの中国像を作り上げるのは容易なことではなくなった。私には，いまでも多少人よりも優れていると自慢できる点が一つだけある。それは，大量の「ゴミ」のような中文資料から有用なデータだけを短期間に抽出するワザである。そういう作業を続けなければ，中国の動きをフォローできなくなった

という意味で,「赤の女王の走り」が当てはまる状況が生まれたといえる。

　第二は,中国自身の変化の速さである。市場経済化の進展に伴って,急進展する制度改革や次々と打ち出される新しい政策,それを単に追うだけでも論文が量産できるといった時期が続いた。しかし,新しい制度を紹介するだけで何がわかったかといえば,ある種のむなしさというか徒労感を感じないわけにはいかない。手堅い財政・金融制度研究で知られる南部稔先生（神戸商科大学名誉教授）は,あるときを境に財政・金融制度の研究から手を引いて,晩年は香港経済の本を書いたりして過ごされた。もうそろそろ時効だと思うので,私なりの勝手な解釈をお許しいただくとすれば,あれほど熱心に取り組まれていた財政・金融の制度についての研究を止められた理由は,制度改革はこれからも続くわけだが,それを時系列的に並べていてもどれほどの意味があるのだろうかという,シンプルだが本質的な疑問に囚われたからではないだろうか。

　いずれにせよ,中国を正しく理解するためには,毎年のように変化する制度や政策の流れをきちんと押さえておく必要がある。もし丸2年,まったく論文を書かなかったら,もう論文が書けなくなるのではないかという恐怖感に一度ならず襲われたことがある。こうした感情もまた「赤の女王の走り」が当てはまるものである。

　第三の,中国研究にかかわるもっとも重要な変化は,研究手法の抜本的な転換である。改革開放による市場経済化の進展は,中国研究者にある種の踏み絵を強いたように思う。すなわち,社会主義の正当性を堅持するか,それともそれを否定して社会主義から訣別するかである。いまから振り返るならば,後者が生き残り,前者が淘汰されたといえば言い過ぎだろうか。もう少し正確に表現するなら,マルクス主義経済学や社会主義の純理論に近い立場の研究者ほど,市場経済化を進める中国を研究する意欲を喪失していったと思う。少し冷めた言い方をすれば,社会主義の正当性についての議論を棚上げし,中国の実情に接近することで満足を得ることができた研究者（私も含めて）は,それなりに生き残ったといえるかもしれない。誤解しないでほしいのだが,そうした研究者を批判する意図は毛頭ない。地域研究者とは本来そうあるべきであり,社会主義に幻滅したから研究を止めるというのでは,本当の地域研究者とはい

えないだろう。

　私はといえば，大学時代に田中宏（立命館大学），溝端佐登史（京都大学）らが主催する勉強会に参加してマルクスの『資本論』を読んだ者としては，「マルクス・ボーイ」のカテゴリーに入るだろうが，先に述べたように，改革開放の時期から研究を始めたという出発点の遅さに加え，神戸大学の藤本昭先生の門を叩いたことが，その後の研究方向を大きく変えることになった。藤本先生ご自身は，社会主義に強いシンパシーを持つ人だが，理論よりも実証を重視する研究スタイルで，いまの中国の実情を捉えることが重要だという立場だった。それを実践する良き先輩である上原一慶（京都大学名誉教授），山本恒人（大阪経済大学名誉教授）にも巡り会えた。また，村上敦先生（神戸大学名誉教授）の下で開発経済学の基礎を学んだことも，自分自身の研究方向を定めるうえで大きく影響している。

　地域研究者にとって現地を見ることは何よりも重要なことである。私にとって幸運なことに，1980年から文部省中国派遣留学生制度が始まり，1981年9月，第2回派遣留学生として北京大学への留学が許された。高級進修生という身分で，宿舎費は無料，120元（2015年9月現在では1元＝18.7円だが，当時は1元＝130円）の奨学金も支給された。当時の大学の助教授の給与と同じと聞かされた。留学したばかりの想い出話をすれば，自転車を購入するのに留学生弁公室から証明書をもらい，五道口の商店で群衆に取り囲まれるようにして上海の有名ブランド・永久牌の自転車を120元で購入した。ブランド・ニューの自転車に乗り，さっそうと北京大学まで戻ったのはよいが，すでに前輪のタイヤの空気が抜けていてがっかりしたことが，最初の買い物体験だった。留学生食堂で毎週水曜日の昼に出る餃子のおいしかったこと，料理自慢の留学生仲間と材料を工夫して，おでんやハンバーグなどの手料理をつくり，白々と夜が明けるまで飲み明かしたこと，イタリアからの女子留学生を誘ってダンスホールに出かけたことなど思い出はつきない。ちなみに，同じ留学生寮の住人で，年上の飲み友達であった社会学者の菱田雅晴（法政大学）は，その後の研究仲間にもなった。

　私にとって初めての外国暮らしを体験した北京は，いまから想えば楽しいこ

とばかりだった気がするが，大学の授業内容には正直いって幻滅した。現状分析にかかわる経済学の授業は一つとしてなく，授業で中国経済を学ぶチャンスはほとんどゼロに等しかった。いまでも強く印象に残っている出来事がある。経済政策決定の中枢にいた房維中（国家計画委員会副主任—当時）が，中国経済の現状について特別講演するという情報を聞きつけ，教室で中国人学生に紛れて待っていると，この講演は留学生には「開放されていない」と退席を強要されたことである。このときは，何のために北京にいるのかと心底情けない気持ちになった。

　もう一つだけ，中国に強い幻滅を感じた，いまから思えば笑い話のような想い出を披露しておきたい。「地球の歩き方」のような便利なガイドブックがない時代，典型的なお上りさんだった私は，天安門あたりをうろついた後，昼食をとろうと老舗のホテル北京飯店の一階のレストランに入った。焼きめしとビール（いまならちょっと恥ずかしい注文内容だが，30年以上も昔の貧乏学生のことだと大目に見てほしい）を頼み，青島ビールの大瓶からコップにビールを注いだとき，ビール瓶の底に大きなガラス片を発見して驚いた。すぐにウエイターを呼んで，これは何だ交換せよと要求すると，その答えにさらにびっくり。瓶の中に問題があったのなら，それはビール会社の責任でありホテルの責任ではない。もしお金を返してほしければ，後日あらためて参上せよとの返事である。信じられない逸話だが，強烈な体験としていまでも鮮明に覚えている。1981年秋の北京は，大学の中も外も紛れもない社会主義国だった。

　日本に帰国した後，ほぼ同じ時期に中国の各地に留学していた人に当時の様子を聞くと，南京大学や中山大学ではもっと自由な講義があり，現地視察のアレンジさえしてもらったとのことで，やはり北京大学は特別だったことが判明した。もっとも，大いに驚いたり，腹を立てたりした割には，中国研究を止めようと思わなかったのは，不思議といえば不思議なことだが，やはり，それを上回る魅力がこの国にはあるということだろう。1980年代の半ばになると，大島一二（桃山学院大学），佐藤宏（一橋大学），厳善平（同志社大学）らといっしょに，上海近郊，広東省宝安県，浙江省温州市などでフィールドワークができるようになり，ますます中国の魅力にとりつかれていった。

フィールドワークで得た生のデータを活かして，中国の実態に即した研究を開発経済学の手法に基づいて行うという，その後の私の研究スタイルは，いまから見るとごく当たり前のように見えるが，1980年代初めから半ばの中国では，最も進んだ研究スタイルだったと思う。社会主義のベールに包まれていた中国が，実は貧しい発展途上国にすぎないことが明らかになるにつれ，開発経済学を使って中国を分析しようとする志向が生まれるのは当然のことである。当時，中国への関心を強めていた開発経済学者の渡辺利夫先生（拓殖大学総長）の研究会に参加したり，中国政治の毛里和子先生（早稲田大学名誉教授）の研究会に呼んでもらったりしたのは，こうした研究スタイルが評価されたからだと思う。私自身はそれほど強く意識していたわけではないが，結果として，中国研究の最先端にいたという意味で「赤の女王の走り」をしていたのかもしれない。

2　地域研究と異邦人のまなざし[2]

　1980年代の開発経済学と今日のそれは大きく様変わりして，新しい理論や研究手法をきちんとフォローするだけでも容易ではない。これも「赤の女王の走り」が当てはまる事例といえるが，そのことはどの学問分野にも共通することだから，あえて指摘するまでもない。今日，大量のマクロデータやフィールドワークで得られたミクロデータへのアクセスに恵まれ，計量経済学や空間経済学の理論や実証手法など，最新の分析手法を身につけた若手研究者の前途は洋々であるように見えるが，本当にそうだろうか。いまの若手研究者がどのような問題意識を持って研究を続けるパッションを維持しているのか，私は，正直あまりよくわからない。

　2008年の秋のことである。市場移行国（ロシア・中東欧・中国）を研究対象とする中堅・若手研究者と，社会主義とは何だったのか，市場経済への移行は終わったのか，中国独自の資本主義は成立するのかなど，実証研究とは少し距

2）加藤（2009）をもとに加筆・修正した。

離を置いた自由な議論をする機会を持ったことがある。そのとき，酒が少し入る場に移ったあと，中国やロシア・中東欧を研究する意義は何かという話になった。

地域研究の意義は何かと問われると，中国研究者にとってはあまりに自明のこと（中国のプレゼンスの大きさ，日本との関わりの深さなど）のように思われ，議論の対象にはならないことが多い。しかし，少なくとも社会科学分野における中国研究の置かれた位置を冷静に考え直してみると，実はとても深刻な問題提起であるとあらためて思わざるを得ない。

ある中堅のロシア経済研究者は，地域研究としてのロシア研究には何の興味もないと断言する。より普遍的な価値を持つ理論（かつては社会主義というシステムの研究，近年では移行経済の研究）への貢献にこそ意義があると考えるからに他ならない。こうした考えを持つロシア・中東欧研究者は，社会科学に限定すれば今日でも多数派を構成しているように見える。もっとも，1991年のソ連崩壊後，筋金入りのマルクス主義者でさえも（であるがゆえに），研究を続けるエネルギーを維持することは容易ではなくなっている。また，市場移行がほぼ終了したと考えられる今日，移行理論の研究が今後も一つの研究領域として成り立つかどうかは疑わしい。とすれば，若手は何を目的として研究すればよいのだろうか。

この問題はロシア・中東欧研究に止まらない。中国研究についても，程度の差はあれ同じことがいえるのではないだろうか。両者の違いは，「ロシア的なるもの」への関心の深さと「中国的なるもの」への関心の深さの違いによると思われるが，両者の違いについては，ここではこれ以上論じない。

あらためていま一度，研究史を簡潔に振り返ってみよう。1960年代には，情報の圧倒的な不足が原因の一つとはいえ，毛沢東の発動したプロレタリア文化大革命こそが，ソ連とは異なる新しい社会主義を追求するものだとする文革礼賛論が出現して一世を風靡し，やがて消滅した。1980年代に入り，中国が貧しい開発途上国であることが広く知れ渡るようになると，社会主義国としての中国の魅力は一挙に失われたものの，開発経済学や社会学のケース・スタディの現場として，中国はおもしろい素材を提供してくれたため，中国国内で

の実証研究の立ち後れと相まって，研究材料には事欠かなかった。21 世紀に入り，長期にわたる高度成長によって中国が豊かになると，今度は，ビジネス対象としての中国の魅力が高まり，中国研究の一部は情報へのアクセスが早いシンクタンクや企業調査部のものとなった。よりアカデミックな領域では，他分野からの参入や先進国で近代経済学を学んだ中国人研究者の台頭により，中国研究は表面的には活況を呈しているように見える。しかし，中国人ほど現地の情報・人脈に通じているわけでもなく，他分野からの参入者ほど洗練された分析ツールに詳しいわけでもない，いわゆる「中国研究者」の居場所はますます狭くなっているのが実情だろう。

このように考えると，少し大げさに聞こえるかもしれないが，前記の意味での狭義の「中国研究」は，いまや存亡の危機に瀕しているといってもよい。中国研究が一つの研究領域として生き残り，発展を続けるためには，何が必要だろうか。私は，地域研究としての意義，言い換えれば，「中国的なるもの」に徹底してこだわることが，中国研究が発展を続ける方途であり，ひいてはそれが経済学の内容をより豊かなものにすることにつながると考えている。

パリ在住の社会心理学者・小坂井敏晶の自伝的な著作を読んで，異文化と創造性について大いに共感するところがあった（小坂井 2003）。小坂井は，長年，異文化の中で生活をし，学生を教え，研究を続けているわけだが，その経験に基づき，「異質性，周辺性，少数派性」が想像力を生む源泉であると主張する。詳しくは著作を直接ご覧いただくしかないが，常識とは異なる異質なデータや理論がぶつかり合い，その間の矛盾を乗り越えようとする努力から新しい考えが発見される。「異邦人のまなざし」を持ち，異国で異国を研究する意義はここにあると，小坂井は説く。

異国で異国を研究する意義とは多少ずれがあるが，中国研究に引きつけていえば，日本人としての「異邦人のまなざし」で中国を観察することによって初めて発見できるものがあり，それが中国人の「常識」と異なるとすれば，それは必ず意味のある問題提起になっているはずである。さらにいえば，それは中国人自身が認識していなかった「中国的なるもの」の発見，あるいは再評価につながるかもしれない。では，「中国的なるもの」が発見されたとして，それ

は普遍的な価値を持ち得るだろうか。答えはイエスである。「周辺性」、すなわち「中心にいないからこそ新しい価値の創造が可能になる」側面があると同時に、「少数派」の問題提起が世界の「常識」を変える力を持つかもしれないからだ。別の言い方をすれば、個別研究を突き抜けた向こうに、普遍の真理が待っているのである。

しかし、「言うは易く行うは難し」である。そのささやかな試みとして、民国期の中国を観察して「包」の倫理規律を見いだした柏祐賢の研究をヒントに、改革開放後の中国の経済制度を論じた論文を発表した（加藤 2010）。そして、この論文を出発点とした思索を通じて、前著（加藤 2013）を上梓した。本書もまた、前記の問いに対する答えを模索し続けている自分なり試みの一つなのである。

残された研究生活がそれほど長くない私は、いましばらくこの方向に進んでみようと考えているが、心配なのは若手の研究者たちである。自分で中国の独自性にこだわるべきといいながら、一方で自分が指導する院生が中国の独自性などと声高に言い始めたら、ちょっと待て、まずは地道に実証研究を進めなさいとアドバイスするに違いない自分がいる。中国の独自性は、ある程度、研究者として独り立ちしてから考えればよいと思う反面、それでは研究者としてのアイデンティティを確立することができなくなるのではないかという危惧も覚える。研究対象が明確で、迷いなく研究を進めることができた幸せな時代は、すでに過去のものとなった。何を研究すべきか、どのルートを通ってそこにたどり着くか、それぞれ研究者個人が試行錯誤を続ける中で前進する以外に方法はない。

まずは一つの産業や一つの研究領域を深めるというのは、賢い選択である。しかし、決してそこに埋没してはならない。特定産業に特化したり、特定領域にのみ研究の範囲を狭めたりした地域研究者で、大成した者は少ない。個別の実証研究を続けながら、全体としての中国を見つめる視点をつねにどこかに持ち続けることが重要だと思う。この難しい時代に難しい研究テーマをあえて選んだ若手研究者に心からエールを贈りたい。中国研究を志す若手の研究者諸君よ！　決して個別実証研究に埋没することなく、「異邦人のまなざし」を持ち

続け，中国人の中国研究とは異なる，日本人の中国研究の意義を世界に向けてアピールできるような創造的な研究を大いに期待している。

参考文献

【日本語】

阿甘（2011）『中国モノマネ工場――世界ブランドを揺さぶる「山寨革命」の衝撃』（徐航明・永井麻生子訳）日経 BP 社．

青木昌彦（1995）『経済システムの進化と多元性――比較制度分析序説』東洋経済新報社．

─── (2005)「比較制度分析の方法――制度のシュンペーター的革新と革新の制度」『比較経済体制学会年報』第 42 巻第 1 号．

アセモグル，ダロン，ジェイムズ・ロビンソン（2013）『国家はなぜ衰退するのか――権力・繁栄・貧困の起源』（鬼澤忍訳）早川書房（Daron Acemoglu and James A. Robinson, *Why Nations Fail : The Origins of Power, Prosperity, and Poverty*, Crown Business, 2012）．

足立啓二（1998）『専制国家史論――中国史から世界史へ』柏書房．

─── (2012)『明清時代の経済構造』汲古書院．

アマーブル，ブルーノ（2005）『五つの資本主義――グローバリズム時代における社会経済システムの多様性』（山田鋭夫・原田裕治ほか訳）藤原書店（Bruno Amable, *The Diversity of Modern Capitalism*, Oxford University Press, 2003）．

アルベール，ミシェル（2011）『資本主義対資本主義』（小池はるひ訳）竹内書店新社（Michel Albert, *Capitalisme contre Capitalism*, Éditions du Seuil, 1991）．

磯部靖（2008）『現代中国の中央・地方関係――広東省における地方分権と省指導者』慶應義塾大学出版会．

伊藤亜聖（2012）「「闇市」から「雑貨の殿堂」へ――浙江省義烏市の地域経済発展」加藤弘之編『中国長江デルタの都市化と産業集積』勁草書房．

───・李卓然・王敏（2014）「中国におけるイノベーション政策の効果推計――多層・多ルートの政策体系は機能しているのか？」『社会科學研究』第 66 巻第 1 号．

─── (2015)「中国『一帯一路』の構想と実態――グランドデザインか寄せ集めか？」『東亜』No. 579，2015 年 9 月号．

稲田十一（2013）「中国の「四位一体」型の援助――アンゴラ・モデルの事例」下村恭民・大橋英夫・日本国際問題研究所編『中国の対外援助』日本経済評論社．

猪木武徳（2015）「『21 世紀の資本』が問う読み手の「知」――何がわかり，何がわからないかを区別せよ」『中央公論』2015 年 4 月号．

今井健一（2009）「国有資本のプレゼンスと経営支配の変革」ナズール・イスラム，小島麗逸編『中国の再興し抱える課題』勁草書房．

岩井茂樹（2004）『中国近世財政史の研究』京都大学学術出版会．

祝迫得夫（2000）「経済成長の実証研究」内閣府・経済社会総合研究所編『経済分析第 160 号：構造変化を伴なう東アジアの成長――新古典派成長論 VS 雁行形態論』．

大橋英夫（2008）「中国経済の構造転換と『走出去』戦略」高橋五郎編『海外進出する中国

経済』日本評論社.
岡本隆司 (2011)『中国「反日」の源流』講談社.
梶谷懐 (2012)「農村都市化の政治経済学──農地流動化，非農業転用の観点から」加藤弘之編『中国長江デルタの都市化と産業集積』勁草書房.
─── (2014)「土地政策──農村の開発と地方政府」中兼和津次編『中国経済はどう変わったか──改革開放以後の経済制度と政策を評価する』国際書院.
柏祐賢 (1985)『経済秩序個性論──中国経済の研究 I, II, III』柏祐賢著作集第3巻～第5巻, 京都産業大学出版会（人文書林刊, 昭和23年の復刻版）.
加藤弘之 (1995)『中国の農村発展と市場化』世界思想社.
─── (1997)『中国の経済発展と市場化──改革・開放時代の検証』名古屋大学出版会.
─── (2009)「地域研究と"異邦人のまなざし"」『日本現代中国学会ニューズレター』第28号.
───・久保亨 (2009)『進化する中国の資本主義』岩波書店.
─── (2010)「移行期中国の経済制度と包の倫理規律──柏祐賢の再発見」中兼和津次編『歴史的視野からみた現代中国経済』ミネルヴァ書房.
───・上原一慶編 (2011)『現代中国経済論』ミネルヴァ書房.
─── (2012a)「鏡の国のアリスと中国研究」『現代中国研究』第30号.
───編 (2012b)『中国長江デルタの都市化と産業集積』勁草書房.
───・藤井大輔 (2012)「競争する地方政府──企業経営から都市経営へ」加藤弘之編『中国長江デルタの都市化と産業集積』勁草書房.
─── (2013)『「曖昧な制度」としての中国型資本主義』NTT出版.
───・渡邉真理子・大橋英夫 (2013)『21世紀の中国 経済篇──国家資本主義の光と影』朝日新聞出版.
─── (2014a)「包括的制度, 収奪的制度と経済発展──アセモグルとロビンソンの『国家はなぜ衰退するのか』を読む」神戸大学経済経営研究所年報『経済経営研究』第63号.
─── (2014b)「腐敗は中国の成長を制約するか？」『東亜』No. 561, 2014年3月号.
─── (2014c)「中国型資本主義の「曖昧さ」をめぐるいくつかの論点──中兼和津次氏の批判に答える」『国民経済雑誌』第210巻第2号.
─── (2015a)「内陸農村の都市化とは──四川省の事例」『日中経済協会ジャーナル』2015年5月号.
─── (2015b)「加速する中国の新興国援助──日本はインフラ「卒業」を」『日本経済新聞』2015年5月24日付.
─── (2016)「中国における格差問題を考える──トマ・ピケティの『21世紀の資本』を読む」大阪商業大学『地域と社会』第18号.
関志雄 (2004)「民営化とMBOを巡る大論争──国有資産の流出が正当化できるか」経済産業研究所『中国経済新論』(2004年9月15日).
─── (2014)「ポスト三中全会の国有企業改革──コーポレート・ガバナンスの向上は可能か」経済産業研究所『中国経済新論』(2014年6月4日).
菊地道樹 (1993)「郷鎮企業の発展の軌跡と展望」石原享一編『「社会主義市場経済」をめざ

す中国——その課題と展望』アジア経済研究所。
木越義則（2014）「書評報告——加藤弘之著『曖昧な制度としての中国型資本主義』(NTT 出版，2013 年）について」中国現代史研究会ワークショップ「中国研究の方法論を問い直す——『制度』をどう捉えるか」(2014 年 1 月 25 日，神戸大学）。
岸本美緒（2006）「中国中間団体論の系譜」『「帝国」日本の学知——東洋学の磁場』岩波書店。
木村公一朗（2010）「中国の携帯電話端末産業——中国大手携帯電話メーカーの急成長と模索」丸川知雄・安本雅典編『携帯電話産業の進化プロセス——日本はなぜ孤立したのか』有斐閣。
グライフ，アブナー（2009）『比較歴史制度分析』（岡崎哲二・神取道宏監訳）NTT 出版 (Avner Greif, *Institutions and the Path to the Modern Economy : Lessons from Medieval Trade*, Cambridge University Press, 2006）。
黒崎卓・大塚啓二郎編（2015）『これからの日本の国際協力——ビッグ・ドナーからスマート・ドナーへ』日本評論社。
呉柏鈞・楊剣俠（2012）「私営企業の創業と成長」加藤弘之編『長江デルタの都市化と産業集積』勁草書房。
呉敬璉（2015）『呉敬璉，中国経済改革への道』（バリー・ノートン編・解説，曽根康雄監訳）NTT 出版（Wu Jinglian, edited with introduction by Barry Naughton, *Wu Jinglian : Voice of Reform in China*, The MIT Press, 2013）。
高尚全編（2015）『転換を模索する中国——改革こそが生き残る道』（岡本信広監訳，岡本恵子訳）科学出版社東京株式会社（高尚全編『改革是中国最大的紅利』人民出版社，2013年）。
小坂井敏晶（2003）『異邦人のまなざし——在パリ社会心理学者の遊学記』現代書館。
小嶋華津子（2012）「エリート層における党の存在——中国エリート層意識調査（2008-9）に基づいて」菱田雅晴編『中国共産党のサバイバル戦略』三和書籍。
児玉谷史朗（2015）「ザンビア——対アフリカ援助の政治経済学」黒崎卓・大塚啓二郎編『これからの日本の国際協力——ビッグ・ドナーからスマート・ドナーへ』日本評論社。
ゴビンダラジャン，ビシャイ，クリス・トリンブル（2012）『リバース・イノベーション——新興国の名もない企業が世界市場を支配するとき』（渡部典子訳）ダイヤモンド社（Vijay Govindarajan and Chris Trimble, *Reverse Innovation : Create Far from Home, Win Everywhere*, Harvard Business Review Press, 2012）。
コーヘン，スレイマン・イブラヒム（2012）『国際比較の経済学——グローバル経済の構造と多様性』（溝端佐登史ほか監訳）NTT 出版（Suleiman Ibrahim Cohen, *Economic Systems Analysts and Policies : Explaining Global Differences, Transition and Development*, Palgrave Macmillan, 2009）。
駒形哲哉（2011）『中国の自転車産業——「改革・開放」と産業発展』慶應義塾大学出版会。
斎藤修（2008）『比較経済発展論——歴史的アプローチ』岩波書店。
下村恭民・大橋英夫・日本国際問題研究所編（2013）『中国の対外援助』日本経済評論社。
シャンボー，デイビッド（2015）『中国グローバル化の深層——「未完の大国」が世界を変える』（加藤祐子訳）朝日新聞出版（David Shambaugh, *China Goes Global : The Partial*

Power, Oxford University Press, 2013）。
徐濤（2014）『中国の資本主義をどうみるのか――国有・私有・外資企業の実証分析』日本経済評論社。
末廣昭（2014）『新興アジア経済論――キャッチアップを超えて』岩波書店。
関山健（2013）「「シャドーバンキングによる中国経済危機」という嘘」東京財団『View on China』（2013年9月2日）。
瀬口清之（2011）「全国自治体に割り振れ」『読売新聞』2011年3月18日付。
薛進軍・園田正・荒山裕行（2008）『中国の不平等』日本評論社。
ダイアモンド，ジャレド（2000）『銃・病原菌・鉄――1万3000年にわたる人類史の謎』（倉骨彰訳）草思社（Jared Diamond, *Gun, Germs and Steel : The Fates of Human Societies*, W.W. Norton, 1997）。
橘木俊詔（2014）「トマ・ピケティ著『21世紀の資本』の衝撃」『現代思想』1月臨時増刊号（2014年12月）。
田中修（2015a）「借換え地方債の追加発行」MIMEO。
―――（2015b）『世界を読み解く経済思想の授業――スミス，ケインズからピケティまで』日本実業出版社。
田村暁彦（2014）「中国における反腐敗キャンペーンと経済構造改革――国有企業改革を中心に」経済産業研究所コラム第405回（www.rieti.go.jp/columns/a01_0405.html）。
張楽天・陸洋（2012）「農村基層幹部を読み解く――浙江省海寧市の事例」加藤弘之編『中国長江デルタの都市化と産業集積』勁草書房。
丁可・潘九堂（2013）「『山寨』携帯電話――プラットフォームと中小企業発展のダイナミクス」渡邉真理子編『中国の産業はどのように発展してきたか』勁草書房。
内藤二郎（2014）「財政制度――改革の再検証と評価」中兼和津次編『中国経済はどう変わったか――改革開放以後の経済制度と政策を評価する』国際書院。
中兼和津次（2010）『体制移行の政治経済学――なぜ社会主義国は資本主義に向かって脱走するのか』名古屋大学出版会。
―――（2012）『開発経済学と現代中国』名古屋大学出版会。
―――編（2014a）『中国経済はどう変わったか――改革開放以後の経済制度と政策を評価する』国際書院。
―――（2014b）「「曖昧な制度」とは何か――加藤弘之『「曖昧な制度」としての中国型資本主義』を読んで」『中国経済研究』第11巻第1号。
中根千枝（1987）『社会人類学――アジア諸社会の考察』東京大学出版会。
中屋信彦（2013）「体制移行の錯覚と中国の国家資本」『経済科学』第60巻第4号。
ニーダム，ジョセフ（2009）『ニーダム・コレクション』（牛山輝代編訳）筑摩書房。
ノース，ダグラス（1994）『制度・制度変化・経済成果』（竹下公視訳）晃洋書房（Douglass C. North, *Institutions, Institutional Change and Economic Performance*, Cambridge University Press, 1990）。
バナジー，アビジット，エスター・デュフロ（2012）『貧乏人の経済学――もういちど貧困問題を根っこから考える』（山形浩生訳）みすず書房（Abhijit V. Banerjee and Ester Duflo, *Poor Economics : A Radical Rethinking of the Way to Fight Global Poverty*, Public Affairs,

2011)．

原洋之介（1996）『開発経済論』岩波書店．

ハンチントン，サミュエル（1972）『変革期社会の政治秩序〈上〉』（内山秀夫訳）サイマル出版会（Samuel P. Huntington, *Political Order in Changing Societies*, Yale University Press, 1968)．

ピケティ，トマ（2014）『21世紀の資本』（山形浩生ほか訳）みすず書房（Thomas Piketty, *Capital in the Twenty-first Century*, The Belknap Press of Harvard University Press, 2014)．

ピコー，アーノルド，ヘルムート・ディートル，エゴン・フランク（2007）『新制度派経済学による組織入門――市場・組織・組織間関係へのアプローチ』（丹沢安治ほか訳）白桃書房（Arnold Picot, Helmut Dietl and Egon Franck, *Organisation : Eine ökonomische Perspektive. 4. Aktualisierte und erweiterte Auflage*, Schäller-Poeschel Verlag GmbH, 2005)．

菱田雅晴編（2012）『中国共産党のサバイバル戦略』三和書籍．

ブレマー，イアン（2011）『自由市場の終焉――国家資本主義とどう闘うか』（有賀裕子訳）日本経済新聞出版社（Ian Bremmer, *The End of the Free Market : Who Wins the War between States and Corporations?*, Portfolio Hardcover, 2010)．

寳劔久俊（2012）「農地賃貸市場の形成と農地利用の効率性」加藤弘之編『中国長江デルタの都市化と産業集積』勁草書房．

ボウルズ，サミュエル（2013a）『制度と進化のミクロ経済学』（塩沢由典ほか訳）NTT出版（Samuel Bowles, *Microeconomics : Behavior, Institutions, and Evolution*, Princeton University Press, 2006)．

―――（2013b）『不平等と再分配の新しい経済学』（佐藤良一・芳賀健一訳）大月書店（Samuel Bowles, *The New Economics of Inequality and Redistribution*, Cambridge University Press, 2012)．

星野真（2012）「都市定義の変遷と都市・農村間所得格差の動向」加藤弘之編『中国長江デルタの都市化と産業集積』勁草書房．

―――（2013）「縮小した中国の地域所得格差」（http://www.yomiuri.co.jp/adv/wol/opinion/international_130812.html)．

ポメランツ，ケネス（2015）『大分岐――中国，ヨーロッパ，そして近代世界経済の形成』（川北稔監訳）名古屋大学出版会（Kenneth Pomeranz, *The Great Divergence : China, Europe, and the Making of the Modern World Economy*, Princeton University Press, 2000)．

ボーモル，ウィリアム，ロバート・ライタン，カール・シュラム（2014）『良い資本主義悪い資本主義――成長と繁栄の経済学』（原洋之助監訳，田中健彦訳）書籍工房早山（William J. Baumol, Robert E. Litan and Carl J. Schramm, *Good Capitalism, Bad Capitalism, and the Economics of Growth and Prosperity*, Yale University Press, 2007)．

堀口正（2015）『周縁からの市場経済化――中国農村企業の勃興とその展開過程』晃洋書房．

ボワイエ，ロベール（2005）『資本主義VS資本主義――制度・変容・多様性』（山田鋭夫訳）藤原書店（Robert Boyer, *Une Théorie du Capitalisme Est-elle Possible ?*, Odile Jacob, 2004)．

丸川知雄（2000）「自動車産業――なぜ「民族企業」は育たなかったのか」丸川知雄編『移行期中国の産業政策』アジア経済研究所．

────（2007）『現代中国の産業──勃興する中国企業の強さと脆さ』中央公論新社。
────（2013a）『チャイニーズ・ドリーム──大衆資本主義が世界を変える』ちくま新書。
────（2013b）「大衆資本主義──もう一つの「中国モデル」」大橋英夫ほか編『ステート・キャピタリズムとしての中国──市場か政府か』勁草書房。
────（2013c）『現代中国経済』有斐閣。
────・梶谷懐（2015）『超大国・中国のゆくえ 4──経済大国化の軋みとインパクト』東京大学出版会。
三浦有史（2013）「中国不平等社会の持続性──かみ合わないパズルをどう組み合わせるか」大橋英夫ほか編『ステート・キャピタリズムとしての中国──市場か政府か』勁草書房。
溝口雄三（2011）『中国思想のエッセンス I』岩波書店。
溝端佐登史（2014）「書評：加藤弘之著『「曖昧な制度」としての中国型資本主義』（NTT 出版、2013 年）」『国民経済雑誌』第 210 巻第 3 号。
三井物産戦略研究所（2014）「中国自動車産業の課題と展望」（2014 年 8 月 12 日）。
三竝康平（2015）『中国におけるイノベーションにかんする実証研究』神戸大学大学院経済学研究科博士論文、2015 年 3 月提出。
南亮進・牧野文夫（2012）『中国経済入門［第 3 版］』日本評論社。
三宅康之（2006）『中国・改革開放の政治経済学』ミネルヴァ書房。
ミュルダール、グンナー（1959）『経済理論と低開発地域』（小原敬士訳）東洋経済新報社（Gunnar Myrdal, *Economic Theory and Under-developed Regions*, Gerald Duckworth, 1957）。
ミラノヴィッチ、ブランコ（2012）『不平等について──経済学と統計が語る 26 の話』（村上彩訳）みすず書房（Branko Milanovic, *The Haves and The Have-Nots : A Brief and Idiosyncratic History of Global Inequality*, Basic Books, 2011）。
ミルグロム、ポール、ジョン・ロバーツ（1997）『組織の経済学』（奥野正寛ほか訳）NTT 出版（Paul Milgrom and John Roberts, *Economics, Organization and Management*, Prentice Hall Inc., 1992）。
村上衛（2015）「中国近代史研究と『制度』」中国現代史研究会編『現代中国研究』第 35 号。
村松祐次（1949）『中国経済の社会態制』東洋経済新報社。
毛里和子（2012a）「台頭中国をどう捉えるか」毛里和子・園田茂人編『中国問題──キーワードで読み解く』東京大学出版会。
────（2012b）「データから解析する中国共産党の変身」菱田雅晴編『中国共産党のサバイバル戦略』三和書籍。
モヨ、ダンビサ（2010）『援助じゃアフリカは発展しない』（小浜裕久監訳）東洋経済新報社（Dambisa Moyo, *Dead Aid : Why Aid is not Working and How There is a Better Way for Africa*, Farrar, Straus and Giroux, 2009）。
與那覇潤（2011）『中国化する日本──日中「文明の衝突」一千年史』文藝春秋。
ラジュ、ナヴィ、ジャイディープ・プラブ、シモーネ・アフージャ（2013）『イノベーションは新興国に学べ！──カネをかけず、シンプルであるほど増大する破壊力』（月沢李歌子訳）日本経済新聞出版社（Navi Radjou, Jaideep Prabhu and Simone Ahuja, *Jugaad*

Innovation : Think Frugal, Be Flexible, Generate Breakthrough Growth, Jossey-Bass, 2012）．
林毅夫（2012）『北京大学中国経済講義』（劉徳強訳）東洋経済新報社．
ロドリック，ダニ（2013）『グローバリゼーション・パラドクス――世界経済の未来を決める三つの道』（柴山桂太・大川良文訳）白水社（Dani Rodrik, *The Globalization Paradox : Democracy and the Future of the World Economy*, Oxford University Press, 2011）．
渡邉真理子編（2013）『中国の産業はどのように発展してきたか』勁草書房．
────（2014）「企業制度――国有，民営混合体制の形成とその問題」中兼和津次編『中国経済はどう変わったか――改革開放以後の経済制度と政策を評価する』国際書院．
和辻哲郎（1935）『風土――人間学的考察』岩波書店．
Qian, Yingyi and Barry R. Weingast（1997）「制度，政府行動主義と経済発展――中国国有企業と郷鎮企業の比較」青木昌彦ほか編『東アジアの経済発展と政府の役割――比較制度分析アプローチ』日本経済新聞社．

【英語】

Acemoglu, Daron and James A. Robinson (2014), "The Rise and Decline of General Law of Capitalism," *NBER Working Paper*, No. 20766, December 2014.

Boyer, Robert (2012), "The Chinese growth regime and the world economy," Robert Boyer, Hiroyasu Uemura and Akinori Isogai (eds.), *Diversity and Transformations of Asian Capitalisms*, Routledge.

Breznitz, Dan and Michael Murphree (2011), *Run of the Red Queen : Government, Innovation, Globalization, and Economic Growth in China*, Yale University Press.

Dollar, David and Shang-Jin Wei (2007), "Das (Wasted) Kapital : Firm Ownership and Investment Efficiency in China," *NBER Working Papers*, No. 13103, May 2007.

Elvin, Mark (1973), *The Pattern of the Chinese Past : A Social and Economic Interpretation*, Stanford University Press.

Gill, Indermit and Homi Kharas (2007), *An East Asian Renaissance : Ideas for Economic Growth*, World Bank.

Greif, Avner and Guido Tabellini (2010), "Cultural and Institutional Bifurcation : China and Europe Compared," *American Economic Review : Papers & Proceedings*, 100, May 2010.

Holz, A. Carsten (2007), "Have China Scholars All Been Bought ?" *Far Eastern Economic Review*, April 2007.

Jefferson, Gary H. and Thomas G. Rawski (1994), "Enterprise Reform in Chinese Industry," *Journal of Economic Perspectives*, Vol. 8, Spring 1994.

Kornai, Janos (1992), *The Socialist System : The Political Economy of Communism*, Oxford University Press.

Leff, Nathaniel (1964), "Economic Development through Bureaucratic Corruption," *American Behavioral Scientist*, Vol. 8, November 1964.

Maddison, Angus (2006), *The World Economy*, OECD.

Naughton, Barry (2007), *The Chinese Economy : Transitions and Growth*, The MIT Press.

──── (2011), "China's Economic Policy Today : The New State Activism," *Eurasian Geogra-

phy and Economics, 52(3).

Nee, Victor and Sonja Opper (2012), *Capitalism from Below : Markets and Institutional Change in China*, Harvard University Press.

Oi, Jean C. (1992), "Fiscal Reform and the Economic Foundations of Local State Corporatism in China", *World Politics*, No. 45.

Putterman, Louis (1997), "On the Past and Future of China's Township and Village-Owned Enterprises", *World Development*, Vol. 25, No. 10.

Rosenthal, Jean-Laurent and Wong, R. Bin (2012), "Before and Beyond Divergence : A New Look at the Economic History of China and Europe," Masahiko Aoki, Timur Kuran and Gérard Roland (eds.), *Institutions and Comparative Economic Development*, Palgrave Macmillan.

Stiglitz, Joseph E. (2013), "Institutional Design for China's Innovation System : Implications for Intellectual Property Rights," David Kennedy and Joseph E. Stiglitz (eds.), *Law and Economics with Chinese Characteristics : Institutions for Promoting Development in the Twenty-first Century*, Oxford University Press.

Subramanian, Arvind (2012), "Which Nations Failed ? : Democracy, Development, and the Uncooperative Realities of Chinese and Indian History," *American Interest*, October 30, 2012.

Szamosszegi, Andrew and Cole Kyle (2011), *An Analysis of State-owned Enterprises and State Capitalism in China*, U.S.-China Economic and Security Review Commission, October 2011.

Walder, Andrew G. and Jean C. Oi (1999), "Property Right in the Chinese Economy : Contours of the Process of Change," Jean C. Oi and Andrew G. Walder (eds.), *Property Rights and Economic Reform in China*, Stanford University Press.

Wedeman, Andrew (2012), *Double Paradox : Rapid Growth and Rising Corruption in China*, Cornell University Press.

Weitzman, Martin L. and Xu Chenggang (1994), "Chinese Township-Village Enterprises as Vaguely Defined Cooperatives," *Journal of Comparative Economics*, Vol. 18.

Williamson, Oliver E. (2000), "The New Institutional Economics : Taking Stock, Looking Ahead," *Journal of Economic Literature*, Vol. 38.

World Bank and Development Research Center of the State Council, the People's Republic of China (2012), *China 2030 : Building a Modern, Harmonious, and Creative High-Income Society*, World Bank.

【中国語】

北京天則経済研究所編（1995）『中国経済学 1994』上海人民出版社。

─────編（2014）『中国経済学 2012』上海人民出版社。

北京天則経済研究所課題組（2011）「国有企業的性質，表現与改革」（http://www.unirule.org.cn/xiazai/2011/20110412.pdf）。

曹正漢・史晋川（2009）「中国地方政府応対市場化改革的策略──抓住経済発展的主導権」『社会学研究』2009 年第 4 期。

曹正漢（2010）「走出"中央治官，地方治民"旧格局」『南方周末』2010 年 6 月 24 日。

─────（2014）「統治風険与地方分権関于中国国家治理的三種理論及其比較」『社会』2014

年第 6 期。
陳剛・李樹・尹希果（2008）「腐敗与中国経済増長」『経済社会体制比較』2008 年第 3 期。
陳曉舒・徐凱（2010）「高官貪腐録」『財経』総第 275 号，2010 年 10 月 25 日。
国務院新聞弁公室（2011）『中国的対外援助（白皮書）2011』。
―――（2014）『中国的対外援助（白皮書）2014』。
花中東・周理瑞（2014）「省際間対口支援政策与移転支付制度的互補効応研究」『商業時代』2014 年第 7 期。
費孝通（2006）『郷土中国』上海人民出版社。
黄宗智（2002）「発展還是内巻？十八世紀英国与中国」『歴史研究』2002 年第 4 期。
―――（2007）『経験与理論――中国社会，経済与法律的実践歴史研究』中国人民大学出版社。
姜琪（2014）「腐敗与中国式経済増長」『南京師大学報（社会科学版）』2014 年第 2 期。
李実・史泰麗・別雍・古斯塔夫森主編（2008）『中国居民収入分配研究 III』北京師範大学出版社。
李実・頼徳勝・羅楚亮等（2013）『中国収入分配研究報告』社会科学文献出版社。
劉守英（2014）『直面中国土地問題』中国発展出版社。
倪星・原超（2014）「経済発展，制度結構与腐敗程度」『浙江大学学報（人文社会科学版）』第 44 巻第 4 期。
農業部郷鎮企業局・中国郷鎮企業協会・農業部郷鎮企業発展中心編（2007）『郷鎮企業 30 年』農業出版社。
清華大学凱風発展研究院社会進歩研究所・清華大学社会学系社会発展研究課題組（2012）「"中等収入陥穽"還是"転型陥穽"？」『開放時代』2012 年第 3 期。
涂謙（2011）「中国省部級幹部腐敗現象的実証研究」『当代中国政治研究報告』2011 年第 1 期。
宋瑋（2015）「解密小米」『財経』2015 年 3 月 30 日。
王燦発（2009）「地方人民政府対轄区内水環境質量負責的具体形式」『環境保護』2009 年第 5 期。
王小魯（2012）『灰色収入与発展陥穽』中信出版社。
―――（2013a）「灰色収入与国民収入分配――2013 年報告摘要」『王小魯的博客』(http://wangxiaolu.blog.caixin.com)。
―――（2013b）『国民収入分配戦略』学習出版社・海南出版社。
王永欽・張晏・章元・陳釗・陸銘（2008）「中国的大国発展道路」張軍・周黎安編『為増長而競争』格致出版社・上海人民出版社。
文貫中（2005）「中国的疆域変化与走出農本社会的衝動」『経済学（季刊）』第 4 巻第 2 期。
呉敬璉（2010）「中国改革進入深水区」『緑叶』2010 年 Z1 期。
新望（2005）『蘇南模式的終結』三聯書店。
西南財経大学中国家計金融調査与研究中心（2010）『中国家計収入不平等報告』。
姚洋（2003）「高水平陥穽――李約瑟之謎再考察」『経済研究』2003 年第 1 期。
楊聯陞（1987）『中国文化中報，保，包之意義』中文大学出版社。
張丙宣（2015）「新型城鎮化的浙江模式――反思与進路」『浙江工商大学学報』2015 年第 5

期。
張軍（2012）「理解中国経済快速発展的機制──朱鎔基可能是対的」『比較』No. 63, 2012 年第 6 期。
張曙光（2014）『中国問題的経済学』中信出版社。
張五常（2009）『中国的経済制度』中信出版社。
張宇燕・高程（2005）「海外白銀，初始制度条件与東方世界的停滞」『経済学（季刊）』第 4 巻第 2 期。
張郁慧（2012）『中国的対外援助研究（1950-2010）』九州出版社。
張維迎（2013）「反腐敗的両難選択」『経済観察報』2013 年 3 月 4 日。
趙明剛（2011）「中国特色対口支援模式研究」『社会主義研究』2011 年第 2 期。
中華人民共和国商務部・中華人民共和国国家統計局・国家外匯管理局編（2013）『2012 年度中国対外直接投資統計公報』中国統計出版社。
鐘開斌（2013）「対口支援──起源，形成及演化」『甘粛行政学院学報』2013 年第 4 期。
周黎安（2007）「中国地方官員的晋昇錦標賽模式研究」『経済研究』2007 年第 7 期。
─── （2008）『転型中的地方政府──官員奨励与政府治理』格致出版社・上海人民出版社。
─── ・陶婧（2009）「政府規模，市場化与地区腐敗問題研究」『経済研究』2009 年第 1 期。
─── （2014）「行政発包制」『社会』2014 年第 6 期。
周其仁（2002）『産権与制度変遷』社会科学文献出版社。
─── （2006）「希望不是微観調控」『経済観察報』2006 年 4 月 30 日。

あとがき

　本書は，前著『「曖昧な制度」としての中国型資本主義』(NTT 出版，2013年）の続編でもあり，全面改訂版でもある。前著で筆者は，初めて「曖昧な制度」という概念を提示し，中国型資本主義の特質を明らかにすることを試みた。実験的な内容であったにもかかわらず，筆者の試みは学会の一部からそれなりの支持を得たと思う。また，ありがたいことに根井雅弘氏が，『日本経済新聞』（2013 年 11 月 10 日付）の書評欄で取り上げてくださったおかげで，「曖昧な制度」を論じることが決して筆者の独りよがりではないことを確認することができた気がした。しかし，正直に告白すれば，筆者が期待していたほどには反響は大きくなかった。

　その理由をいまから考えると，「曖昧な制度」が分析概念として十分にこなれたものになっていなかったこと，中国型資本主義の多面的な姿をありのままに描くことに主眼が置かれたため，「曖昧な制度」の説明としては余計な叙述が含まれていたし，反対に説明が不十分な箇所もあったことなどが挙げられる。それでも幸いなことに，中兼和津次，溝端佐登史，木越義則の三氏から，前著に対して建設的な批判・コメントをいただき，筆者の「曖昧な制度」に対する思索を深めることができた。そして，前著の内容を深化させて，「曖昧な制度」に基づく中国経済の全体像を，もう一度描いてみたいと強く思うようになった。「中国経済学入門」という本書のタイトルには，「曖昧な制度」の機能メカニズムの分析を通じて，自分なりの中国経済論が完成したという，筆者の思いが込められている。

　あなたの最高傑作はどれかと聞かれた映画監督が，「最高傑作は次回作」と答えるのを聞いて，自分も一度はいってみたい格好のよい台詞だと思っていたが，よくよく考えると，この台詞の真意は，完成したばかりの今回作にはやり残したことがたくさんあり，もっとよいものを自分はつくれるはずだという心残りの表現でもある。心残りがまったくないといえば嘘になるが，それでも今

回ばかりは少し考えを改め，あえて次のように答えたい。私にとっての最高傑作は，いま書き上げたばかりの本書ですと。

前著に続き本書でも，中兼和津次（東京大学名誉教授），田中仁（大阪大学教授），梶谷懐（神戸大学教授），星野真（早稲田大学助教），藤井大輔（大阪経済大学専任講師），三竝康平（神戸大学研究員）の各位に草稿を読んでいただき，有益なコメントを得た。記して感謝申し上げる。残された誤謬が筆者の責任であるのはいうまでもない。また，数年前から体調を崩したため，十分な教育，行政負担ができないでいる私にとって，神戸大学経済学研究科は，豊富な研究時間とすばらしい研究環境を提供し続けてくださった。地主敏樹研究科長をはじめとする研究科の同僚・スタッフには心から感謝したい。さらに，本書は平成 25 年〜27 年度科学研究費補助金（基盤研究 A）「中国の経済システムの持続可能性に関する実証的研究：『二重の罠』を超えて」の研究成果の一部であり，現地視察や国際シンポジウム，研究集会などを通じた研究交流や研究分担者との自由な議論が，本書に反映されている。この共同研究の成果は，加藤弘之・梶谷懐編『二重の罠を超えて進む中国型資本主義――「曖昧な制度」の実証分析』（ミネルヴァ書房，2016 年）として出版される。ご関心のある読者は，そちらも合わせてお読みいただきたい。

本書は，筆者にとって名古屋大学出版会から出版する 3 冊目の単著である。同出版会の橘宗吾氏は，長年にわたって筆者を辛抱強く見守り，研究意欲を鼓舞してくださった。本書の草稿への適切なコメントと，本書を執筆するチャンスを与えてくださったことに深く感謝したい。振り返ると，同出版会から出された筆者の処女作である『中国の経済発展と市場化――改革・開放時代の検証』（1997 年）の「はしがき」で，筆者は次のように書いた。「地域研究としての中国研究の存在意義は，結局のところ，どのように中国の独自性を捉えるかという一点にあると筆者は考えている。（中略）中国研究の大先達である村松祐次氏のひそみに倣っていえば，『その道による以外，少しずつでも自分の勉強を進める力を増す工夫はない』（村松 1949）のである」。気負った文章に気恥ずかしい思いはするが，その後の 18 年，この道を真っ直ぐに歩んできたことだけは，多少自慢してよいかもしれない。スガシカオの名曲「Progress」の歌

詞にある次の一節は，いまの筆者の偽らざる実感でもある。「ずっと探していた理想の自分って，もうちょっとカッコよかったけれど，ぼくが歩いてきた日々と道のりを，ほんとは"ジブン"っていうらしい。（中略）あと一歩だけ，前に進もう。」

　木曽川の河口にある弥富市で生まれ育った私にとって，歳をとるごとに深まる中日ドラゴンズへの愛着とともに，名古屋とは深い縁があるとの思いを新たにしている。関西に移り住んで四半世紀が過ぎ，その洗練された食文化にも触れてきたつもりだが，櫃まぶしや味噌煮込みうどんが無性に食べたくなったりするときがある。この気持ちは，多くの地方出身者（少なくとも県外在住の名古屋人）には理解してもらえるかもしれない。食の嗜好でさえこれほど変わりにくいものなら，一旦形成された制度が頑健で変わりにくい構造を持つのは，少しも不思議ではない。中国経済を題材にそれを確かめてみようという気楽な心持ちで，多くの人に本書を手にとってもらえるなら，筆者にとってそれに勝る喜びはない。

　2015年9月5日　還暦を迎えて

　　　　　　　　　　　　　　　　　　　　　　　　　　　著　者

図表一覧

図 1-1	制度の重層構造	14
図 1-2	ゲームの均衡としての制度	16
図 1-3	経済発展と民主化の相関	21
図 1-4	コアと周辺の二層構造からなる制度	24
図 1-5	「曖昧さ」の3領域	25
表 2-1	世界のGDP分布（1500-2001年）	34
図 2-1	聚落構造の日中比較	41
図 2-2	「包」の概念図	51
図 3-1	土地株式合作社の仕組み	69
図 4-1	郷鎮企業の従業員数の推移（1978-2007年）	80
図 4-2	増大する土地譲渡収入	83
図 4-3	地方融資プラットフォームによる資金調達の仕組み	89
図 4-4	「縦向きの請負」と「横向きの競争」の組み合わせ	92
表 5-1	国有企業が支配的地位を保つべきとされた産業と民間資本の参入を奨励すべきとされた産業	97
図 5-1	第一汽車の自動車関連事業組織図（2012年10月現在）	105
図 5-2	自動車販売台数に占める主要企業の割合（2013年）	106
表 5-2	2014年版フォーチュン「グローバル500」にランクインした中国企業の産業別内訳	114
図 6-1	携帯電話産業におけるバリュー・チェーン	127
図 6-2	R&D支出がGDPに占める割合	134
図 6-3	工業企業R&Dの担い手	135
図 7-1	中国の外貨準備の推移（1980-2013年）	140
図 7-2	中国の対内・対外投資の推移（1970-2013年）	142
図 7-3	中国の時期別年平均対外援助額の推移（1950-2010年）	146
図 8-1	腐敗認識指数と成長率（2000-2012年）との関係	163
図 8-2	アジア諸国における腐敗認識指数の変化（1998-2014年）	164
図 9-1	米国のトップ10％の国民所得に占めるシェア（1910-2010年）	183
図 9-2	米国，イギリス，フランス，日本のトップ0.1％の所得シェア（1910-2010年）	185
図 9-3	中国を含む新興国におけるトップ1％の所得シェア（1921-2010年）	187
図 9-4	中国のジニ係数の推移（1978-2014年）	188
表 9-1	2014年版『フォーブス』中国富豪ランキング上位20位	191
表終-1	制度の5形態：中国の配置	202

索　引

ア　行

曖昧な制度　4-9, 12, 18, 22-33, 39, 42, 45, 47-49, 51-55, 58, 59, 66, 74, 75, 85, 94, 111, 112, 116, 117, 122, 130-133, 136, 139, 150, 152, 156, 160, 168, 169, 171, 174, 176, 177, 194, 199, 201, 203, 205-208, 210, 211
紅い帽子をかぶった企業　78
赤の女王の走り　213-215, 218
アジアインフラ投資銀行（AIIB）　149-152
アジア開発銀行（ADB）　149, 152
アジア型モデル　200
新しいブレトン・ウッズ体制　140
安徽省鳳陽県　60
アングロサクソン型資本主義　205
アンゴラ方式　147
暗黙の契約　24, 28-30, 78, 211
委託貸出　89
一時帰休者　109
一帯一路　150, 151
一票否決制　92
イノベーション　8, 32, 93, 99, 117, 122-125, 129, 133-138, 209
イノベーション・システム　135, 136
異邦人のまなざし　218, 220, 221
依法治国　193
引進来　142
迂回投資　143
請負　28, 29, 33, 46, 48-51, 58, 60-62, 64-67, 72, 75, 85, 91, 93, 132, 146, 147, 152, 153, 156, 194, 203, 205, 209
請負耕作権　7, 58, 64, 68
請負責任契約　54
請負田　62
王儒林　172
大文字の制度　14, 15
オリガルヒ　201

カ　行

外貨準備　4, 140, 141, 143, 149, 150

華為技術（Huawai）　116, 143
外資企業　68, 86, 87, 100, 107, 117, 131, 134, 194
会社法　25
階層間格差　188, 189
開発型腐敗　160, 167, 170
開発経済学　1, 2, 14, 216, 218, 219
『鏡の国のアリス』　213
華強北市場　128
家計本位システム　200, 201
影の銀行　89, 90
柏祐賢　47, 52, 204, 221
課税逃避　196
株式合作制　68, 80
ガラスの天井　99, 100
科龍　169
為替レートの自由化　141
河長制　92, 93, 209
管轄区域の経営　82, 83
関係（コネ）　40, 42, 43, 161, 173, 193, 195
関係的契約　29
関係特殊的投資　126
雁行型発展　130
広東国際信託投資公司（GITIC）　90
広東省佛山市　67
広東省宝安県　68
管理フロート制　141
官僚の昇進競争メカニズム　87
官僚の評価システム　92
機械工業閥　172
企業経営請負制　205
企業本位システム　200
基金子会社　89
技術の公共財的性質　178
技術標準　138
技術プラットフォーム　127
鬼城　87
奇瑞汽車　106, 107
規制緩和　195, 205
吉利汽車　106, 107, 116

機動田　62
キャッチアップ型工業化　124, 130
キャッチアップ型技術発展　125
キャッチダウン型技術発展　124, 125
キャロル，ルイス　213
狭義の市場移行　16, 17
行政請負制　31, 85
競争的市場　94, 98, 101, 103, 104, 109, 114, 209
協同組合　7, 59, 69, 80
郷保　47
銀行理財商品　89
近代法治国家　25, 26
クズネッツ，サイモン　178, 182, 183
クズネッツ曲線　179, 183
クズネッツの逆U字仮説　166, 178, 182, 183
クラウディング・アウト　85, 138
クラウディング・イン　85
グリーンクール　169
グローバリゼーション　206
グローバリゼーションの政治的トリレンマ　206
グローバル500　114, 115
グローバル・スタンダード　139, 148, 205, 206
グローバル不均衡　139-141
群体性事件　170, 194
計画経済　52, 54, 55, 77, 168
計画物資　52
携帯電話　8, 100, 117, 118, 122, 127, 128, 132, 136, 137
ゲームのルール　13
血縁集団　39
ゲリラ携帯　118, 119, 122, 123
限界生産力理論　185
原額主義　46
現代企業制度　109
限定的な合理性　29
広義の市場移行　16, 17
高級合作社　59
公共積立金　70
黄樹賢　171
高水準均衡の罠　37, 38
構造化された不確実性　131
江蘇沙鋼集団　115
江蘇省蘇南地域　79
郷村政府　61, 75-77, 79-81

江沢民　17, 141, 172
広達電脳（Quanta）　116
郷鎮企業　30, 53, 61, 62, 75-81, 209
郷鎮政府　61, 75, 78, 82
購買資金プラットフォーム　127-128
公板公模　127, 128
コースの定理　76
胡錦濤　141
国際援助社会　8, 32, 139, 210
国情　27, 93, 208
国進民退　94-96, 98, 99, 110
国務院発展研究センター　111
国有企業　5, 8, 25-27, 31, 63, 76, 77, 79, 94-96, 98-105, 107-112, 114-116, 134, 143, 147, 172, 174-176, 191, 192, 194-196, 209
国有企業改革　8, 26, 94, 108, 109, 113, 172, 175
国有企業の「戦略的改組」　109
国有経済　53, 94, 95, 98, 105, 112, 176
国有資産監督管理委員会　96, 104, 105, 110, 111
国有資産の流出　174
国有支配企業　95, 103, 134
国有独資企業　103
呉敬璉　193, 195, 207
互助組　59
顧雛軍　169
戸籍制度　60, 61, 73
国家外貨管理局　143
国家資本主義　5, 112, 113
国家社会保障基金　143
国家新型都市化計画（2014-2020年）　73
国家中小企業発展基金　101
国家統計局　188, 189
『国家はなぜ衰退するのか』　19
国家本位システム　200, 201
固定相場制　140, 141
個別主義　47
小文字の制度　14, 15
『ゴリオ爺さん』　186
コルナイ，ヤーノシュ　17
混合市場　98-101
混合所有　25, 98, 100, 101, 111, 112, 184
混合所有企業　8, 26, 27, 31, 94, 98, 101-104, 106-108, 112, 113, 115, 116, 138, 209

サ 行

財政支出競争　87
作業組　60
差序格局　43
産業革命　34-36, 38, 39
産業組織論　1, 8, 98
産業の大集約化　113
三元構造　54
山寨携帯　118
サンシャイン計画　119
三大三小二微　107
サンテック（尚徳電力）　119, 120
山東鋼鉄集団　96
残余コントロール権　50, 51
残余請求権　81
ジェファーソン, トーマス　22
資源・技術制約　35, 37, 38
自己中心主義　43, 211
資産格差　177, 185, 186, 195
資産累進課税　196
事実上の私有化　72
自主創新（自主イノベーション）　133
市場の失敗　99, 101
市場ベース型モデル　200
市場保全型連邦制，中国型　85
市場町　41
システム・インテグレーター　127
四清運動　53, 62
施正栄　119
四川省崇州市　68
自然独占　110, 111
四川汶川大地震　153, 154
自治都市　40-42
実質可処分所得　188
自動車産業政策　107
ジニ係数　186, 188, 189
資本主義制度　16, 18, 94
資本主義の基本法則　181
資本主義の尻尾　60
資本主義の類型　18, 199-203
資本の代替弾力性　182
社会主義工業化　59
社会主義制度　59, 62, 94
社会の結合原理　33, 42-45
社会保障制度　73
社会民主主義型モデル　200

社隊企業　76
下海　77
上海汽車　106, 107
周永康　107, 172
収穫逓増　19, 211
周強　171
習近平　112, 160, 171, 172
重慶方式　67
集権的社会主義　22, 28, 52, 55
重工業優先発展戦略　59
自由市場資本主義　112
収束　179
住宅の「商品化」　63
収奪型腐敗　160
収奪的な制度　20
集団株　80
集団経済　58-62, 66-69, 76, 79, 209
集団所有　31, 58-60, 62-64, 67, 72, 73, 82, 196, 205
周辺　12, 24-26, 28, 32, 46, 47
襄陽ベアリング　169
聚落　40, 41
ジュガード・イノベーション　124, 125
朱鎔基　90, 109
準官吏　47
純参入効果　104
証券会社資産管理商品　89
小城鎮　54
城中村　73
初級合作社　59
職業経理　69, 70
徐建一　172
徐才厚　172
所得格差　9, 177, 178, 186-189, 193, 194
所有権改革　81, 174
所有権の資本化　81
自力更生　52, 147
シルクロード経済ベルト　150
新型都市化　42
新興経済国　112, 113, 179, 187, 188
深圳金立　118
信託商品　89
人的資本論　184, 185
人民公社　7, 58-62, 71, 76, 79, 153, 209
垂直統合　126, 129, 132
垂直分裂　125, 126, 129
垂直分裂システム　117, 125-127, 129, 136,

137
スーパー経営者　184-186, 190, 193
スミス，アダム　34
正額　46
政績　92
成長至上主義　8, 75, 91, 93, 209
制度経済学　54
制度的浮動　20
制度の重層構造　14, 204
制度の重複　18, 24, 25, 28, 30, 55
制度の進化　15, 18, 24, 30, 32
制度の精緻化　26, 73, 168, 169, 175, 176, 205
制度補完性　202
政府開発援助（ODA）　141
政府間競争　82, 91
政府系投資ファンド（SWF）　113
政府積極主義　98
世界銀行　111, 135, 148, 149, 152, 165
石油工業部　108
石油閥　172
浙江省温州市　217
浙江省義烏市　128
専業市場　128
全国政治協商会議　172
全人民所有　59
専制国家　42, 43
戦略的分野　96
宗族　39, 47
増値税　84
走出去　141, 142
ソーラーファン（林洋新能源）　120
ソロー，ロバート　178, 179
存続効果　104

タ 行

第一汽車　104-106, 172
第一次五カ年計画　52
対外援助　8, 115, 139, 141, 144-149, 151, 152, 209, 210
対外経済合作　146
対外投資　8, 115, 139, 141-144
大慶油田　108
対口支援　8, 139, 152-157
第三領域　28, 47, 52, 53, 55
大衆資本主義　5
対内直接投資　142
第二世代イノベーション　124, 125

大分岐　33-36, 39
大躍進　52, 154, 214
太陽電池　100, 117, 119, 120, 137
大陸欧州型モデル　200
タイル尺度　186
多極的社会経済システム　201
タックス・ヘイブン　143
縦向きの請負　85
打黒　173
タンザン鉄道　145
地域間格差　87, 156, 188, 189
「小さな鍋に分けて湯を沸かす」　170
知財保護　31, 117, 123, 125, 137
知的所有権（IPR）　129, 135-137
地票　67
地方財政請負制度　93
地方債務　8, 75, 88-91, 209
地方政府　6, 8, 25, 31, 46, 63, 64, 66, 67, 75, 76, 81-93, 96, 107, 108, 133, 139, 152, 154, 169, 170, 172, 209
地方政府間競争　31, 75, 76, 85, 87, 93
地方政府間競争の弊害　87
地方政府コーポラティズム　85
中央管理企業責任者の給与制度改革方案　192
中央軍事委員会　172
中央国有資本経営予算編成　100
中央政治局常務委員　108, 172
中央-地方関係　85, 93, 171
中華人民共和国都市不動産管理法　63, 82
中華人民共和国土地管理法　63
中華人民共和国民族自治区域自治法　154
中間諸団体　42, 43, 45
中国アフリカ発展基金　143
中国型資本主義　3-6, 17, 18, 112, 199-204, 207, 208, 210
中国共産党中央規律検査委員会　162
中国経済学　3, 4, 9, 207, 210, 211
中国国際海運集装箱集団（CIMC）　191
中国式イノベーション　8, 117, 123-125, 129-131, 133, 137
中国審計署　88-90
中国製造2025　133
中国石化　105, 114
中国石油天然気　108, 114
中国的なるもの　9, 49, 199, 203, 204, 219, 220
中国鉄建総公司　115

索　引　241

中国鉄道建築総公司　115
中国電子信息産業集団　116
中国投資公司（CIC）　143
中国特殊論　203, 204, 207
中信集団　115
中糧集団　96
超越型政府　112
長江デルタ　36, 77, 87
張曙光　3
頂層設計　112
鄭和　37
デザインハウス　127, 128
天下の公　44
転譲　65
天津汽車　104, 107
電動自転車　8, 117, 121, 122, 137
転包　65
電力閥　172
統一買付・一手販売制度　60
東風汽車　106
独自技術の罠　138
独占・寡占市場　99, 101, 103
独占禁止法　26
都市化　33, 39, 40, 42, 66, 73
都市化の立ち後れ　41, 42
土地改革　53, 59
土地株式合作社　7, 58, 68-70, 72, 73, 209
土地経営権　65
土地譲渡収入　83, 88
土地取引　63, 65
土地の集団所有　7, 8, 31, 58, 59, 61, 66, 71-74, 205, 209
土地備蓄制度　63
土地備蓄センター　63
トランスペアレンシー・インターナショナル　163
トリナ・ソーラー（常州天合光能）　120
取引費用　126
取引プラットフォーム　127, 128
ドル・ペッグ制　141

ナ　行

内生的成長理論　179
ナショナル・チャンピオン　94, 112, 113, 116, 138, 209
ならずもの国家　147
南欧型モデル　200

ニーダム，ジョセフ　33-35, 37, 38
ニーダムの謎　33-35, 38
21世紀の海のシルクロード　150
『21世紀の資本』　9, 177, 180
二重の移行　3, 99, 168
二層（二重円）構造　12, 24
日照鋼鉄集団　96
日本型経済システム　204-206
日本的なるもの　205
農家経営請負制　7, 29, 61, 71, 76, 205
農業生産責任制　61
農村基層幹部　53
農村工業化　35
農村土地請負法　64
農村土地流転サービスセンター　66, 68
農地開発権　67
農民工　54, 194

ハ　行

灰色収入　168, 190, 208
牌長　47
バウチャー方式民営化　195
麦伯良　191
パテント・システム　117, 123, 135, 137, 138
パテントの藪　136
バリュー・チェーン　128, 132
バルザック，オノレ・ド　186
反租倒包　65
比較経済システム論　2
比較制度分析　7, 12, 78, 203, 207
東アジアのパラドクス　165
非機動車　121, 122
ピケティ，トマ　9, 166, 177, 178, 180-190, 192, 196
美菱電器　169
非物的資産　193, 195
ひも付き援助　147
兵庫県揖保郡　71
フォーチュン「グローバル500」　114
フォーディズム　201
フォーブス　190, 191
富豪ランキング　192
藤本昭　2, 214, 216
不足の経済　77
物権法　64, 72
腐敗　6, 9, 66, 84, 86, 92, 139, 160-177, 195, 208, 210

腐敗認識指数　164, 165
腐敗撲滅キャンペーン　171, 172, 174
不平等の経済的コスト　194
部品商社　127, 128
フラグメンテーション　130, 131
ブレトン・ウッズ体制　140
プロダクト・イノベーション　127
プロト工業化　36
プロレタリア文化大革命　52, 145, 219
分益農　48
分紅（配当）　67-68, 70
分耕仔　48
分税制　205
分節構造　132
ベースバンドICメーカー　127
北京小米科技有限公司　119
北京天宇朗通　118
北京天則経済研究所　3, 100
「包」　28-30, 33, 45-54, 85, 93, 132, 152, 153, 156, 203, 205, 211
「包」の倫理規律　47, 48, 204, 221
房維中　217
包括的な制度　20, 207
放権譲利型改革　108
包租制　48
法治の論理　100
ホールドアップ問題　126

マ　行

マーチン，サラ・イ　179
マディソン，アンガス　34
マルクス，カール　20, 178, 179, 215, 216, 219
三つの代表論　17
宮下忠雄　2
民営企業　5, 25, 27, 31, 54, 63, 77-79, 82, 94-96, 98-104, 106, 108, 110, 111, 113, 115, 116, 120, 134, 136, 138, 143, 192
民間金融　89
民族系企業　117, 118
無錫サンテック　120
村松祐次　47, 204
メインバンク・システム　205
メゾ・コーポラティズム　202-203
蒙牛乳業　96
毛沢東　52, 53, 59, 145, 161, 219
モジュール　120, 126
モジュール型生産　126, 130

模倣　32, 117-119, 123, 129, 136, 209

ヤ・ラ・ワ行

融資プラットフォーム　88, 90
横向きの競争　85, 91
予算外収入　83, 84, 88
ライン型資本主義
裸官　173
リース　89, 109
リーマン・ショック　89, 143, 179
利益集団化　210
リカード，デヴィッド　178, 179
離土不離郷　54
リバース・イノベーション　124
略奪型腐敗　167, 170
略奪国家　168, 176
林彪　145
累積的因果関係　19
ルネソラ（昱輝陽光）　120
令計画　172
レギュラシオン学派　201
レフ＝ハンチントン仮説　165-167
聯想（Lenovo）　116, 120, 144
レント・シーキング　161, 162
レント収入　66, 67, 72
郎咸平　174, 175
労働点数　60
ローマー，ポール　179
ロシア的なるもの　219
和碩（Pegatron）　116
割替え　62
ワルラス的パラダイム　18, 19, 211

A-Z

ADB　→アジア開発銀行
AIIB　→アジアインフラ投資銀行
CEO　191, 192
DAC（開発援助委員会）　146, 151
IPR　→知的所有権
MTK　128
MBO　174
OD05オムニバス　144
PCBA（電子回路基板）　128
R&D（研究開発）　129, 134, 135, 138
SMT（表面実装）　127
WTO加盟　16

《著者略歴》

加藤　弘之
（かとう　ひろゆき）

1955 年　愛知県に生まれる
1979 年　大阪外国語大学外国語学部卒業
1981 年　神戸大学大学院経済学研究科博士前期課程修了
現　在　神戸大学大学院経済学研究科教授，博士（経済学）
主　著　『中国の経済発展と市場化』（名古屋大学出版会，1997 年，大平正芳記念賞）
　　　　『シリーズ現代中国経済 6　地域の発展』（名古屋大学出版会，2003 年）
　　　　『「曖昧な制度」としての中国型資本主義』（NTT 出版，2013 年）他

中国経済学入門

2016 年 3 月 15 日　初版第 1 刷発行

定価はカバーに
表示しています

著　者　加　藤　弘　之

発行者　石　井　三　記

発行所　一般財団法人　名古屋大学出版会
〒464-0814　名古屋市千種区不老町 1 名古屋大学構内
電話(052)781-5027／FAX(052)781-0697

ⓒ Hiroyuki KATO, 2016　　　　　　　　　Printed in Japan
印刷・製本 ㈱クイックス　　　　　ISBN978-4-8158-0834-1
乱丁・落丁はお取替えいたします。

Ⓡ〈日本複製権センター委託出版物〉
本書の全部または一部を無断で複写複製（コピー）することは，著作権法
上の例外を除き，禁じられています。本書からの複写を希望される場合は，
必ず事前に日本複製権センター（03-3401-2382）の許諾を受けてください。

加藤弘之著
中国の経済発展と市場化
―改革・開放時代の検証―
A5・338頁
本体5,500円

加藤弘之著
シリーズ現代中国経済6　地域の発展
四六・252頁
本体2,800円

中兼和津次著
開発経済学と現代中国
A5・306頁
本体3,800円

中兼和津次著
体制移行の政治経済学
―なぜ社会主義国は資本主義に向かって脱走するのか―
A5・354頁
本体3,200円

梶谷　懐著
現代中国の財政金融システム
―グローバル化と中央-地方関係の経済学―
A5・256頁
本体4,800円

伊藤亜聖著
現代中国の産業集積
―「世界の工場」とボトムアップ型経済発展―
A5・232頁
本体5,400円

岡本隆司編
中国経済史
A5・354頁
本体2,700円

水島司・加藤博・久保亨・島田竜登編
アジア経済史研究入門
A5・390頁
本体3,800円

K・ポメランツ著　川北稔監訳
大分岐
―中国，ヨーロッパ，そして近代世界経済の形成―
A5・456頁
本体5,500円

安達祐子著
現代ロシア経済
―資源・国家・企業統治―
A5・424頁
本体5,400円

柳澤　悠著
現代インド経済
―発展の淵源・軌跡・展望―
A5・426頁
本体5,500円